JN097102

実務必携Q&Aシリーズ

多様な働き方の実務必携Q&A

─同一労働同一賃金など新時代の労務管理─

三上安雄・緒方彰人・増田陳彦・安倍嘉一・吉永大樹　著

発行　🏛　民事法研究会

は　し　が　き

　わが国では、永く正社員を中心とした日本型雇用、具体的には長期雇用を前提とし、職種を限定せず、さまざまな仕事に従事し、企業内で育成・成長していくことが想定され、そのために広く配置転換が行われる一方、遅くまで残業をしなければならないといった、年功序列型の賃金制度を特徴とする雇用システムがとられてきました。また、他方で、正社員とは雇用形態や労働条件等で区分された非正社員（パート社員、契約社員、アルバイト、期間工、嘱託社員等）が、正社員に代わって労働市場を支えてきたことも事実です。しかし、その後、高度経済成長期を経ておとずれた不況やグローバル化、さらには、わが国の少子高齢化などの社会変化に伴い、日本型雇用システムも変容せざるを得ない事態となりました。すなわち、政府が提唱する「全員参加の社会」の実現要請、そのための多様で柔軟な働き方を選択可能とする社会の追求です。その方策として、これまで、多様な正社員（いわゆる限定正社員）の普及・拡大の提唱、正規・非正規社員の働き方の不合理な処遇差の是正に向けた法改正（日本型同一労働同一賃金である旧労契法20条、旧パート労働法8条、9条等、パート有期法8条、9条等）、多様で柔軟な働き方の環境整備（テレワークの推進、長時間労働是正のための労基法改正等）、働き方の複線化（副業・兼業の推進、ライフステージに合った仕事の選択を可能とする環境整備）の提唱がなされてきました。

　折しも令和2年初春以降のわが国における新型コロナウィルス感染症の感染拡大がテレワーク等の多様で柔軟な働き方を推し進める契機になりましたが、新型コロナウィルス感染症の感染拡大が収束した後の社会においても、働き方の多様化、働き方の柔軟化、さらに働き方の複線化は、社会の要請からより進展していくことでしょう。

　そこで、本書では、今後進むであろう①働き方の多様化（限定正社員）、②働き方の柔軟化（テレワーク、フレックスタイム制度、裁量労働制、高度プロフェッショナル制度、勤務間インターバル制度）、③働き方の複線化（副業促進、雇用類似の働き方）を取り上げ、Q&A方式で、その内容をわかりやすく説明するとともに、留意点も含め実務上の対応について解説しました。そして、

1

日本型同一労働同一賃金についても、Q&A方式でその内容をわかりやすく説明するとともに、令和2年10月に出された最高裁判所判例（大阪医科薬科大学事件、メトロコマース事件、日本郵便3事件）その他最新の裁判例を踏まえた実務上の対応についても解説しました（巻末に主な裁判例の一覧表を掲載しておりますのであわせて参照ください）。

　本書を通じて、皆さんが今後これらの働き方について対応を検討するにあたって参考になる情報を提供できたのではないかと、執筆者一同思っております。皆さんの人事実務の一助になれば幸いです。

　最後になりましたが、本書の編集・校正作業にお骨折りいただきました民事法研究会代表取締役の田口信義さん、同社編集部の都郷博英さんに心より御礼申し上げます。

　　　令和3年3月

執筆者代表　弁護士　三　上　安　雄

〈凡 例〉

【法令】

労契法	労働契約法
パート有期法	短時間労働者及び有期雇用労働者の雇用管理の改善等に関する法律
パート有期則	同施行規則
派遣法、改正派遣法	労働者派遣事業の適正な運営の確保及び派遣労働者の保護等に関する法律
(旧) パート労働法	短時間労働者の雇用管理の改善等に関する法律
高年法	高年齢者等の雇用の安定等に関する法律
労基法	労働基準法
安衛法	労働安全衛生法
労働施策総合推進法	労働施策の総合的な推進並びに労働者の雇用の安定及び職業生活の充実等に関する法律
育児介護休業法	育児休業、介護休業等育児又は家族介護を行う労働者の福祉に関する法律
労災保険法	労働者災害補償保険法
労組法	労働組合法
独占禁止法	私的独占の禁止及び公正取引の確保に関する法律
下請法	下請代金支払遅延等防止法

【指針】

パート有期指針	事業主が講ずべき短時間労働者及び有期雇用労働者の雇用管理の改善等に関する措置等についての指針
同一労働同一賃金ガイドライン	短時間・有期雇用労働者及び派遣労働者に対する不合理な待遇の禁止等に関する指針

【通達】

通達 (昭23・5・14)	昭和23年5月14日付基発第769号
通達 (昭63・1・1)	昭和63年1月1日付基発第1号、婦発第1号
通達 (昭63・3・14)	昭和63年3月14日付基発第150号
通達 (平24・8・10)	平成24年8月10日付基発0810第2号
通知 (平26・7・30)	平成26年7月30日付基発0730第1号
通達 (平31・1・30)	平成31年1月30日付基発0130第1号、職発0130第6号、雇均発0130第1号、開発0130第1号

3

凡　例

【報告書】

有識者懇談会報告書　　　「多様な正社員」の普及・拡大のための有識者懇談
　　　　　　　　　　　　　会報告書

【判例集】

労判　　　　　　　　　　労働判例
労経速　　　　　　　　　労働経済判例速報
労判ジャーナル　　　　　労働判例ジャーナル

【裁判所】

最高裁　　　　　　　　　最高裁判所
高裁　　　　　　　　　　高等裁判所
地裁　　　　　　　　　　地方裁判所

※　本文中の黒丸白抜き番号は、資料編の「関係判例一覧」の判例番号に対応す
　る。

『多様な働き方の実務必携 Q&A』
目 次

Ⅱ 同一労働同一賃金

資　料　編

第1章

総　論
～働き方の多様化・柔軟化・複線化へ向けた動き～

[1]　日本型雇用システムの特徴とその問題点

1　正社員と非正規社員とで区分して管理する雇用制度

　わが国においては、社員を、「正社員」ないし「正規従業員」（以下、単に「正社員」といいます）と、「非正規社員」ないし「非正規従業員」（以下、単に「非正規社員」といいます）に区分し、両者の雇用形態や労働条件を区別して管理してきました。

　正社員は、典型的には、①社員が将来担当し得るさまざまな職務に適応できるよう、コミュニケーション能力や協調性など、学生のポテンシャルや社会的資質を重視した新卒一括採用により採用され、②定年に至るまでの長期的雇用関係に入ることを前提に、③入社後、OJT を中心とした教育訓練を行うとともに、定期的に職務内容や勤務場所を変える人事異動を行い、企業人としての豊富な経験を積ませ、④これに伴い、残業義務・転勤義務など業務命令権・人事権による拘束を受けるが、⑤その反面、これらの教育と経験の積み重ねによる企業内の職業能力の発展に対応して企業組織内の地位と賃金も上昇し、このようなキャリア発展の中で、やがて上級管理職への競争過程に入り、さらにその競争で最も成功した者が役員に登用され、経営者になっていくという労働者です。

　すなわち、ⓐ長期雇用（終身雇用）（上記①②）を前提に、ⓑ職務を限定せず社内でさまざまな仕事を担当させながら成長を促す人材育成プロセスに組み込まれ、（職務・勤務地・労働時間の限定がないことに伴い）配置転換・残業等の義務を負うとともに（上記③④）、ⓒ勤続年数や職務経験を重ねるに伴って職務遂行能力（職能）も向上するという前提で毎年昇給する年功型賃金（上記⑤）などを特徴とします。

　このような正社員の雇用システムは、企業組織の中核的労働力を、長期的に育成・活用・調整していくことを意図したものであり、企業が必要とする人材を企業外の労働市場（「外部労働市場」）から調達するのではなく、企業内で育成・調達・調整する仕組み（「内部労働市場」）といえます。

　これに対し、非正規社員は、正社員とは雇用の形態や労働条件等において

区別されたパート社員、契約社員、アルバイト、期間工、嘱託等と称される労働者です。非正規社員は、正社員と異なり、長期雇用関係を予定しておらず、待遇や雇用保障においても、正社員とは区分されています。すなわち、待遇においては、長期的なキャリアパスには乗せられず、賃金・賞与等の処遇においても、正社員とは明確な格差が設けられ、また雇用保障においても、労働需要が減退した場合には、雇止めの対象とされやすく、不安定な雇用関係下におかれています。もっとも、非正規社員の実相は、契約や就労の形態において多様です。企業が直接雇用する者として、パート社員、アルバイト、契約社員、期間社員、嘱託等があり、雇用形態としても、有期契約のほか無期契約である場合もあり、また労働時間においても、パートタイム（短時間労働者）である場合もフルタイムである場合もあります。また派遣社員や構内下請社員のように、ある企業に雇用されながら、他の企業の事業場に派遣されて就労する者も存在し、そのような就労者も、就労先の企業のなかでは非正規社員の一種として機能しているといえます。このように、一口に、非正規社員といっても、多様ですが、典型的な雇用である正社員という雇用システムの枠外におかれ、そのシステムを補完する機能を果たしてきたといえます。

このようなわが国の正社員と非正規社員とを区分した雇用管理システムを、労働市場の観点からみれば、長期雇用システムに基づき成立する堅固で効率的な「内部労働市場（正社員）」とは隔絶された形で、その周辺に分散的で多様な「外部労働市場（非正規社員）」が存在してきたといえます。

このような日本型雇用システムは、高度経済成長期において形成されてきたものですが、次のような利点がありました。すなわち、①正社員制度は、さまざまな職務経験を通じて、多くの社員が多様な職能を備えることができるほか、自社の事業活動を多面的に理解し、業務改善や新技術導入への協力が得られやすいことなどが企業の強みや競争力の源泉の一因となる、②長期・終身雇用の下で、年齢や勤続年数の上昇に伴い昇給する年功型賃金により、社員は人生設計を描きやすく、雇用と経済面での安心感となって、社員の高い定着率やロイヤリティにつながる、③職能給は、職務変更や異動のたびに賃金額を改定する必要がなく、さまざまな職務経験を通じた職能の向上

と人材育成を図りやすいなどです。

なお、こうした正社員制度は、職務ではなく、人に着目して雇用されているとして、欧米の「ジョブ型雇用」と対比して、「メンバーシップ型雇用」とも称されています（詳細は、Q16の「コラム『ジョブ型雇用』とは」を参照）。

2 日本型雇用システムの変容と問題点

しかし、高度経済成長期後の日本経済の不況やグローバル競争の進展の中での市場競争の激化や不安定化により、長期雇用を前提とする正社員の新規採用の絞込みが行われる一方で、1990年代後半から2000年代前半にかけて非正規社員が増加していきます。これに伴い、非正規社員の中には、正社員を希望するのに正社員につくことができない不本意非正規社員の割合が増え、格差社会やワーキングプアなどの標語に象徴されるように、非正規社員の雇用の不安定や処遇の低さが社会問題化しました。昨今の雇用情勢の回復等により、不本意非正規社員の割合は低下傾向にありますが、いまだ、非正規社員が全雇用者の4割（平成29年3月時点）を占めるに至っています。しかし、非正規社員の処遇は、正社員とは区別され、条件面で不利な扱いを受けていることが多いため、若い世代の結婚・出産にも影響し少子化の一要因となるとともに、ひとり親家庭の貧困の要因となるなどの社会問題が生じています。

また、わが国において、少子高齢化が進んでおり、今後、労働力人口が減少していくことが想定されます。このような状況の下、社会経済の活力を維持するためには、女性や高齢者など、育児や介護あるいは体力的な事情のため希望する働き方に時間的・場所的制約を伴う人にも、能力を発揮できるようにすることが求められます。しかし、正社員は、勤務地・職務・労働時間において制約がない働き方を求められる社員であるため、女性や高齢者などのように、時間的・場所的制約のある人の労働参加を制約する要因となるものでした。

同時に経済のグローバル化が進み、企業の競争環境が厳しさを増すとともに、技術革新や消費者のニーズの変化が早くなり、不確実性が増大する経営環境の中では、企業内では育成・調達できない専門的知識をもった労働者を外部から採用することも必要となります。こうした専門的知識をもった労働

者の採用には、外部労働市場に基づく相応の処遇を準備することが必要となることから、長期雇用を前提とし年功的賃金体系をとる正社員の制度をそのまま適用できないという問題も生じてきました。

② 政府の動き

1　日本再興戦略

　こうした中、平成25年6月14日、政府は、「日本再興戦略」を閣議決定しました。「日本再興戦略」は、第2次安倍内閣における成長戦略を示したものですが、「日本産業再興プラン」の1つとして、「雇用制度改革・人材力の強化」があげられました。

　その中では、経済のグローバル化や少子高齢化の中で、今後、経済を新たな成長軌道に乗せるために、人材こそがわが国の最大の資源であるという認識に立って、働き手の数（量）と労働生産性（質）の向上の実現に向けた思い切った政策を実施し、すべての人材が能力を高め、その能力を存分に発揮できる「全員参加の社会」を構築するというものであり、その政策の一環として、①行き過ぎた雇用維持型から労働移動支援型への政策転換（失業なき労働移動の実現）、②多様な働き方の実現などが、掲げられました。

　①行き過ぎた雇用維持型から労働移動支援型への政策転換（失業なき労働移動の実現）は、リーマンショック以降の雇用情勢の悪化に対応するために拡大した雇用維持型の政策を改め、個人が円滑に転職等を行い、能力を発揮し、経済成長の担い手として活躍できるよう、能力開発支援を含めた労働移動支援型の政策に転換するというものです。経済成長のためには、産業の新陳代謝を促し、成長分野への投資や人材の移動が必要となるという問題意識に基づいたものといえます。

　②多様な働き方の実現は、個人が、それぞれのライフスタイルや希望に応じて、社会での活躍の場を見出せるよう、柔軟で多様な働き方が可能となるよう制度の見直し等を進めるというものです。時間的・場所的制約のある人も働きやすくなるようにして労働参加率を高める、自社では育成調達できない専門能力を有する人材を調達しやすくするという目的に基づいたものといえます。

2 「『多様な正社員』の普及・拡大のための有識者懇談会報告書」の取りまとめと「モデル就業規則」の周知など

　上記1の「日本再興戦略」等を踏まえ、厚生労働省は、「『多様な正社員』の普及・拡大のための有識者懇談会」を設置し、平成26年7月30日、「多様な正社員の普及・拡大のための有識者懇談会報告書」を取りまとめました。同報告書では、多様な正社員の導入の現状を踏まえ、多様な正社員の採用から退職に至る雇用管理をめぐるさまざまな課題への対応等について、労使等関係者が参照することができるよう「雇用管理上の留意事項」が示されました。「雇用管理上の留意事項」では、勤務地限定社員・職務限定社員・勤務時間限定社員の活用が考えられるケースを分類するとともに、多様な正社員制度の設計・導入・運用にあたっては、労使で十分に話し合うこと、労働契約書等において限定の内容を明示すること、多様な正社員と正社員の間の処遇の均衡を図ること、非正規社員・多様な正社員・正社員間の転換制度を設けること、職業能力の「見える化」とそれにより明確にされた目標に即した人材育成、事業所閉鎖や職務の廃止等の場合の対応、正社員の働き方の見直しを行うこと等が望ましいとされています。また上記報告書を踏まえ、厚生労働省からは、多様な正社員および無期転換ルールに係るモデル就業規則例や多様な正社員の円滑な導入・運用に向けてパンフレットなどが公表されました。

3 働き方改革実行計画

　平成29年3月28日、政府の働き方改革実現会議は「働き方改革実行計画」を決定しました。

　働き方改革実行計画は、わが国の経済成長の隘路の根本には、少子高齢化や生産年齢人口減少という労働市場の構造的な変化に加え、イノベーションの欠如による生産性向上の低迷、革新的技術への投資不足があるという認識の下、日本経済の再生を実現するためには、投資やイノベーションの促進を通じた付加価値生産性の向上と労働参加率の向上を図る必要があること、そのためには、誰もが生きがいをもって、その能力を発揮できる社会をつくる

ことが必要である（「一億総活躍の国創り」）とするものです。

　その基本的考え方は、一人ひとりの意思や能力、そして置かれた個々の実情に応じた、多様で柔軟な働き方を選択可能とする社会を追求すべく、労働制度の抜本改革を行い企業文化や風土を変えることをめざすものであり、日本の労働制度と働き方には、労働参加、子育てや介護等との両立、転職・再就職、副業・兼業などさまざまな課題があることに加え、労働生産性の向上を阻む諸問題があるという認識の下、正規・非正規という２つの働き方の不合理な処遇差の是正（同一労働同一賃金など非正規雇用の処遇改善）、長時間労働の是正（罰則付き時間外労働の上限規制の導入など）、柔軟な働き方がしやすい環境整備（テレワーク、副業・兼業の推進など）、単線型の日本のキャリアパスの是正（ライフスタイルやライフステージに合った仕事の選択ができるよう、転職が不利にならない柔軟な労働市場や企業慣行を確立することなど）などを実行するというものです。

4　働き方改革を推進するための関係法律の整備に関する法律（働き方改革関連法）の成立

　上記３の働き方改革実行計画を踏まえ、平成30年７月６日、働き方改革関連法が成立しました。その概要は以下のとおりです。

(1)　労働時間法制

　まず、長時間労働や働き過ぎ防止のための法整備です。長時間労働や働き過ぎは、健康の確保だけでなく、仕事と家庭生活との両立を困難にし、少子化の原因や女性のキャリア形成を阻む要因ともなっていました。そこで、「過労死等ゼロ」を実現するとともに、マンアワーあたりの生産性を上げつつ、ワーク・ライフ・バランスを改善し、女性や高齢者が働きやすい社会に変えていくという目的から、①時間外労働の上限規制（労基法36条２項～６項）、②年休５日の取得義務化（労基法39条７項）、③フレックスタイム制の清算期間延長（労基法32条の３第１項２号）などの規定が新設されました。

　その一方で、経済のグローバル化の進展等に伴い、企業において創造的な仕事の重要性が高まる中で、時間ではなく成果で評価される働き方の下、高度な専門能力を有する労働者が、その意欲や能力を十分に発揮できるように

健康確保措置を講ずることを前提に、働き方の選択肢を増やしていくことも課題となっていました。このような観点から、高度プロフェッショナル制度（労基法41条の2）が新設されました。

なお裁量労働制（労基法38条の3、同38条の4）についても、企業における組織のフラット化や、事業活動の中枢にあるホワイトカラー労働者の業務の複合化等に対応するとともに、対象労働者の健康確保を図り、仕事の進め方や時間配分に関し、労働者が主体性をもって働けるようにするという制度の趣旨に即した活用が図られるよう見直しが検討されましたが、労働時間に関する実態調査のデータ不備により、成立には至りませんでした。

(2) 日本版同一労働同一賃金法

第2に、日本版同一労働同一賃金に関する法の整備です。上述のとおり、わが国の非正規社員の労働者数は、現在、全雇用者の4割を占めています。昨今の雇用情勢の回復等により、いわゆる「不本意非正規」である労働者の割合は低下傾向にありますが、一方で30歳代半ば以降を中心に、子育て・介護等を背景とした時間や勤務地の制約等により、非正規雇用を選択する層が多いという実態もあります。正社員と非正規社員の間には、賃金・福利厚生・教育訓練などの面で待遇格差がありますが、こうした格差は、若い世代の結婚・出産にも影響し少子化の一要因となるとともに、ひとり親家庭の貧困の要因となる等、将来にわたり社会全体へ影響を及ぼすに至っています。また労働力人口が減少する中、能力開発機会の乏しい非正規社員が増加することは労働生産性向上の隘路ともなりかねないものです。こうしたことから、①均衡・均等待遇についての規定の整備（パート有期法8条・9条）とともに、②労働者の待遇についての説明義務の強化（パート有期法14条）が図られました。

(3) 安衛法改正

第3に、安衛法の改正です。働き方改革実行計画においては、「労働者の健康確保のための産業医・産業保健機能の強化」があげられています。その背景には、安衛法が制定された昭和47年当時と比べ、産業構造や経営環境が大きく変わり、産業医・産業保健機能に求められる役割や事業者が取り組むべき労働者の健康確保のあり方も変化してきていることがあります。具体的

には、工場等における職業性の疾病の防止対策に加え、事務的業務に従事する者を含めた過労死等防止対策、メンタルヘルス対策、治療と仕事の両立支援対策などが新たな課題となってきています。これらの課題に対しては、多様で柔軟な働き方、労働者個人と企業との多様な関係性を認め、労働者個人の価値観や選択を最大限に尊重しながら、労働者一人ひとりを支える仕組みづくりが求められているといえいます。このような観点から、①医師の面接指導制度の拡充（安衛法66条の8、同66条の8の2など）、②労働時間の客観的把握義務（安衛法66条の8の3）、③産業医・産業保健機能の強化（安衛法13条、同13条の3、同101条、同104条など）に関する規定などが新設されました。

5　柔軟な働き方に関する検討会と各種ガイドラインの策定

　また働き方改革実行計画を踏まえ、厚生労働省は、平成29年10月から「柔軟な働き方に関する検討会」を設置し、雇用型テレワーク、自営型（テレワーク）、副業・兼業といった柔軟な働き方について、その実態や課題の把握およびガイドラインの策定等に向けた検討を行いました。

　そして、平成30年1月に「副業・兼業の促進に関するガイドライン」、同年2月に「情報通信技術を利用した事業場外勤務の適切な導入及び実施のためのガイドライン」、「自営型テレワークの適正な実施のためのガイドライン」が公表されました。また令和2年9月には「副業・兼業の促進に関するガイドライン」が改訂されました。

③ 新型コロナウィルス感染症の発生と今後、予想される働き方

1 新型コロナウィルス感染症の発生と浮き彫りになった問題点

　令和元年12月に中国湖北省武漢市で検出された新型コロナウィルス感染症は、わが国においても、翌2年1月15日に最初の感染症が確認されました。その後、感染が急速に拡大し、4月10日には新規感染者数が708人にまで達し、4月7日には新型インフルエンザ等対策特別措置法に基づく緊急事態宣言が発出されました。5月25日には緊急事態宣言が解除されましたが、その後も、収束に至らず、翌令和3年1月7日に再度、緊急事態宣言が発令されました。

　新型コロナウィルス感染症の拡大は、各国のいわば脆弱な部分を攻めてきており、わが国においても、課題やリスク、これまでの取組みの遅れや新たな動きなどが浮き彫りになりました。すなわち、大都市において人口密度が高く、集住して日常活動を行うことのリスク、経済機能等の国の中枢機能が一極に集中していることのリスク、行政分野でのデジタル化・オンライン化の遅れ、新技術を活用できるデジタル専門人材等の不足といった問題などです。しかしその一方で、今回の感染症拡大に伴い人の移動に制約があった中で、テレワークや遠隔診療・遠隔教育などリモートサービスの活用・定着が進み、働き方の変化や地方移住などの現象も生じつつあります。

2 「経済財政運営と改革の基本方針2020」

　このような中、政府は、令和2年7月17日、「経済財政運営と改革の基本方針2020」を閣議決定しました。「経済財政運営と改革の基本方針2020」においては、上記1の新型コロナウィルス感染症の問題の発生で判明した課題等を踏まえ、次のような働き方改革を行うことが掲げられました。

　すなわち、労働関係法令の適正な運用を図りつつ働き方改革関連法の着実な施行に取り組むとともに、感染症への対応として広まったテレワーク等がもたらした、新たな働き方やワーク・ライフ・バランスの取組みの流れを後

戻りさせることなく最大限活かし、従業員のやりがいを高めるためのフェーズⅡの働き方改革を加速させるというものです。ここで、「フェーズⅡの働き方改革」とは、メンバーシップ型からジョブ型の雇用形態（職務や勤務場所、勤務時間が限定された働き方等を選択できる雇用形態）への転換、より効率的で成果が的確に評価されるような働き方への改革と定義されています。

　その他、労働時間の管理方法のルール整備を通じた兼業・副業の促進などの複線型の働き方や、育児や介護など一人ひとりの事情に応じた多様で柔軟な働き方を労働者が自由に選択できるような環境の整備、テレワークの定着・加速、事業場外みなし労働時間制度の適用要件に関する通知内容の明確化や関係ガイドラインの見直し、ジョブ型正社員のさらなる普及・促進、裁量労働制のあり方の検討、フリーランスとして安心して働ける環境の整備などに取り組むことが示されています。

3　今後、予想される働き方

　現在、AI（Artificial Intelligence：人口知能）、IoT（Internet of Things：モノのインターネット）、ロボット、ブロックチェーンなどのデジタル技術やバイオテクノロジーなどの技術革新が急速に進んでいます。こうしたデジタル技術とデータの活用が進むことにより、今後、個人の生活や行政、産業構造、雇用などを含め社会のあり方が大きく変わることが予想されています。そうした社会において人間に求められるのは、社会に散らばる多様なニーズや課題を読み取り、それを解決するシナリオを設計する豊かな想像力と、デジタル技術やデータを活用してそれを現実なものとする創造力であるともいわれています。

　また経済のグローバル化が進み、企業の競争環境の厳しさも増していく一方で、わが国においては、少子高齢化により、労働力人口が急速に減少していくことも予想されています。

　こうした中、いかにして、労働力を確保するとともに、労働生産性を向上させていくかということが企業における喫緊の課題といえます。

　その1つの解決策として、今後、増えていくことが予想されるのが「働き方の多様化・柔軟化・複線化」です。

　「働き方の多様化」は、これまでの職種・勤務地・勤務時間において制約のなかった正社員のような働き方だけでなく、職種・勤務地・勤務時間が限定された働き方を選択できる雇用形態です。育児・介護等の事情により転勤が困難であったり働く時間に制約があったりする場合、高度の専門性を必要とし、外部労働市場からその能力を期待して採用され、職務の内容がジョブ・ディスクリプション（職務記述書）等で明確化される人材の採用を行うなどの場合に活用されることが想定されます。こうして、働き方が多様化していくと、社員間に不公平感を与えず、モチベーションを維持するために、多様化する社員間の処遇の均衡を図ることが望ましいといえます。こうしたことから、働き方改革関連法においては、無期雇用社員と非正規社員（有期雇用・短時間労働者・派遣労働者）の間の処遇の均等・均衡の規定が整備されたことはすでに述べたとおりです。

　「働き方の柔軟化」は、時間や場所の制約を受けずに働く働き方です。これまで会社の事業場で働くことが通常でしたが、情報通信技術の発達などにより、自宅・サテライトオフィスなどで勤務すること（テレワーク）も可能となりました。その結果、会社の事業場で勤務した場合と比較して、働く時間や場所を柔軟に活用することが可能となり、通勤時間の短縮やそれに伴う精神的・身体的負担の軽減、仕事に集中できる環境での就労による業務効率化やそれに伴う時間外労働の削減、育児や介護と仕事の両立の一助となるなどの労働者側の利点が存するほか、会社にとっても、業務効率化による生産性の向上、育児・介護等を理由とした労働者の離職の防止、遠隔地の優秀な人材の確保、オフィスコストの削減等の利点が存するといわれています。

　「働き方の複線化」は、1つの企業に限られず、複数の企業で勤務したり、企業に勤務しながら、勤務時間外で事業を営むという働き方です。今後、社会が大きく変化することが想定される一方で、「人生100年時代」といわれ職業人生も長期化することが見込まれます。こうした職業人生を充実したものとするうえでは、個々の働き手自らの選択による自律的なキャリア形成と能力開発が重要となりますが、定年まで1つの企業で勤務することを前提とした正社員の単線型のキャリアパスでは、ライフステージに合った仕事の選択をしにくいという問題がありました。そこで、今後、本業を続けつつ、より

リスクの小さい形での将来の起業・転職に向けた準備・試行ができる副業・兼業といった働き方が増えることが見込まれます。また副業・兼業には、二重雇用のほかに、企業に雇用されながらフリーランスやクラウドワーカーのように個人事業主として働く場合もありますので、今後は、フリーランスなどのように雇用類似の働き方をする者の取扱いなども問題となることが想定されます。

（緒方彰人）

第 2 章

各 論
～ Q&A ～

Ⅰ　多様な働き方

Ⅱ　同一労働同一賃金

I 多様な働き方

1 after コロナを見据えた働き方

Q1 テレワーク制度の導入

> テレワーク制度を導入するにあたっては、社内規程等の整備が必要でしょうか。

A　テレワークに伴う就業場所、適用対象者、テレワークの労働時間の取扱いや費用負担等について定めるテレワーク制度に関する規程の整備が必要となります。

1 テレワークの意義

　日本国内では令和2年1月以降の新型コロナウイルス感染症の感染拡大に伴い、同年4月にはわが国でも初の緊急事態宣言が発出され、都心部を中心として、多くの企業が従業員の感染予防を考慮して出社を控え、テレワークとして在宅勤務を実施しました。

　テレワークにより、職場の出勤率を低くすることが可能となり、職場内での感染リスクを抑えること、また通勤時の感染のリスクを抑えること、在宅勤務によりワーク・ライフ・バランスに資するという導入のメリットがあるとされます。また、オフィス賃料のコスト削減にも資するとして、企業の中には新型コロナウイルス感染症を機にオフィス面積の一部を削減する動きもみられます。

　このようなテレワークは、就業場所を自宅とする在宅勤務、サテライトオフィス勤務、モバイル勤務の形態があると整理されています。いずれも就業場所が企業の事業場内ではない点に特徴があります。なお、Q1～Q7におけるテレワークは、主に問題となる「在宅勤務」を前提とします。

　就業の場所は、労働条件の明示事項（労基法15条1項、労基法施行規則5条

１項１号の３）ですが、在宅勤務は、従来の事業場内の労働から、就業の場所の変更を伴います。この就業場所の変更を配転の一種として、労働契約上の人事権（就業規則の配転条項）に基づく必要があるかについては、議論がありますが、就業の場所について明示する意味でも、就業規則やその附属規程において、テレワーク規程を設けて、自宅を就業場所とする在宅勤務等のテレワークを行うことがある旨を明記しておく必要があると考えられます。なお、労基法15条１項の労働条件の明示は、労働契約の締結時の義務であり、新たに雇い入れる際に、事業場における勤務のほかに、テレワーク（在宅勤務）があるならば、その旨を明示しておく必要があります。

　なお、令和２年４月の緊急事態宣言下においては、テレワーク規程が未整備の状態下で在宅勤務を実施していた例もありましたが、一時的な措置ではなく恒常的な制度としてテレワークを導入する場合には、やはりテレワーク規程を整備する必要があると考えます。

2　テレワーク制度の規程例

　テレワーク制度については、就業規則の一部として、テレワーク制度規程を整備しておくことが適切です。そして、就業規則の本体には、テレワーク制度規程に委任する旨の定めを置くことが適切です。

　例えば、就業規則本体に以下のような規定を設けることが考えられます。

> 第〇条（在宅勤務）
> 在宅勤務に関する取扱いは別に定める「在宅勤務規程」による。

　テレワーク制度規程については、「モデル『テレワーク就業規則』（在宅勤務規程）」（以下、「モデル規則」といいます）を後掲します。

　労働時間管理等の留意事項については、Ｑ２以下で説明しますが、労基法89条５号においては、労働者に作業用品、その他の負担をさせる定めをする場合には、当該事項について就業規則に規定しなければならないとされます。在宅勤務等のテレワークでは、通信費や光熱費を従業員負担とすることがあります。特に光熱費はテレワーク分を区別することが困難なことが通常であり、従業員負担としていることが多いといえます。従業員の費用負担として

いることについては、テレワーク制度規程に明記しておく必要があります。

　また、モデル規則では、在宅勤務のほか、サテライトオフィス勤務、モバイル勤務についても、規定していますが、これらの勤務がないのであれば削除することが適切です。モデル規則を参考にしつつ、自社の制度に合致するように修正して周知運用してください。

　さらに、テレワーク時における情報セキュリティ保護への配慮も求められ、モデル規則4条(5)のような規定は設けておくべきです。情報セキュリティについては総務省が「テレワークセキュリティガイドライン」や「中小企業等担当者向けテレワークセキュリティの手引き（チェックリスト）」を公表していますので、これらを確認することが適切です。

（増田陳彦）

【モデル規則】

モデル「テレワーク就業規則」
（在宅勤務規程）

第1章　総　則

（在宅勤務制度の目的）
第1条　この規程は、○○株式会社（以下「会社」という。）の就業規則第○条に基づき、従業員が在宅で勤務する場合の必要な事項について定めたものである。

（在宅勤務の定義）
第2条　在宅勤務とは、従業員の自宅、その他自宅に準じる場所（会社指定の場所に限る。）において情報通信機器を利用した業務をいう。

（サテライトオフィス勤務の定義）
第2条　サテライトオフィス勤務とは、会社所有の所属事業場以外の会社専用施設（以下「専用型オフィス」という。）、又は、会社が契約（指定）している他会社所有の共用施設（以下「共用型オフィス」という。）

において情報通信機器を利用した業務をいう。

（モバイル勤務の定義）
第2条　モバイル勤務とは、在宅勤務及びサテライトオフィス勤務以外で、かつ、社外で情報通信機器を利用した業務をいう。

第2章　在宅勤務の許可・利用

（在宅勤務の対象者）
第3条　在宅勤務の対象者は、就業規則第○条に規定する従業員であって次の各号の条件を全て満たした者とする。
(1)　在宅勤務を希望する者
(2)　自宅の執務環境、セキュリティ環境、家族の理解のいずれも適正と認められる者
2　在宅勤務を希望する者は、所定の許可申請書に必要事項を記入の上、1週間前までに所属長から許可を受けなければならない。
3　会社は、業務上その他の事由により、前

項による在宅勤務の許可を取り消すことがある。

4　第2項により在宅勤務の許可を受けた者が在宅勤務を行う場合は、前日までに所属長へ利用を届け出ること。

（在宅勤務時の服務規律）

第4条　在宅勤務に従事する者（以下「在宅勤務者」という。）は就業規則第〇条及びセキュリティガイドラインに定めるもののほか、次に定める事項を遵守しなければならない。

(1)　在宅勤務の際に所定の手続に従って持ち出した会社の情報及び作成した成果物を第三者が閲覧、コピー等しないよう最大の注意を払うこと。

(2)　在宅勤務中は業務に専念すること。

(3)　第1号に定める情報及び成果物は紛失、毀損しないように丁寧に取扱い、セキュリティガイドラインに準じた確実な方法で保管・管理しなければならないこと。

(4)　在宅勤務中は自宅以外の場所で業務を行ってはならないこと。

(5)　在宅勤務の実施に当たっては、会社情報の取扱いに関し、セキュリティガイドライン及び関連規程類を遵守すること。

第3章　在宅勤務時の労働時間等

（在宅勤務時の労働時間）

第5条　在宅勤務時の労働時間については、就業規則第〇条の定めるところによる。

2　前項にかかわらず、会社の承認を受けて始業時刻、終業時刻及び休憩時間の変更をすることができる。

3　前項の規定により所定労働時間が短くなる者の給与については、育児・介護休業規程第〇条に規定する勤務短縮措置時の給与の取扱いに準じる。

（休憩時間）

第6条　在宅勤務者の休憩時間については、就業規則第〇条の定めるところによる。

（所定休日）

第7条　在宅勤務者の休日については、就業

規則第〇条の定めるところによる。

（時間外及び休日労働等）

第8条　在宅勤務者が時間外労働、休日労働及び深夜労働をする場合は所定の手続を経て所属長の許可を受けなければならない。

2　時間外及び休日労働について必要な事項は就業規則第〇条の定めるところによる。

3　時間外、休日及び深夜の労働については、給与規程に基づき、時間外勤務手当、休日勤務手当及び深夜勤務手当を支給する。

（欠勤等）

第9条　在宅勤務者が、欠勤をし、又は勤務時間中に私用のため勤務を一部中断する場合は、事前に申し出て許可を得なくてはならない。ただし、やむを得ない事情で事前に申し出ることができなかった場合は、事後速やかに届け出なければならない。

2　前項の欠勤、私用外出の賃金については給与規程第〇条の定めるところによる。

第4章　在宅勤務時の勤務等

（業務の開始及び終了の報告）

第10条　在宅勤務者は就業規則第〇条の規定にかかわらず、勤務の開始及び終了について次のいずれかの方法により報告しなければならない。

(1)　電話

(2)　電子メール

(3)　勤怠管理ツール

（業務報告）

第11条　在宅勤務者は、定期的又は必要に応じて、電話又は電子メール等で所属長に対し、所要の業務報告をしなくてはならない。

（在宅勤務時の連絡体制）

第12条　在宅勤務時における連絡体制は次のとおりとする。

(1)　事故・トラブル発生時には所属長に連絡すること。なお、所属長が不在時の場合は所属長が指名した代理の者に連絡すること。

(2)　前号の所属長又は代理の者に連絡がとれない場合は、○○課担当まで連絡すること。

(3)　社内における従業員への緊急連絡事項が生じた場合、在宅勤務者へは所属長が連絡すること。なお、在宅勤務者は不測の事態が生じた場合に確実に連絡がとれる方法をあらかじめ所属長に連絡しておくこと。

(4)　情報通信機器に不具合が生じ、緊急を要する場合は○○課へ連絡をとり指示を受けること。なお、○○課へ連絡する暇がないときは会社と契約しているサポート会社へ連絡すること。いずれの場合においても事後速やかに所属長に報告すること。

(5)　前各号以外の緊急連絡の必要が生じた場合は、前各号に準じて判断し対応すること。

2　社内報、部署内回覧物であらかじめランク付けされた重要度に応じ至急でないものは在宅勤務者の個人メール箱に入れ、重要と思われるものは電子メール等で在宅勤務者へ連絡すること。なお、情報連絡の担当者はあらかじめ部署内で決めておくこと。

第5章　在宅勤務時の給与等

(給与)
第13条　在宅勤務者の給与については、就業規則第○条の定めるところによる。

2　前項の規定にかかわらず、在宅勤務（在宅勤務を終日行った場合に限る。）が週に4日以上の場合の通勤手当については、毎月定額の通勤手当は支給せず実際に通勤に要する往復運賃の実費を給与支給日に支給するものとする。

(費用の負担)
第14条　会社が貸与する情報通信機器を利用する場合の通信費は会社負担とする。

2　在宅勤務に伴って発生する水道光熱費は在宅勤務者の負担とする。

3　業務に必要な郵送費、事務用品費、消耗品費その他会社が認めた費用は会社負担とする。

4　その他の費用については在宅勤務者の負担とする。

(情報通信機器・ソフトウェア等の貸与等)
第15条　会社は、在宅勤務者が業務に必要とするパソコン、プリンタ等の情報通信機器、ソフトウェア及びこれらに類する物を貸与する。なお、当該パソコンに会社の許可を受けずにソフトウェアをインストールしてはならない。

2　会社は、在宅勤務者が所有する機器を利用させることができる。この場合、セキュリティガイドラインを満たした場合に限るものとし、費用については話し合いの上決定するものとする。

(教育訓練)
第16条　会社は、在宅勤務者に対して、業務に必要な知識、技能を高め、資質の向上を図るため、必要な教育訓練を行う。

2　在宅勤務者は、会社から教育訓練を受講するよう指示された場合には、特段の事由がない限り指示された教育訓練を受けなければならない。

(災害補償)
第17条　在宅勤務者が自宅での業務中に災害に遭ったときは、就業規則第○条の定めるところによる。

(安全衛生)
第18条　会社は、在宅勤務者の安全衛生の確保及び改善を図るため必要な措置を講ずる。

2　在宅勤務者は、安全衛生に関する法令等を守り、会社と協力して労働災害の防止に努めなければならない。

本規程は、平成○年○月○日より施行する。

厚生労働省「テレワークモデル就業規則～作成の手引き～」

Q2　テレワークにおける労働時間管理

> テレワークにおける労働時間管理はどのように行うのでしょうか。

A　客観的な記録により、適正に管理することが求められ、自己申告による場合でも、実態に沿った適正な管理がなされるようにする必要があります。具体的管理方法としては、会社の勤怠システムに入力管理をする等の方法のほか、事業場外みなし労働時間制（労基法38条の２）も要件を満たす場合は採用することができます。

1　労働時間の適正把握義務

　テレワーク時においても、使用者には労働時間の適正把握義務があり、厚生労働省「労働時間の適正な把握のために使用者が講ずべき措置に関するガイドライン」（平成29年１月20日策定。以下、「適正把握ガイドライン」といいます）に基づき、適切に労働時間管理を行わなければなりません。

　この点については、厚生労働省「情報通信技術を利用した事業場外勤務の適切な導入及び実施のためのガイドライン」（平成30年２月22日策定。以下、「テレワークガイドライン」といいます）においても、明記されています。

　テレワークガイドラインでは、テレワーク時において、パソコンの使用時間の記録等の客観的な記録によることや、やむを得ず自己申告制によって労働時間を管理する場合でも、適正把握ガイドラインを踏まえた措置（適正な自己申告を行うことや必要に応じた実態調査等）を講ずる必要があるとされます。

2　労働時間の把握ないし管理方法

　適正把握ガイドラインでは、労働時間の確認や記録の方法として、使用者による現認、タイムカード、IC カード、パソコンの使用時間の記録等の客観的な記録を基にすることを示しています。しかし、テレワーク時においては、労働者が事業場内にいるわけではないため、使用者による現認や、タイムカード、IC カードによる管理には馴染みません。

　パソコンの使用時間としていわゆるログオン・ログオフの時間を労働時間と扱うことは客観性はありますが、パソコンの起動時間から休憩時間を差し引いた時間をすべて労働時間と扱うことはしていないことが通常です。在宅においては、例えば、ウェブカメラで常時確認でもできない限り、パソコンの起動中に業務遂行しているかはわからないことが通常だからです。

　そのため、企業においては、自社の勤怠管理システムに始業・終業時刻を入力する管理方法を採用していることが多いと思われます。システム上の記録という意味では、客観性はありますが、時刻入力は社員自身が行うことから、自己申告の側面もあるといえます。そこで、企業によっては、入力した時刻と、パソコンのログ記録との乖離が、例えば30分以上ある場合には、乖離の理由を確認記録する等して、労働時間の適正管理に努めていることがあります。

3　事業場外みなし労働時間制について

　テレワークは、事業場ではない自宅等で行われることから、労働時間について算定困難であるとして、事業場外みなし労働時間制（労基法38条の2）を採用して、就業規則で定めた所定労働時間または、業務の遂行に通常必要とされる時間を労働したものとみなすことも考えられます。

　そして、テレワークガイドラインでは、テレワークにおいて、使用者の具体的な指揮監督が及ばず、労働時間を算定することが困難であるというためには、次の①②の要件を満たす必要があるとされます。

① 　情報通信機器が、使用者の指示により常時通信可能な状態におくこととされていないこと

② 　随時使用者の具体的な指示に基づいて業務を行っていないこと

　①は、情報通信機器（パソコンやスマートフォン、携帯電話等）を通じた使用者の指示に即応する義務がない状態であることを指します。回線が接続されているだけで、労働者が自由に情報通信機器から離れることや、通信可能な状態を切断することが認められている場合は、即応義務がないと解されます。

　②は、当該業務の目的、目標、期限等の基本的事項を指示することや、こ

れら基本的事項について所要の変更を指示することは含まれません。

　事業場外みなし労働時間制を採用するかどうかは、各社の判断となりますが、テレワーク（在宅勤務）を事業外みなし労働時間制にすることで、公私のメリハリがなくなったり、長時間労働化したり、適切な労働時間管理がしにくくなる可能性もあります。また、事業場における労働が一部発生する、一部事業場内、一部在宅の場合には、事業場内の労働時間は把握義務があることとなり、管理が難しくなることがあります。

　筆者の実務感覚では、各社が導入している勤怠システムを利用することで労働時間管理が可能なために、最近のテレワーク（在宅勤務）においては、事業場外みなし労働時間制の採用を見送っていることが多いように思われます。

4　中抜け時間について

　テレワークとしての在宅勤務においては、育児の関係等の事情により、勤務時間中に、業務から離れるいわゆる中抜け時間が生じることがあり得ます。

　テレワークガイドラインでは、そのような時間について、使用者が業務を指示しないこととし、労働者が、労働から離れ、自由に利用することが保障されている場合には、その開始と終了の時間を報告させる等により、休憩時間として扱い、労働者のニーズに応じ、始業時刻を繰り上げたり、繰り下げることや、休憩時間ではなく時間単位の年次有給休暇として取扱うことが考えられるとされます。

　Q1で紹介した、テレワークのモデル規則では、許可制による中抜け時間を認めていますが、始業・終業時刻が曖昧になる可能性があることから、中抜けを原則的に認めないという方針も適切といえます。

5　裁量労働制やフレックスタイム制

　テレワークにおいても、裁量労働制（専門業務型裁量労働制や企画業務型裁量労働制）の要件を満たす場合には、労働時間をみなし制とすることができます。

　また、テレワークにおいて、フレックスタイム制度を採用し、より自由度

の高い在宅勤務とすることも可能です。企業によっては、労働義務のあるコアタイムをなくした、いわゆるスーパーフレックスタイム制度を導入し、在宅勤務において仕事と家事・育児との両立に配慮する例もあります。

　もっとも、裁量労働制やフレックスタイム制は、テレワーク（在宅勤務）において、公私のメリハリがなくなるという観点から、あえて導入しないということもあります。

6　長時間労働の防止

　テレワークガイドラインでは、長時間労働を防ぐ手法として、電子メール送付時間帯の制限や、会社システムへのアクセス制限、時間外・休日・深夜労働の原則禁止、労務管理システムを活用した自動警告などが示されています。

　また、事業場外みなし労働時間制や裁量労働制によって労働時間のみなし制を採用する場合、または管理監督者等であっても、長時間労働者に対する医師の面接指導（安衛法66条の8）を担保するために「労働時間の状況」の把握義務（安衛法66条の8の3）はあります。そして、この「労働時間の状況」の把握は、労働者の健康確保措置を適切に実施する観点から、労働者がいかなる時間帯にどの程度の時間、労務を提供し得る状態にあったかを把握するものであり、適正把握ガイドラインにおける方法に沿って行うものとされます。

（増田陳彦）

Q3　テレワークにおける通勤手当の扱い

> 　テレワークの導入に伴い通勤手当を従来の定期券相当額の支給から実費に変更することは問題ないでしょうか。

A　賃金規程の改定により、通勤手当を実費に変更することは問題ないと考えます。ただし、不利益変更のため賃金規程の変更の必要性や変更後の内容の相当性を含め、社員への説明手続等を丁寧にすることが求められます。

1　通勤手当の性質

　通勤費用は、労働契約の性質からすると、労働者が労務を提供するための費用、すなわち、弁済の費用として、民法485条により労働者の負担が原則となり、もともと企業に支給義務があるものではありません。

　しかしながら、多くの企業においては、賃金規程等において、通勤手当の支給や現物支給として通勤定期券を支給すると定められており、このように支給について賃金規程等で定められている場合には、通勤手当も賃金の一部となり、企業には支給義務があることになります。

2　テレワークに伴う通勤手当の減額

　厚生労働省が公表している「テレワークモデル就業規則〜作成の手引き〜」では、モデル規則13条（Q1【モデル規則】を参照）の給与に関する解説において、「勤務時間が短くなったなどの合理的な理由がないにもかかわらず、在宅勤務者だからといって基本給や諸手当を減額することはできませんが、通勤の頻度によって通勤手当を見直すことはあり得ます」とされており、モデル規則13条2項では、在宅勤務が週4日以上の場合の通勤手当については、定額の通勤手当を支給せず、実際の通勤に要する往復運賃の実費を支給するという例が示されています。

　1で述べたように、通勤手当は、本来、使用者に支給が義務づけられるものではありませんが、多くの企業が通勤のための費用を負担するべく、賃金

規程等で通勤手当の定めをおき、通勤手当支給や通勤定期券の現物支給をしています。

　テレワークにより在宅勤務となる場合には、公共交通機関の利用頻度が減少することになりますので、実費を負担するという観点で従来支給していた定期券相当額の手当や通勤定期券の現物支給は、企業にとっては支払い過ぎとなることから、実際の通勤に要した実費を支給するという旨の賃金規程等の変更は、必要性があり、相当な内容の変更であるといえます。

3　通勤手当の減額と不利益変更

　労働者に支払う通勤手当が減額となる場合、労働条件の不利益変更（労契法10条）を踏まえた手続を経る必要があります。通勤手当は社会保険料算定のための標準報酬決定のための基礎額にもなっていることから、減額となる金額によっては、標準報酬額が減少し、将来的な年金額にも影響する不利益があるという指摘もあります。

　しかし、上述の通勤手当の性質からすると、そのような不利益があるとしても、変更の必要性・変更後の内容の相当性は肯定されるべきものであるといえます。ただし、労契法10条を考慮して、その変更の必要性、変更後の規程内容の相当性等について、社員に十分に説明するなど丁寧な手続を経ることが求められます。

　また、在宅勤務とすることが選択制である場合には、在宅勤務に伴い通勤手当が減額となることを望まない従業員については、従来どおりにオフィスに出勤してもらうことでもよいでしょう。

（増田陳彦）

Q4　テレワークにおける設備費・通信費・光熱費等の扱い

> 　テレワークの導入に伴い、設備費や通信費・光熱費等の費用は会社が負担する必要があるのでしょうか。

A　必ずしも会社が負担する必要はありませんが、労働者負担とする場合には、就業規則にその旨の定めをする必要があります（労基法89条5号）。

1　テレワークと費用負担

　テレワークの導入に伴う在宅勤務においては、労働者は自宅において勤務することから、デスク等の設備や通信費、情報通信機器に要する費用、光熱費等を要することとなります。会社（事業場）に出社していれば、会社負担が通常であったところが、勤務場所が自宅になることで、上記費用を労働者負担とするか、会社負担とするかが問題となります。

　この点、労基法89条5号においては、労働者に作業用品その他の費用負担をさせる場合には、その旨の定めを就業規則に規定することが必要とされます。

　Q1で紹介した、モデル規則においては、14条（費用の負担）において、会社が貸与する情報通信機器の費用は会社負担、在宅勤務の水道光熱費は労働者負担、業務に必要な郵送費、事務用品費、消耗品費その他会社が認めた費用は会社負担、その他の費用は労働者負担とされています。この条文例は、労基法89条5号を踏まえたものです。

　従来、在宅勤務に伴う費用負担を規定していない場合に、在宅勤務規程を整備するに際し、労働者の費用負担の条文を定める場合には、就業規則の不利益変更となるため、変更の必要性、不利益の程度、代償措置の有無等を検討する必要があります。企業によっては、後記2で述べる在宅勤務手当を支給するケースもみられます。

　費用負担に関する実際の取扱いは、企業によってさまざまであり、会社がノートパソコンとスマートフォンを貸与しているケースもあれば、労働者の

私物を利用しているケースもあります。

2　費用負担と在宅勤務手当支給

　近年、定額制のブロードバンドによる常時接続環境等が整ってきており、自宅においても、比較的低いコストで高速インターネットへの接続が可能となっています。自宅のインターネット接続は、個人としての使用と業務の使用を区別することが困難です。そのため、個人契約している費用について、会社負担分を割り出すことは通常は困難といえます。

　電話料金についても、在宅勤務中の電話連絡について、会社が携帯電話を貸与していなければ、個人の家庭用電話や携帯電話を利用することになりますが、この場合に業務のための電話料金を特定することが困難なことがあります。

　光熱費も同様であり、プライベートと業務に要した分の費用の算出は困難といえます。

　そのため、会社から、通信回線使用料や電話料金、その他光熱費等を含め、在宅勤務に伴う労働者の費用負担をカバーするための定額の在宅勤務手当を支給する例がみられます。

　その金額は、企業の実例では、月額3000円から5000円程度や、日額200円〜250円、臨時特別手当1万円から数万円に加えて毎月3000円を支給するなどさまざまです。

　この臨時特別手当としての支払いは、在宅勤務に備えて、自宅の設備を整えることを目的として支給することもあります。

（増田陳彦）

Q5　テレワークの対象者を正社員に限定することは不合理な待遇差となるか

> テレワークの対象者を正社員に限定したいと思いますが、非正規社員（有期雇用契約のパートや派遣社員）との不合理な待遇差となるでしょうか。

A　テレワークの適用もパート有期法8条の「待遇」の1つと解されますので、正社員に限定する事情・理由によっては、不合理な待遇差となります。

1　テレワーク（在宅勤務）とパート有期法8条の「待遇」

パート有期法施行通達（平成31年1月31日）において、同法8条の「待遇」については、「基本的に、全ての賃金、教育訓練、福利厚生施設、休憩、休日、休暇、安全衛生、災害補償、解雇等の全ての待遇が含まれる」とされています。そうすると、就業の場所に関係するテレワーク（在宅勤務）という労働条件も同条の「待遇」に該当すると解されます。

したがって、テレワーク勤務についても、同条による不合理な待遇の禁止の対象となります。

2　テレワーク（在宅勤務）の対象者の限定の不合理性

パート有期法8条においては、職務の内容、職務の内容および配置の変更範囲、その他の事情に照らして、不合理な待遇の相違を設けることが禁止されています。

テレワークについて、単に非正規社員であるという理由だけで対象外とすることは、不合理と認められる可能性があります。

他方、非正規社員が行っている業務の性質上、テレワークが困難である場合には、職務の内容からして、テレワークの対象外であるとしても、直ちに不合理な待遇の相違とまではいえないと考えられます。例えば、正社員は、

営業や企画業務、業務管理が中心であるものの、非正規社員は、事業場にある資料や設備等を使用する業務であり、また企業秘密保持の観点から社外への持ち出しや、社外からのアクセスが困難であるとか、小売やサービス業で、現場業務に従事していることから、テレワークが困難ということもあり得ます。

　また、一部の非正規社員にはテレワークを認め、一部には認めないというような取扱いは、不合理な待遇差であるとして、外部の合同労組や弁護士が介入し、労使トラブルになる可能性もありますので、非正規社員について本当にテレワークとすることができないのか、慎重に検討することが求められます。さらに性別や、労働組合加入や所属組合によってテレワークの対象とするかどうかの区別をすることは不合理な待遇差とみなされるおそれがあります。

（増田陳彦）

Q6 テレワーク導入に伴う社員の精神・健康面への配慮

> テレワークの導入により社員と直接会う機会が減りますが、社員のストレスや健康面にはどのように配慮すべきでしょうか。

A 安衛法に基づくストレスチェックや定期健康診断による配慮のほか、上司とのウェブ面談によるコミュニケーション、アンケート実施などの配慮が考えられます。

1 テレワークと安全配慮義務

使用者には、労契法5条により労働者に対する安全配慮義務があり、その一環として、健康配慮義務があると解されます。

健康配慮義務について、電通事件（最高裁平成12年3月24日判決・判タ1028号80頁）では「使用者は、その雇用する労働者に従事させる業務を定めてこれを管理するに際し、業務の遂行に伴う疲労や心理的負荷等が過度に蓄積して労働者の心身の健康を損なうことがないよう注意する義務を負うと解するのが相当」とされています。

テレワークについては、通勤負担の軽減や、職場内における感染症感染リスクを低減するメリットがありますが、他方で、対面による双方向の意思疎通の機会が減少し、上司同僚とのコミュニケーションが不足するなどして、メンタルヘルスに悪影響があるといわれています。

そこで、企業としては、テレワークを導入し、そのメリット面だけをみるのではなく、テレワークに伴う従業員の心理面等への影響について、配慮することが求められます。

2 テレワークに伴うメンタルヘルスへの影響

「新型コロナウイルス感染の拡大およびそれに関連した社会情勢がもたらす労働者の心理面への影響に関して、産業保健職が留意すべき事項」（日本産業衛生学会産業精神衛生研究会世話人）によると、「在宅勤務に伴うストレス要因」として、以下があげられています。

> ・上司や同僚との連絡やコミュニケーションの取りにくさ
> ・スケジュール管理の難しさ
> ・在宅勤務への不慣れ、トラブル対応
> ・執務環境や執務時間の確保の難しさ

　また、新型コロナウイルス感染症による「生活習慣の変化」として、以下があげられています。

> ・家族との通常とは異なった時間の共有
> ・生活リズムの変化
> ・睡眠リズムの乱れ
> ・インターネットに費やす時間の増加
> ・運動不足
> ・喫煙本数の増加
> ・飲酒量の増加、飲酒時間の長時間化

　このように「在宅勤務に伴うストレス要因」や、「生活習慣の変化」を踏まえると、テレワークは、労働者のメンタルヘルスにとっては、マイナスの側面があるものといえます。

3　メンタルヘルスへの配慮

　上司は、テレワークであっても、ウェブ会議等を活用したコミュニケーションをとることが可能です。そこで、定期的にウェブ会議等を活用して面談をして、部下の業務負荷や勤務状況、健康状態等を個別に確認して、必要に応じて業務負荷を軽減する等の対応をすることが適切です。明らかに生産性が落ちてきている部下がいる場合には、その原因を検討し、必要に応じて業務分担等をしてフォローすることが適切です。テレワークでは出社時になされるような雑談的なコミュニケーションが不足する側面もあることから、1対1面談で、あえて雑談の時間を設けてみることも有用でしょう（ただし、その際にはプライベートに立ち入り過ぎないように注意が必要です）。

　また、安衛法66条の10のストレスチェックによる高ストレス者への面接指導や集団分析を通じ、個別に、または集団分析の部署単位でのストレス低減措置も行っていくことが適切です。

　さらに、勤務状態や業務負荷、長時間労働の有無、ハラスメント等について定期的に社内アンケートを実施し、改善につなげることも適切です。

　長時間労働となっている場合には、安衛法66条の8の面接指導を受け、その結果を受けた措置を講じることが求められます。

　テレワークと通勤による勤務を併用して、コミュニケーション不足防止と感染防止のバランスを図ることも適切といえます。

4　従業員の自己保健義務

　使用者には、労働者に対する安全配慮義務があり、その一環としての健康配慮義務があることの裏返しで、従業員自身には、自己保健義務があると解されます（筆者私見）。この点に関し、東京地裁平成22年2月24日判決（判タ1382号238頁）は「（労働者は）雇用契約を締結して労働を提供する義務を負っているのであるから、信義則上、これに付随して、自己の健康を管理し、その保持を図る義務を負っていた」として、労働者自身が、自己の健康を管理し、その保持を図るべき義務があることを肯定しています。

　在宅勤務に伴い、企業には使用者としての安全配慮義務と健康配慮義務がありますが、従業員自身にも自己保健義務があることを自覚してもらい、自ら健康保持に努めるように注意喚起することも適切な対応といえます。

（増田陳彦）

Q7　テレワークにおけるハラスメント

> テレワークの実施に伴い、ハラスメントについて気をつけるべき事項
> があるでしょうか。

A　ウェブ会議において、必要性なくカメラ起動を強制しないことや、電子メールやチャット、電話などにおいて、業務上必要かつ相当な範囲を超えて、就業環境を害する言動をしないように留意する必要があります。

1　テレワークとハラスメント

テレワーク（在宅勤務）に伴って生じるハラスメントについて、「テレハラ」や「リモハラ」という言葉が使われることがあります。

パワーハラスメントについては、労働施策総合推進法30条の2において、「職場において行われる優越的な関係を背景とした言動であって、業務上必要かつ相当な範囲を超えたもの」と定義されましたが、事業主が職場における優越的な関係を背景とした言動に起因する問題に関して雇用管理上講ずべき措置等についての指針（いわゆる「パワハラ指針」（令和2年厚生労働省告示第5号））において、ここでいう「職場」は、「事業主が雇用する労働者が業務を遂行する場所を指し、当該労働者が通常就業している場所以外の場所であっても、当該労働者が業務を遂行する場所については、『職場』に含まれる」とされています。

在宅勤務の場合には、労働者が業務を遂行する場所が自宅となりますので、自宅において受けた言動については、当然、パワーハラスメントの対象となります。

もちろんパワーハラスメントに限らず、セクシュアルハラスメントや育児介護に関するハラスメント等のあらゆるハラスメントが問題となります。

2　ウェブ会議システムのカメラ起動とハラスメント

テレワークが積極的に行われるようになり、インターネットを経由するウ

ェブ会議システムは、パソコン等に設置されたカメラを通じて、お互いの顔を確認した状態での双方向のコミュニケーションが可能です。

　ウェブ会議システムを通じ、お互いの顔を確認した状態でのコミュニケーションは、会話だけではなく、お互いの表情等を確認することで、音声会話だけよりもコミュニケーションを充実したものとできる側面があります。しかし、他方で、カメラに室内が映り込んだりして、プライベート空間をさらけ出すことにもなります。また、テレワーク時の服装や身なりも相手方に見えることとなります。

　そのため、ウェブ会議に際して、上司等の参加者が、部下等のプライベート空間や服装や身なり等について、相手を不快にさせるような指摘をしてしまい、パワーハラスメント等のハラスメント問題となる可能性があります。冒頭に述べたように、「テレハラ」や「リモハラ」と呼ばれるものです。

　それでは、社員がカメラ機能をオフにしたままの状態にしている場合に、カメラ起動を業務指示することはハラスメントになるでしょうか。

　この点、上記のように、カメラ起動については、プライバシーへの配慮が必要であることから、カメラ起動が必須とはいえない場合に常にカメラ起動を業務指示することは問題があるといえます。

　しかし、ウェブ会議は、オフィスで行っていた対面会議を、テレワーク（在宅勤務）に伴って代替する手段であることから、会議の性質上、より充実した双方向のコミュニケーションを図るためには、カメラ起動について業務上の必要性がある場合もあるといえます。また、自宅（プライベート空間）の映り込みについては、ウェブ会議システムにて背景を調節することも可能であり、また、服装や身なりは、オフィスでの仕事に準じるものと考えれば、むしろ、仕事にふさわしくないあまりにもラフな服装や身なりのほうが問題があるものといえます。

　以上より、業務上の必要性に応じて、ウェブ会議システムのカメラ起動を業務指示することは可能であると考えます。他方、必要性が乏しい場合には、カメラを起動せずに音声のみの対話で行えばよく、柔軟な対応が適切といえます。

3　電子メールやチャット機能、電話における留意

　ハラスメントについては、テレワークにおけるコミュニケーションツールとなる電子メールやチャット機能、電話における会話でも起こりがちです。

　特にテレワークでは、相手の顔が見えないことや、テレワークに伴うコミュニケーション不足や情報不足等から、不満やストレスが蓄積してしまい、それが電子メールやチャットの文面、電話における会話に強く出てしまうようなこともあります。

　電子メールについては、作成した文書内容を少しおいてから冷静に確認してみる、また、送信相手が適正な範囲かを確認することが適切です。チャット機能は即応性がある文字によるコミュニケーションが可能となる点は便利ですが、一度送ると後に取り消したとしても、一度は相手の目に入ります。電子メールと同様に、文面内容と送信相手を冷静に確認することが適切です。テレワーク時のコミュニケーションにおいては、冷静に一呼吸おいたコミュニケーションを心がけることが大切といえます。

（増田陳彦）

② フレックスタイム制度・裁量労働制・高度プロフェッショナル制度

Q8　労働時間の柔軟性を高める制度

> 労働時間の柔軟性を高める制度としては、どのような制度が考えられますか。

A　労働時間の柔軟性を高める制度としては、フレックスタイム制度や、事業場外みなし労働時間制、裁量労働制、高度プロフェッショナル制度、勤務間インターバル制度があげられます。

1　労働時間の柔軟性を高める制度への需要

　労基法上、始業・終業時刻は就業規則の必要的記載事項とされており（労基法89条1号）、使用者は就業規則等に毎日の始業・終業時刻を定め、労働者はその時刻に従って労務を提供することが原則となっています。そして、法は、1日および1週間の労働時間の上限を定め、その上限を超える労働を原則として違法としています。

　しかし、近時では、ライフスタイルが多様化し、働きながら育児や介護をせざるを得ない労働者が増えていることや、費やした時間と成果が直結しにくい仕事も増えていることなどから、労働時間に関する使用者の拘束を弱め、労働者が主体的に労働時間を決定する柔軟な働き方へのニーズはより高まっている状況にあります。労働時間の柔軟性を高める制度としては、以下にあげるものが考えられます。

2　フレックスタイム制

　フレックスタイム制は、3カ月以内の範囲内で設定される清算期間の中で一定時間の労働を行うことを条件に、1日の労働時間を労働者の決定にゆだねる制度です（労基法32条の3）。フレックスタイム制の下では始業・終業時刻を労働者が自ら決定することができますから、極めて柔軟な働き方を可能

37

とする制度といえます。労働者が日々の労働時間を自発的に決定するフレックスタイム制の下では、1日8時間・週40時間という法定労働時間を超える労働が直ちに割増賃金の対象となる時間外労働になることはありませんが、およそ時間外労働が発生しないというものではなく、時間外労働について特別な算定方法が必要となります。

　フレックスタイム制の詳細についてはQ9～Q11を参照してください。

3　事業場外みなし労働時間制

　事業場外みなし労働時間制は、労働時間の全部または一部について事業場外で業務に従事した場合において、労働時間を算定し難いときに、所定労働時間あるいは当該業務の遂行に通常必要とされる時間を労働したものとみなす制度です（労基法38条の2）。例えば、取引先への訪問営業に従事する労働者が直行直帰するような場合には、労働時間を把握することが困難ですから、実労働時間によらず一定の労働時間を労働したものとみなすことにするという制度です。そのような業務に従事する労働者にとっても、いちいち労働時間を使用者に報告せずに働くことが可能になるという点で、労働時間の柔軟性を高めるものといえます。

　昨今、就業場所に関して柔軟な働き方を可能にする就業形態としてテレワークを導入する企業が増えていますが、テレワークに従事する労働者に対する事業場外みなし労働時間制の適用の可否が問題となります。

　事業場外みなし労働時間制については、Q12を参照してください。

4　裁量労働制

　裁量労働制は、業務の性質上その遂行の方法を大幅に労働者の裁量にゆだねる必要がある業務等に従事する労働者について、実際の労働時間数にかかわらず一定の労働時間数だけ労働したものとみなす制度です。労基法上は、専門業務型裁量労働制（労基法38条の3）および企画業務型裁量労働制（労基法38条の4）という2つの裁量労働制が設けられています。労務提供について労働者の裁量に委ねることが適当と考えられる業務につく労働者に対し、労働時間の柔軟性を高める制度といえます。

裁量労働制については、Q13を参照してください。

5 高度プロフェッショナル制度

高度プロフェッショナル制度は、働き方改革に関連する法改正により新設された制度であり、高度の専門的知識や一定の年収を得ているなどの要件を満たす労働者を対象に、労使委員会の決議や本人の同意を前提として、一定の健康・福祉確保措置等を講ずることにより労基法のうち労働時間、休憩、休日および深夜割増賃金の規定を適用しないものとする制度です（労基法41条の2）。原則どおりの労働時間規制の下では、使用者は割増賃金の発生を抑えるために労働時間を制限することが通常ですが、高度プロフェッショナル制度では割増賃金の規制が適用されないためそのような制限がされず、労働者が主体的に労働時間を決定することが可能になります。ただし、高度プロフェッショナル制度の導入には極めて厳格な要件が設けられています。

高度プロフェッショナル制度については、Q14を参照してください。

6 勤務間インターバル制度

勤務間インターバル制度は、1日の勤務が終了した後に、翌日の勤務開始まで一定の休息時間（インターバル）を必ず確保することとする制度です。働き方改革に関する法改正の中で、勤務間インターバル制度の導入が企業の努力義務とされました。この制度は休息時間を確保することにより労働者の健康を守ることを主眼とするものですが、遅くまで残業を行った労働者には翌日の所定始業時刻を過ぎてから始業することを認めるものですから、その意味で使用者による労働時間の拘束を弱め、労働時間の柔軟性を高める効果がある制度といえます。

勤務間インターバル制については、Q15を参照してください。

（吉永大樹）

Q 9　フレックスタイム制度の概要

> フレックスタイム制とはどのような制度ですか。導入手続や効果について教えてください。

A　フレックスタイム制は、清算期間の中で一定時間数の労働を行うことを条件に、1日の労働時間を労働者にゆだねる制度です。制度を導入するには就業規則や労使協定により法定の事項を定める必要があります。導入した場合の効果としては、労働者による労働時間の自主的決定が可能となるほか、割増賃金の支払いが必要となる時間外労働について通常と異なる取扱いとなることなどがあります。

1　フレックスタイム制の概要

　フレックスタイム制とは、3カ月以内の清算期間の中で一定時間数の労働を行うことを条件として、1日の始業・終業時刻の決定を労働者にゆだねる制度です（労基法32条の3）。ワーク・ライフ・バランスが重視されるようになっている近年において、柔軟な働き方が可能となる制度として注目度が高まっています。

　フレックスタイム制を導入するにあたっては、その時間帯の中で始業・終業時刻を自由に決められる時間帯（フレキシブルタイム）や、労働者が必ず勤務すべき時間帯（コアタイム）が定められることが通常です。コアタイムを定めず、始業・終業時刻を完全に労働者の自由とするものはスーパーフレックスや完全フレックスタイムなどと呼ばれます。

2　導入要件

(1)　就業規則の定め

　フレックスタイム制を導入するには、就業規則の規定が必要です。制度を導入するための要件としては、「対象となる労働者について、始業・終業時刻をその労働者の決定にゆだねること」を定めることで足ります。しかし、この就業規則の定めは、あくまでも制度導入のための要件にすぎず、フレッ

クスタイム制を労働者との労働契約の内容とするには、導入する制度の詳細についても労働協約や就業規則等に定めなければなりません。

(2)　労使協定の締結

フレックスタイム制を導入するには、各事業場単位で、フレックスタイム制の基本的枠組みについて労使協定を締結しなければなりません。具体的には、以下の項目について過半数組合または過半数代表と労使協定を締結することが必要です。

① 　フレックスタイム制の対象となる労働者の範囲

② 　清算期間

③ 　清算期間において労働すべき総労働時間

④ 　標準となる1日の労働時間

⑤ 　コアタイム（定める場合のみ）

⑥ 　フレキシブルタイム（定める場合のみ）

①については、事業場の全労働者とするほか、特定の部署や職種に限定することも可能です。

②の清算期間とは、労働者が労働すべき時間を定める単位期間のことです。従来は1カ月以内で定める必要がありましたが、働き方改革に係る法改正により、3カ月以内の期間で定めることが可能となりました。清算期間については、協定または就業規則で起算点を明らかにする必要があります。

③は、清算期間において労働者が従事すべき労働時間です。これには法定の上限があり、清算期間を平均して1週あたりの労働時間が週の法定労働時間を超えない範囲で設定する必要があります。1週間の法定労働時間を40時間とすると、法定労働時間の上限は、40時間に「清算期間の暦日数÷7日」を乗じた時間数となります。ただし、完全週休2日制をとる場合には、清算期間の労働時間の上限を「清算期間内の所定労働日数×8時間」で定めることができる特例があります。

④は、年次有給休暇を取得する際に賃金の算定基礎となる時間です。

⑤のコアタイムと⑥のフレキシブルタイムは必須ではありませんが、これらを設ける場合には労使協定で定める必要があります。コアタイムが1日の労働時間とほぼ同程度となるほど長い場合や、フレキシブルタイムの時間が

極端に短い場合には、労働者が始業・終業時刻を自由に決定できるとはいえず、フレックスタイム制といえなくなりますから、注意が必要です。

　清算期間を１カ月よりも長い期間とする場合には、①～⑥のほか、労使協定の有効期間も定めたうえ、労使協定を労働基準監督署長に届け出る必要があります。

3　効　果

　フレックスタイム制のもとでは、労働者が自由に労働時間を決定できることになり、労働時間が１日８時間・週40時間を超えても直ちに法定時間外労働とはなりません。もっとも、フレックスタイム制の下で時間外労働がおよそ発生しないわけではなく、割増賃金の支払いが必要となる場合も生じます。フレックスタイム制における時間外労働の考え方についてはQ10を参照してください。

　また、フレックスタイム制の下では基本的に遅刻や早退は起こり得ませんが、コアタイムを設けている場合には、コアタイムとの関係で遅刻・早退が生じる場合があります。ただし、コアタイムに遅刻・早退した場合であっても、清算期間経過後に結果として総労働時間を満たす労働がされていた場合には、遅刻・早退を理由とする賃金カットはできないと考えられます。

（吉永大樹）

Q10　フレックスタイム制度と法定時間外労働

> フレックスタイム制度の下では、法定時間外労働時間をどのように算定するのですか。

A　　原則として、清算期間における法定労働時間の総枠を超えた労働時間が割増賃金の支払いを必要とする法定時間外労働となります。清算期間が１カ月を超える場合には、労働時間の偏りを防ぐため、清算期間の全体だけでなく、１カ月ごとに区切った期間についても時間外労働をカウントします。

1　フレックスタイム制における時間外労働の考え方

　労働者が日々の労働時間を自ら決定するフレックスタイム制においては、１日８時間・週40時間という法定労働時間を超えた労働が直ちに割増賃金の支払いをすべき法定時間外労働とはなりません。フレックスタイム制においては、清算期間において労働者が従事した実労働時間のうち、清算期間における法定労働時間の総枠を超えた部分が法定時間外労働となります。労使協定で定めた清算期間における総労働時間を超えた労働であっても、上記の法定労働時間の総枠を超えていなければ割増賃金の支払いは必須ではありません。

　清算期間における法定労働時間の総枠とは、清算期間を平均して１週間あたりの法定労働時間が40時間となる時間であり、以下の計算式によって算出されます。

> 　　　１週間の法定労働時間（＝40時間）×（清算期間の暦日数÷７日）

　この計算式により、清算期間の暦日数が28日の場合には法定労働時間の総枠は160時間（40×（28÷7））となり、31日の場合には177.1時間（40×（31÷7））となります。この総枠を超える労働は法定時間外労働となるため、労働者に行わせるには36協定の締結が必要となります。

　法定休日に労働を行った場合、その休日労働の時間は、清算期間における総労働時間や時間外労働とは別個のものとして取り扱われ、35％以上の割増

率で計算した割増賃金の支払いが必要となります。

2　清算期間が1カ月超の場合

(1)　考え方

　働き方改革に係る法改正により、フレックスタイム制を導入するにあたり1カ月を超える清算期間を定めることが可能となりました。これにより、従来よりも長い期間について労働時間のやりくりができるようになりましたが、清算期間が長期化した分だけ法定労働時間の総枠も長時間となるため、従来のフレックスタイム制における時間外労働の考え方によると、繁忙期に割増賃金の対象とならない長時間労働が偏って発生するおそれが生じてしまいます。例えば、清算期間が3カ月（90日）の場合、法定労働時間の総枠は約514.2時間（40×(90÷7)）となりますが、3カ月のうち1カ月だけが繁忙でそのほかの2カ月が閑散期であるという場合、繁忙期の月に労働時間が集中して過大な長時間労働となっても、そのほかの2カ月の労働時間が短いために清算期間全体でみると法定時間外労働が発生しないという事態となります。

　そこで、清算期間を1カ月超とする場合、法は、1カ月ごとに割増賃金の支払いを義務づけることによって長時間労働の抑止を図っています。すなわち、清算期間における総労働時間を超えた労働時間が法定時間外労働となるだけでなく、1カ月ごとに、週平均50時間を超えた労働時間も法定時間外労働としてカウントします（労基法32条の3第2項）。

(2)　具体的な計算方法

(A)　週平均50時間を超えた労働時間

　まず、以下の計算式により各月の週平均労働時間が50時間となる月間労働時間数を算出します。

50時間×（各月の暦日数÷7日）

　そして、清算期間を1カ月ごとに区分し、各1カ月の実労働時間のうち、上記の式で算出した時間を超えた労働時間を時間外労働とカウントし、その月の時間外労働として割増賃金を支払います。

　清算期間の最後に1カ月に満たない期間が発生する場合には、上記の式と

同様の計算式（各月の暦日数をその期間の暦日数に変更）によりその期間を平均して週50時間を超える労働時間をカウントします。

⒝ 清算期間における法定労働時間の枠を超えた労働時間

清算期間の終了後、清算期間における総実労働時間のうち、清算期間の法定労働時間の総枠を超えた労働時間を時間外労働としてカウントします。ただしこのとき、⒜ですでに時間外労働としてカウントした時間は除外します。

3 時間外労働の上限規制

働き方改革に係る法改正では、以下のような時間外労働の上限が新設されました。

① 原則として、時間外労働は1カ月45時間以内かつ年360時間以内

② ①の限度時間を超える特別条項の回数は年6回以内かつ年間の時間外労働は720時間以内

③ 時間外労働と休日労働の合計は単月で100時間未満かつ2〜6月の平均で80時間以内

フレックスタイム制の下でも、上述の方法でカウントした時間外労働について上限規制が適用されるので、時間外労働が上限を超過しないよう管理する必要があります。特に、清算期間が1カ月超のフレックスタイム制における最終月は、清算期間における法定労働時間の総枠を超える時間が当月の時間外労働となるため、上限規制の違反が生ずるおそれも高まってしまうことによく注意しなければなりません。例えば、清算期間が4月から6月の3カ月間である場合、総暦日数は91日ですから、法定労働時間の総枠は520時間（40×(91÷7)）となります。各月の労働時間が、4月は210時間、5月は220時間、6月は190時間であったとすると、清算期間中の総労働時間は620時間となります。この場合、6月はほかの月よりも短い労働時間ですが、フレックスタイム制における時間外労働の計算方法によると、620－520＝100時間が6月の法定時間外労働となり、③の上限規制に違反します。このように、清算期間1カ月超のフレックスタイム制における最終月は、清算期間全体の総労働時間が法定労働時間の総枠を超える時間が時間外労働時間数となることにより上限規制違反の状態が生じるおそれがあります。　　　　　（吉永大樹）

Q11　フレックスタイム制度導入の留意点

> フレックスタイム制度を導入するにあたりどのようなことに気をつけるべきですか。

A　まず、制度設計においては、フレキシブルタイム・コアタイムの設定の有無や総労働時間に対する過不足が生じた場合の取扱いについて検討する必要があります。制度運用においては、実労働時間の管理のほか、清算期間の途中でフレックスタイム制の適用の有無や賃金に変更が生じた場合の取扱いなどに留意する必要があります。

1　制度設計

⑴　フレキシブルタイム・コアタイムの定め

　フレックスタイム制において、労働者が始業・終業時刻を自由に決められる時間帯をフレキシブルタイムと呼び、反対に必ず勤務することが義務づけられる時間帯をコアタイムと呼びます。これらは必ずしも定めなければならないものではなく、コアタイムを定めない場合には、労働者は働く日も自由に選択できることになります。しかし、コアタイムを定めない完全フレックスタイム制においては、労働者がいつ在社しているかが把握しにくくなるため会議等の予定が立てづらくなることや、労働時間の管理が困難になるなどのデメリットがあります。コアタイムを定めて労働者が確実に在社する時間を設定することにより、これらのデメリットを軽減することができます。

　フレキシブルタイム・コアタイムを定める場合には、それぞれの開始・終了時刻を労使協定および就業規則で定める必要があります。ただし、通達（昭63・1・1）では、あまりにコアタイムが長く労働者が労働時間を決定する余地が狭い場合には、フレックスタイム制の趣旨に反するとされているので注意しなければなりません。

⑵　実労働時間が総労働時間に過不足する場合の取扱い

㈑　実労働時間が清算期間における総労働時間に不足する場合

　実労働時間が総労働時間に不足する場合、その時間分については、賃金控

除を行うか、次の清算期間に繰り越すことができます。いずれの取扱いをする場合においても、労働条件明示の観点から労使協定にその旨を定めておくべきでしょう。

　清算期間が延長されたことにより総労働時間の枠が大きくなったため、従来よりも大きな不足分が発生する事態も想定されることとなりましたが、不足分の繰越しは、次の清算期間の法定労働時間の総枠の範囲内で行わなければなりません。すなわち、繰越しができるのは、清算期間における総労働時間と、次の清算期間における法定労働時間の総枠の差の範囲内に限られます。例えば、3カ月の清算期間の総労働時間を500時間とするフレックスタイム制において、ある清算期間の実労働時間が480時間で20時間の不足が生じたと仮定します。次の清算期間の法定労働時間の総枠が514.2時間であったとすると、総労働時間500時間に不足分の20時間を加算すると520時間となってしまい、法定労働時間の総枠を超過してしまいます。このような場合には、繰越しができるのは20時間中の14.2時間に限られ、残りの5.8時間分については、前の清算期間で賃金控除を行うなどの対応を検討することになります。

　　⒝　**実労働時間が清算期間における総労働時間を超過する場合**

　⒜と反対に実労働時間が総労働時間を超過する場合には、賃金全額払いの原則からその清算期間において超過分に係る賃金を支払うことが必要であり、超過分を次の清算期間の総労働時間から控除するという取扱いをすることはできません。

2　制度運用

(1)　労働時間管理

　始業・終業時刻を労働者の決定にゆだねるフレックスタイム制においても、労基法上の労働時間規制は及びますから、労働者の実労働時間数を把握する必要があります。実労働時間の把握は、使用者による現認や、タイムカードやパソコンの使用記録といった客観的記録に基づいて行うことが原則となりますが、フレックスタイム制においては、労働者の自己申告も適宜組み合わせて労働時間を把握すべきであると考えられます。

⑵　清算期間の途中での変更

　清算期間の途中で事業場の異動などによりフレックスタイム制の適用から外れた労働者については、フレックスタイム制適用事業場で働いた期間についてはフレックスタイム制による賃金計算を行い、異動後については通常の労働時間制度における賃金計算を行うことになります。例えば、清算期間を3カ月とするフレックスタイム制をとる事業場で2カ月働いた後、フレックスタイム制を適用しない事業場に異動した労働者のケースでは、2カ月間についてフレックスタイム制による賃金計算を行います。具体的には、1カ月目・2カ月目において週平均50時間を超える労働時間について割増賃金を計算し、さらに、2カ月目の賃金計算においては、2カ月間の実労働時間が週平均40時間を超過した分について割増賃金を支払う必要があります。

　清算期間の途中で昇給があった場合には、昇給後に訪れる賃金締切日においては昇給後の賃金を基礎として割増賃金を算定します。清算期間を3カ月とするフレックスタイム制において3カ月目に昇給した場合、1・2カ月目における割増賃金の計算においては昇給前の賃金を基礎とし、3カ月目に生じた時間外労働（当月における週平均50時間超の労働時間＋清算期間の法定労働時間を超えた労働時間）については、昇給後の賃金額を基礎とすることになります。

（吉永大樹）

Q12　事業場外みなし労働時間制

> 　事業場外みなし労働時間制とはどのようなものですか。テレワークには事業場外みなし労働時間制が適用できますか。

A　事業場外みなし労働時間制は、使用者の指揮監督下ではない事業場外で業務を行うために労働時間を算定し難い労働者について、特定の時間につき労働を行ったものとみなす制度です。

　要件を満たす場合にはテレワークにも事業場外みなし労働時間制を適用できますが、適用することが相当でない場合もあると思われます。

1　制度の概要

　事業場外みなし労働時間制は、労働者が事業場外で業務に従事した場合において、労働時間の算定が困難なときに、特定の時間の労働を行ったものとみなす制度です（労基法38条の2）。例えば、外回りで営業業務に従事する社員が1日をとおして客先を訪問して直行直帰する場合などは、会社の指揮監督が及ばないため、当該社員の労働時間を把握することは困難です。このように事業場外での労働が行われた場合に、実際の労働時間にかかわらず特定の労働時間の労働を行ったものとみなします。

2　要　件

　事業場外労働時間みなし制を適用するための要件は、①労働者が労働時間の全部または一部について事業場外で労働に従事したこと、②使用者が労働時間を算定し難いことです。このうち、実務上よく問題となるのは、②の「使用者が労働時間を算定し難い」という要件の充足の有無です。

　通達（昭63・1・1）は、「事業場外で業務に従事するが、無線やポケットベル等によって随時使用者の指示を受けながら労働している場合」には労働時間の算定が可能であり、みなし労働時間制を適用できないものとされているところ、近時では、事業場外で業務に従事する労働者は必ずといっていいほどスマートフォンのような通信機器を持っていると考えられますから、それ

によりみなし労働時間制が否定されないかが問題となります。

　この点につき、使用者が通信機器を通じて労働者に業務遂行につき具体的に指示している場合や、労働者に一定時間ごとの上司への業務報告を義務づけているような場合には、実質的には労働者が使用者の指揮監督に服しているといえ、労働時間の算定をし難いときにあたらないと考えられます。しかし、臨時的な事情で取引先や会社と連絡する必要が生じた際のために通信機器を使用しているにすぎず、会社から業務遂行について具体的な指示をしていないような場合には、労働者が使用者の指揮監督に服しているとはいえず、みなし労働時間制が適用できるものと解されます。

3　効　果

(1)　労働時間のみなし

　事業場外みなし労働時間制が適用される場合、実際の労働時間にかかわらず、特定の労働時間を労働したものとみなされます。みなされる時間は①所定労働時間（就業規則等で定められた始業時刻から終業時刻までの時間から休憩時間を除いた時間）、②その業務遂行に通常必要とされる時間（以下、「通常必要時間」といいます）、③②の場合において労使で協定した時間の３種類です。

　原則としては①の所定労働時間みなしとなりますが、事業場外の業務を遂行するために通常所定労働時間を超えて労働することが必要な場合は、例外的に②か③の時間をみなすこととなります。通常必要時間とは、事業時間外労働の遂行に実際に必要とされる時間を平均した時間となりますが、どの程度の時間が必要かの算定は困難であるので、労使協定を結ぶことが望ましいと考えられます。労使協定を結ぶ場合は、みなし労働時間のほか、対象とする業務・有効期間について定める必要があります。８時間を超えるみなし労働時間を協定する場合は、労使協定を所轄労働基準監督署長に届け出なければなりません。

(2)　労働時間の一部のみについて事業場外労働を行った場合

　営業担当者がいったん出社して準備を行い、客先回りに出かける場合や、外回りに直行してから帰社して事務処理をする場合など、労働時間の一部のみについて事業場外労働を行った場合に、労働時間をどのように処理するか

が問題となります。

　通達（昭63・1・1、昭63・3・14）に照らすと、このような場合には、まず事業場内労働時間については実際の労働時間を把握しなければなりません。そして、「事業場内の労働時間＋通常必要時間」が1日の所定労働時間に達しない場合には、所定労働時間の労働を行ったものとみなされますが、「事業場内の労働時間＋通常必要時間」が所定労働時間を超えている場合には、「事業場内の労働時間＋通常必要時間」について労働したものとして処理することになります。

(3)　労働時間に関する規制の適用

　事業場外みなし労働時間制は労働時間の算定に係るものであり、休憩・深夜業・休日に関する規定は原則どおり適用されます。時間外労働・休日労働・深夜労働が行われた場合には、それぞれ割増賃金の支払いが必要となります。

　また、事業場外みなし労働時間制を適用する場合であっても、使用者は客観的な記録により労働時間の状況を把握しなければなりません。労働時間の状況の把握の方法としては、事業場外からも始業・終業の時刻を登録できるシステムなどを利用することが考えられます。

4　テレワークと事業場外みなし

　テレワークとは、労働者が事業場まで出勤せず、自宅やサテライトオフィスで業務を行う就業形態です（詳細はQ1以下を参照してください）。テレワークで勤務する労働者も事業場外で労働に従事するものといえますから、事業場外みなし労働時間制の適用が可能か否か問題となります。

　「情報通信技術を利用した事業場外勤務の適切な導入及び実施のためのガイドライン」（平成30年2月22日策定）は、テレワークに事業場外みなし労働時間制を適用するには、

①　情報通信機器が使用者の指示により常時通信可能な状態におくこととされていないこと

②　随時使用者の具体的な指示に基づいて業務を行っていないこと

という2つの要件を充足することが必要としています。このうち、①の要件

は、労働者が情報通信機器を通じた使用者の指示に即応する義務がない状態をいい、自宅のパソコンに通信回線が接続されていても自由にパソコンから離れることが認められる場合などには①の要件は充足するものとされています。また、②の「具体的な指示」には、「当該業務の目的、目標、期限等の基本的事項を指示することや、これら基本的事項について所要の変更の指示をすることは含まれない」とされています。

　これらの要件を満たす場合には、テレワークで業務を行う労働者にも事業場外みなし労働時間制の適用が可能です。しかし、事業場外みなし労働時間制は、本質的には、外回り営業のように外出や移動が多く、その中で働き方について労働者の裁量が大きい働き方に親和的な制度であり、あくまでも例外的な制度です。それまで会社で通常の労働時間管理の下、業務を行っていた労働者が自宅で業務を行う場合のように、単に就業の場所が会社から自宅に変わっただけというような場合には、事業場外みなし労働時間制になじむ状況とはいえず、要件を充足しているといえるかについても疑問がありますから、事業場外みなし労働時間制を適用することは相当ではないと考えられます。

（吉永大樹）

Q13 裁量労働制

> 裁量労働制とはどのような制度ですか。裁量労働制の導入にあたってはどのような点に留意するべきでしょうか。

A 裁量労働制は、一定の専門的・裁量的業務に従事する労働者について、法定の要件の下、1日の労働時間を実際の労働時間ではなく所定の労働時間の労働をしたものとみなす制度です。

裁量労働制の導入にあたっては、対象業務などの要件を確実に満たすことが最も重要ですが、時間管理や健康確保措置等についても留意すべきです。

1 裁量労働制

(1) 概　要

裁量労働制とは、業務の性質上その遂行の方法を大幅に労働者の裁量にゆだねる必要がある業務等に従事する労働者について、労働時間の計算を実際の労働時間ではなく労使協定等で定めるみなし時間によって行う制度です。

労基法上は、専門業務型（38条の3）と企画業務型（38条の4）の2つの裁量労働制が用意されています。

(2) 導入要件

(A) 専門業務型裁量労働制

専門業務型裁量労働制は、業務の性質上、業務遂行の手段や方法、時間配分等を大幅に労働者の裁量にゆだねる必要がある業務として厚生労働省令および厚生労働省告示によって定められた業務を対象としています。この業務には、新商品の研究開発業務や情報処理システムの設計業務、弁護士や公認会計士の業務など、全部で19の業務が定められています。

導入手続としては、対象業務やみなし労働時間などの法定事項について労使協定を締結し、労働基準監督署に届け出ることが必要です。また、就業規則に制度の根拠規定を設けることも必要となります。

労使の代表者半数ずつからなる労使委員会を設置する場合、労使委員会の決議で上記事項を定めることによって労使協定に代えることができます。こ

の場合、労働基準監督署への届け出は不要です。

　対象業務や労使協定で定めるべき事項等の詳細は、厚生労働省のリーフレット「専門業務型裁量労働制」〈https://www.mhlw.go.jp/new-info/kobetu/roudou/gyousei/kantoku/dl/040324-9a.pdf〉を参照してください。

⒝　企画業務型裁量労働制

　企画業務型裁量労働制の対象業務は、事業の運営に関する事項についての企画、立案等の業務であって、業務の性質上その遂行の方法を大幅に労働者の裁量にゆだねる必要がある業務です。対象労働者は、対象業務に従事する「対象業務を適切に遂行するための知識、経験等を有する労働者」であることが必要です。

　導入手続として、専門業務型と異なり、労使委員会を設置して法定の事項につき 5 分の 4 以上で決議し、労働基準監督署に届け出ることが必要です。また、制度適用について労働者の個別の同意を得なければなりません。就業規則に根拠規定を設ける必要があることは専門業務型と同様です。

　こちらも、決議事項等の詳細については、厚生労働省のリーフレット「企画業務型裁量労働制」〈https://www.mhlw.go.jp/new-info/kobetu/roudou/gyousei/kantoku/dl/040324-8a.pdf〉を参照してください。

⑶　裁量労働制の効果

　専門業務型・企画業務型いずれについても、実際の労働時間にかかわらず、労使協定あるいは労使委員会決議で定めた労働時間を労働したものとみなされます。ただし、休憩・休日や時間外労働・休日労働・深夜労働等の法規制は原則どおり適用されます。

2　留意点

⑴　要件を確実に充足すべきこと

　裁量労働制が適用されていた労働者が、裁量労働制が違法であるとして未払割増賃金の支払いを求め、裁判で裁量労働制の有効性が否定された場合、実際の労働時間にもとづき割増賃金を計算することになります。このような紛争を起こす労働者は裁量労働制のもとで長時間の労働を行っていたものと推測されますから、多額の未払賃金の支払い義務が生じるおそれがあります。

さらに、当該労働者以外の裁量労働制適用労働者に対しても影響が生じますから、企業にとって大きな打撃となります。そのため、制度導入にあたっては、法定の導入要件を確実に充足しなければなりません。

　実体要件としては、裁量労働制を適用しようとする業務が対象業務に該当するかが最も重要です。さらに、対象業務に該当する場合でも、その対象業務の補助業務に従事しているにすぎない労働者や、対象業務に従事しているが経験が浅く、裁量が小さい労働者などは裁量労働制の適用が否定されるおそれがありますから注意が必要です。

　手続要件にも注意が必要であり、労使協定の労働者側代表が適切に選出されているか、労使委員会の構成が適切なものとなっているかなどが問題となります。また、専門業務型においては対象労働者の同意をとることは要求されないものの、制度を円滑に実施し紛争リスクを低減させる観点からは同意を得るべきであると思われます。

(2)　みなし労働時間数の設定

　裁量労働制におけるみなし労働時間数は、労働の実態を踏まえて合理的な時間数を設定しなければなりません。みなし労働時間が法定労働時間を上回る場合は、その上回る時間分については割増賃金を支払う必要があります。みなし労働時間が実際に必要な労働時間よりも短くなっている場合には、労働者の不満が蓄積し紛争のリスクも高まりますから、使用者としては労働者側とよく協議して適切な時間数を設定するべきでしょう。

(3)　労働時間の管理

　上述のとおり、裁量労働制においても、深夜労働や休日労働等の労働時間制は及び、深夜・法定休日については、それらの中で行われた実際の労働時間に対して割増賃金を支払うことが必要です。

　また、労使協定等で定めるべき事項の中には、使用者が労働時間の状況に応じて健康・福祉を確保する措置を講ずることがあげられています。そのため、裁量労働制の対象労働者については、労働時間の状況を把握しなければなりません。「労働時間の状況」とは、労務を提供し得る状態にあった時間をいい、タイムカードやICカード等により在社時間を把握することになります。労働時間の状況に応じて講ずべき健康・福祉確保措置の例としては、

代償休日や特別休暇の付与、健康診断の実施、連続する有給休暇の取得促進、健康問題についての相談窓口の設置や配置転換などがあげられます。

3　裁量労働制の今後

　裁量労働制は、対象業務に厳格な制限がされていることや、導入手続の難しさもあり、現状では積極的には利用されていません。厚生労働省の令和 2 年就労条件総合調査の結果の概況〈https://www.mhlw.go.jp/toukei/itiran/roudou/jikan/syurou/20/dl/gaiyou01.pdf〉によれば、裁量労働制の導入企業の割合は専門業務型が1.8％、企画業務型が0.8％にとどまっています。

　働き方改革に関する法改正において、企画業務型裁量労働制の対象業務を拡大する改正案も盛り込まれていましたが、根拠とされた業務統計の問題等もあり頓挫しました。

　しかし、ワーク・ライフ・バランスを重視する風潮の広まりとともに、労働時間について柔軟な働き方を実現できる裁量労働制のニーズはより高まってくるものと考えられます。今後は、裁量労働制が長時間労働の温床とならないようにするための配慮をしつつ、裁量労働制を適用するにふさわしい労働者に対して適切に実施できるような制度となるよう、裁量労働制を見直していくべきでないかと思われます。

（吉永大樹）

Q14　高度プロフェッショナル制度

> 高度プロフェッショナル制度とはどのような制度ですか。裁量労働制や管理監督者とは、どのようなところに違いがあるのでしょうか。

A　　高度プロフェッショナル制度は、高度に専門的で成果と労働時間の関連性が低い業務につき、一定額以上の高額な賃金を得る労働者について、厳格な要件の下、労基法上の労働時間、休憩、休日および深夜の割増賃金に関する規定の適用を除外する制度です。裁量労働制や管理監督者と一部共通点はありますが、効果や要件の点で大きな違いがあり、働き方改革に係る法改正で導入された全く新しい制度といえます。

1　高度プロフェッショナル制度の概要

(1)　制度の対象

　高度プロフェッショナル制度は、対象となる業務と労働者に厳格な制限が付されています。

　制度の対象業務は、「高度の専門的知識等を必要とし、その性質上従事した時間と従事して得た成果との関連性が通常高くないと認められるもの」です。労基法施行規則では、金融商品の開発業務、投資判断に基づく資産運用の業務（ディーラー）、株式市場の相場等の動向に関する助言の業務（アナリスト）、顧客の事業の運営に関する重要事項についての調査分析および考案・助言の業務（コンサルタント）、そして新技術・商品・役務の研究開発に係る業務があげられています。

　制度の対象者は、上述の対象業務に従事する労働者であって、書面等による合意に基づき職務が明確に定められており、年間の賃金額が1075万円以上である労働者です。ただし、対象業務につく労働者であっても、労働時間について使用者から具体的な指示を受けて行う者は除外されます。

(2)　導入手続

　高度プロフェッショナル制度を導入するには、

①　労使委員会の設置

② 労使委員会で法定の事項につき決議

③ 決議の労働基準監督署への届け出

④ 書面による対象労働者の同意

⑤ 対象労働者の対象業務への従事

という手順を踏む必要があります。労使委員会で決議すべき事項としては、対象業務や対象労働者の範囲のほか、健康管理時間（事業場内にいた時間と事業場外において労働した時間の合計）の把握、年間104日以上かつ4週間を通じ4日以上の休日の付与や健康確保措置など多岐にわたります。

労使委員会で決議すべき事項の詳細などについては、厚生労働省が公表しているリーフレット「高度プロフェッショナル制度　わかりやすい解説」〈https://www.mhlw.go.jp/content/000497408.pdf〉を参照してください。

(3)　使用者の義務

労使委員会で決議する事項としては、休日の確保のほかに健康管理のために使用者が講じるべき措置等が含まれており、高度プロフェッショナル制度を適用する使用者は、対象労働者の健康を確保するためにさまざまな措置を講じる義務を負います。

(A)　休日の確保

上述のとおり使用者は、年間104日以上かつ4週間を通じ4日以上の休日を付与しなければなりません。指針（平成31年3月25日厚労告88号）では、この休日確保ができなかった場合、確保できないことが確定した時点で高度プロフェッショナル制度の効果がなくなるとされています。

(B)　選択的措置

使用者は、労使委員会の決議事項として、①勤務間インターバルの確保、②深夜業の回数制限、③健康管理時間の上限措置、④1年に1回以上の連続2週間の休日の付与、⑤臨時の健康診断のうち、いずれかの措置を選択し実施する必要があります。

(C)　健康管理時間の把握とその状況に応じた健康・福祉確保措置

使用者は、健康管理時間を客観的方法により把握し、その状況に応じた健康・福祉確保措置を講じなければなりません。この措置としては、

・ (B)の選択的措置のうち労使委員会決議で定めたもの以外

- ・ 医師による面接指導
- ・ 代償休日または特別な休暇の付与
- ・ 健康問題についての相談窓口の設置
- ・ 適切な部署への配置転換
- ・ 産業医等による助言指導または保健指導

のうちいずれか1つを選択して講じる必要があります。

⒟ 苦情処理措置

使用者は、対象労働者からの苦情の処理に関する措置を講じなければなりません。苦情の申し出先や苦情処理の手順・方法などの具体的な内容を労使委員会決議で定め、実行する必要があります。

⑷ 効 果

高度プロフェッショナル制度が適用される労働者については、労基法第4章の定める①労働時間、②休憩・休日および深夜の割増賃金に関する規定の適用が除外されます。ただし、健康管理時間の把握、休日の確保、選択的措置のいずれかを講じていない場合には、適用除外が否定されます。

2 他の制度との異同

裁量労働制は、業務遂行について労働者の裁量にゆだねることが適当な業務を対象に、所定労働日の労働を実労働時間ではなく所定の労働時間を働いたものとみなす制度であり、法定の対象業務について労働時間の拘束を弱める点では高度プロフェッショナル制度に類似しています。また、管理監督者（労基法41条2号）も、重要な職務権限をもち、労働時間の裁量がありかつ相当な待遇を受けている労働者について労働時間、休憩および休日に関する規定の適用を除外する制度であり、高度プロフェッショナル制度に類似するものといえます。

しかし、裁量労働制は、あくまでも1日の労働時間のみなし制であり、深夜・休日労働などの法規制は除外されません。管理監督者についても、深夜労働の規制は除外されません。この点で、労基法第4章の労働時間、休憩、休日および深夜労働の全規定が適用除外となる高度プロフェッショナル制度と相違しています。さらに、裁量労働制や管理監督者と大きく異なる点とし

て、高度プロフェッショナル制度を適用する使用者は、年間104日以上の休日の確保や対象労働者の健康確保措置など多くの義務を負います。

　これらのことからすると、裁量労働制や管理監督者が基本的には労基法を適用することを前提にその一部を除外するものであるのに対し、高度プロフェッショナル制度は、これまでの労基法にはなかった特別な効果・規制をもつ全く新しい制度であるといえます。もっとも、厚生労働省の資料「高度プロフェッショナル制度に関する届出状況」〈https://www.mhlw.go.jp/content/000621159.pdf〉によれば、高度プロフェッショナル制度に関する労使委員会決議の届け出件数は令和 2 年12月末の時点で26件にとどまっています。

（吉永大樹）

Q15　勤務間インターバル制度

> 　勤務間インターバル制度とはどのような制度ですか。これを導入する義務はあるのでしょうか。制度を導入する場合、どのような点に留意すべきですか。

A　勤務間インターバル制度とは、勤務と勤務の間に一定の休息時間を設ける制度です。勤務間インターバル制度の導入は現状ではあくまでも努力義務であり、直ちに導入する義務まではありません。

　勤務間インターバル制度を導入する場合には、対象者の範囲、インターバル時間数などについて検討して適切な制度設計をするよう努めるべきです。

1　勤務間インターバル制度とは

　勤務間インターバル制度とは、1日の勤務を終えた後、翌日の始業までの間に一定時間以上の休息時間（インターバル）を設けることにより、労働者の生活時間・睡眠時間を確保する制度です。やむを得ず夜の遅い時間まで残業を行った後、翌朝に定刻どおりの始業時刻から勤務しなければならないとすると、休息時間が不足してしまうことにより労働者の健康が害されるおそれがあります。勤務間インターバル制度は、このような事態を防ぐため、制度として勤務間に休息時間を確保するというものです。

　平成18年4月1日に施行された「労働時間等の設定の改善に関する特別措置法」（以下、「改善法」といいます）は、事業主に対し、労働時間等の設定改善を図るために必要な措置を講ずる努力義務を課しています。働き方改革に関する法改正において、この改善法も改正され、事業主が講じるよう努力すべき措置に「健康及び福祉を確保するために必要な終業から始業までの時間の設定」が追加されました（改善法2条1項）。これにより、勤務間インターバル制度の導入が事業主の努力義務とされることとなりました。

　このように勤務間インターバル制度の導入はあくまでも努力義務であり、事業主は同制度を直ちに導入する義務を負うものではありません。ただ、高度プロフェッショナル制度対象者に対して健康確保措置を講じる義務が生じ

る場合など、事業主が健康確保措置を講じる法律上の義務を負う場面は多々あるところ、健康確保措置として勤務間インターバル制度の導入を検討するべき場合もあるものと考えられます。勤務間インターバル制度の導入に取り組む事業主に対する助成金制度として働き方改革推進支援助成金（勤務間インターバル導入コース）も設けられていますから、助成金を利用して制度導入を検討することも考えられます。

2 導入にあたっての留意点

(1) 制度設計

勤務間インターバル制度の内容について定める法律上の規定はなく、制度設計については企業の合理的な裁量にゆだねられているものと解されます。以下、厚生労働省が公表する「勤務間インターバル制度導入・運用マニュアル」を参考に、制度設計において検討すべき点について説明します。

(2) 対象者

勤務間インターバル制度の対象者の設定については、全従業員を対象とする方法のほか、一定の範囲に制限する方法が考えられます。範囲の絞込みの方法については、職階・雇用区分・職種・所属部門・勤務形態などが考えられますが、対象範囲の検討にあたっては、まずは範囲を制限する必要性の有無を検討し、次にどこまでを対象とするか検討するべきでしょう。

(3) インターバル時間数

改善法上、インターバル時間について何時間以上としなければならないという下限は定められてはいませんが、あまりに短い時間数では健康確保措置と認められないおそれがあります。時間数の検討にあたっては、通勤時間や睡眠時間を考慮に入れて十分な生活時間が確保できる時間を検討するべきでしょう。上述の助成金の対象となるには、少なくとも9時間以上のインターバル時間を設ける必要があります。

(4) インターバルの確保により翌日の始業時刻を超過する場合の取扱い

勤務間インターバル制度は勤務終了後に一定の休息時間を確保する制度ですから、勤務終了が遅くなってしまった場合、休息時間の満了時刻が始業時刻を超過するという事態が生じ得ます。始業時刻を午前9時、休息時間を11

時間とする勤務間インターバル制度において、午後11時まで勤務した場合、インターバルの満了は午前10時となり、始業時刻を超過します。制度設計では、このような場合の取扱いについても検討する必要があります。

　考えられる制度設計としては、①インターバル時間と所定労働時間が重複する部分を労働したものとみなす方式、②始業時刻をインターバル時間の満了時刻まで繰り下げる方式があげられます。②の場合には、終業時刻もあわせて繰り下げるか、終業時刻は繰り下げず従来どおりとするかも検討する必要があります。

(5)　やむを得ずインターバルを確保できない場合の対応

　突発的なトラブルの発生などにより、どうしてもインターバルを確保できない事態が生じることもあり得ます。このようなケースについては、「適用除外」としてインターバルを確保できなくても差し支えない旨を定めておくことができます。この適用除外を定める場合には、適用除外となるケースの範囲や、適用除外への該当性を誰が判断するのか、どのように申請するのかといった手続、適用除外発生後の代替的な健康確保の方法などを検討する必要があると考えられます。

(6)　インターバル時間確保に関する手続

　残業した労働者がインターバルを確保するために翌日の始業時刻を過ぎてから始業した場合、会社に予めそのことを報告しなければ、会社としては単なる遅刻かインターバルの確保かわからないという事態になるおそれがあります。このような事態を防ぎ、労働者の労働時間等の状況を適切に把握するために、インターバル確保のために翌日の始業時刻を超過する場合には前日のうちに上長などに電子メールで報告するなどといったインターバル確保に関する手続を定めておくべきです。

(7)　インターバルを確保できなかった場合の対応

　インターバルを確保できなかった事案が発生した場合の対応も予め検討しておくべきです。休息時間を確保できなかった経緯の把握や、インターバルを取得できなかった労働者の健康確保措置、インターバルを確保できるような体制づくりのための措置を講じることが考えられます。

⑻　**時間管理方法**

　勤務間インターバル制度の適切な運用のために、労働時間を管理し、インターバルが確保できているかを適切に把握できるような管理方法を整備することが重要です。具体的には、勤務間インターバル制度に対応した勤怠管理システムの導入、パソコンのログや IC カードによって労働時間を管理することが考えられます。

3　運用にあたっての留意点

　勤務間インターバル制度を導入するとしても、残業が多発し、多数の労働者が翌日の始業時刻を過ぎてから出勤するという事態は、労働者の健康管理の観点からも不適切であり、通常業務の遂行という観点からも不都合が大きいものと考えられます。制度の運用にあたっては、なるべく残業を減らす方向に主眼をおき、インターバルの確保のために始業を繰り下げるという事態はなるべく少なくする方向で運用することが望ましいと考えます。

（吉永大樹）

③　限定正社員

Q16　限定正社員の意義、種類、想定される活用方法

> 　限定正社員とはどのようなものですか。また、どのような活用方法があり得るのでしょうか。

A　　　一般に正社員とは、職務、勤務地、労働時間等が限定的でない者をいい、そのいずれかが限定的な正社員を「多様な正社員」（限定正社員）といいます。その典型的な種類としては、勤務地限定正社員、職務限定正社員、勤務時間限定正社員です。その特性に沿って後述するような活用が考えられています。

1　限定正社員の意義とその種類

　一般に正社員とは、①労働契約の期間の定めがない、②所定労働時間がフルタイムである、③直接雇用である者を正規雇用とし、そのうち職務、勤務地、労働時間等が限定的でない者をいい、いずれかが限定的な正社員を「多様な正社員」（限定正社員）といいます。その典型的な種類としては、勤務地限定正社員、職務限定正社員、勤務時間限定正社員があります。

　勤務地限定正社員とは、転勤するエリアが限定されていたり、転居を伴う転勤がなかったり、あるいは転勤が一切ない正社員をいいます。

　職務限定正社員とは、担当する職務内容や仕事の範囲が他の業務と明確に区別され、限定されている正社員をいいます。

　勤務時間限定正社員とは、所定労働時間がフルタイムではない、あるいは残業が免除されている正社員をいいます。

2　限定正社員の活用方法

　限定正社員をどのように活用することが考えられるかについては、平成26年7月30日に公表された厚生労働省「『多様な正社員』の普及・拡大のための有識者懇談会報告書」（以下、単に「有識者懇談会報告書」といいます）にお

いて指摘がなされており、参考になります。

(1)　勤務地限定正社員

　勤務地限定正社員は、育児、介護等の事情により転勤が困難な者や地元に定着した就業を希望する者についてその就業機会の付与、継続を可能とする働き方として、有能な人材の採用や定着の促進に資するものと考えられます。

　また、改正後の労契法19条によるいわゆる無期転換後の受け皿としての活用も考えられ、特に小売業、サービス業等、非正規社員の労働者が多く従事していると同時に労働力の安定的な確保が課題となっている分野の企業の人材確保に資すると考えられています。

　具体的に期待できる活用方法としては、例えば、コース別雇用管理において定型的な事務等を行い、勤務地も限定されている「一般職」が多く従事する分野（例えば金融業等）で、職務の範囲が狭い一般職に、より幅広い職務や高度な職務を担わせ、意欲や能力の発揮につなげることが考えられます。また、競争力の維持のために安定した雇用の下での技能の蓄積、継承が必要な生産現場において、非正規社員の労働者の正社員への転換の受け皿として活用することも考えられます。

(2)　職務限定正社員

　職務限定正社員とは、例えば、金融業の投資部門において資金調達業務やM&A アドバイザリー業務などに従事する専門職や証券アナリスト、情報サービス業でビッグデータの分析活用に関する技術開発を行うデータサイエンティストなど、特に高度な専門性を必要とする職務に限定して業務を行う正社員をいいます。職務限定正社員は、新規学卒者を採用して企業で育成するのではなく、外部労働市場からその能力を期待して採用し、しかも職務の内容がジョブ・ディスクリプション（職務記述書：職務内容を詳細に記した文書）等で明確化され、必ずしも長期雇用を前提とせず、企業横断的にキャリア・アップを行うなど、わが国の典型的な正社員とは異なるプロフェッショナルとして活用されています。この活用方法は近時の産業構造の変革に伴ってより一層重要性を増していくものと考えられます。

　また、医療福祉業、運輸業などで資格が必要とされる職務、同一企業内で他の職務と明確に区分することができる職務などで活用されていますが、高

齢化やサービス経済化の進展に伴ってより一層重要性を増していくと考えられます。

　さらに、一般に職務が限定されている非正規雇用の労働者が、継続的なキャリア形成によって特定の専門的な職業能力を習得し、それを活用して自らの雇用の安定化を実現することを可能とする働き方としても考えられます。

　なお、有識者懇談会報告書では、「職務限定については、当面の職務を限定する場合と、将来にわたって職務を限定する場合がある。……高度な専門性を伴わない職務に限定する場合には、職務の範囲に一定の幅を持たせた方が円滑な事業運営やキャリア形成への影響が少ない点に留意が必要と考えられる」との指摘もなされています。

(3)　勤務時間限定正社員

　育児、介護等の事情により長時間労働が困難な者に就職、就業の継続、能力の発揮を可能とする働き方として、有能な人材の採用や定着の促進に資するものと考えられます。また、キャリア・アップに必要な能力を習得するために勤務時間を短縮することが必要な者が活用することも考えられます。

　なお、有識者懇談会報告書では、「現状において勤務時間限定正社員は活用例が比較的少ないが、勤務時間限定正社員となる労働者に対するキャリア形成の支援、職場内の適切な業務配分、職場の人員体制の整備、長時間労働を前提としない職場づくり等の取組が行われることが必要である」との指摘もなされています。

（三上安雄）

コラム　「ジョブ型雇用」とは

　昨今、「ジョブ型雇用」という言葉が新しい人事制度の仕組みとして、新聞紙上などに飛び交っています。その背景には、①新型コロナウイルス感染症への対策として、テレワークが急速な広がりをみせる中、もともと集団的な執務体制を基本とする「メンバーシップ型」の日本型雇用は、社員同士が物理的に離れていると仕事に支障が生じ、勤怠管理や人事評価も難しいが、「ジョブ型」であれば、成果を確認すれば足りるので、仕事を個々人に任せることができるし、離れていても評価が行いや

すい、②コロナ禍で仕事量が減り、これまでどおりの雇用を維持することが困難となり、社員を囲い込む「メンバーシップ型」からドライな「ジョブ型」へ切り替えたいといったようなことがあるようです。

　この点、「ジョブ型」とは、もともと、濱口桂一郎氏（労働政策研究・研修機構労働政策研究所長［令和3年1月現在］）が、日本の雇用システムと諸外国の雇用システムの違いを「メンバーシップ型」と「ジョブ型」という名称を与えて整理したことから使用されるようになったものです。濱口氏によれば、①「ジョブ型」は、職務を特定して雇用することから、ⅰ採用は、企業が労働者を必要とするときに採用され（欠員補充）、ⅱ同一職務で昇進していくことが原則であり、定期人事異動はなく、ⅲ賃金は、職務に基づき定まり、人事考課等はなく、ⅳ職務の消滅は、最も正当な解雇理由となるものの、アメリカの解雇自由原則に対して、ヨーロッパ諸国では、制限されており、基本的には、労使協議で解決するという考え方がとられ、ⅴ労働組合は、同一職業や産業の労働者の利益代表組織（職業別・産業別労働組合）であり、団体交渉等により職種ごとの賃金額を交渉するのに対し、②「メンバーシップ型」は、職務が特定されていないため、ⅰ採用は、新卒の一括採用であり、ⅱ定期人事異動により企業内のさまざまな職務を経験し熟達していき、ⅲ賃金は、職務に基づかず、定期昇給制がとられ、末端労働者に至るまで人事査定があり、ⅳ職務消滅を理由とする整理解雇は、普通解雇より厳しく制限され、4要素または4要件に基づき、その有効性が判断され、ⅴ労働組合は、同一企業に属するメンバーの利益代表組織（企業別組合）であり、団体交渉等により、企業別の総人件費の増分の配分（ベア）を交渉するというものであるということです。このように、「ジョブ型」か「メンバーシップ型」かは、現実に存在する雇用システムを分類するための学術的概念であり、価値判断とは独立しているもので、その優劣はないものです。また「メンバーシップ型」は、職務を特定しないことから、労働者一人ひとりの職務内容や報酬を記載した職務記述書（ジョブ・ディスクリプション）を前提とする雇用契約を締結する必要はなく、就業規則による集団的な労務管理を可能とし、また使用者に広範な人事権が認められ契約に柔軟性が認められますが、「ジョブ型」は、職務を特定して契約す

るため、労働者の個別管理を必要とし、また使用者の裁量により、契約上特定された職務を変更することはできず硬直的であるなどの特色を有します（「経営法曹研究会報」100号）。

　このように、「ジョブ型」とは、成果主義のことではなく、また「ジョブ型」にしたことをもって、直ちに解雇が自由にできるようになるというものでもありません。したがって、もし濱口氏の指摘するもともとの出自（認識論的基礎の違い）を踏まえないまま「ジョブ型」を取り入れようとしているのであれば、目的を見誤るものといえます。

　もっとも、その一方で、第1章①2で述べたとおり、日本型雇用の「メンバーシップ型」についても、少子高齢化に伴うわが国の労働人口構成の変化や、経済のグローバル化や技術革新や消費者のニーズの変化が早くなるなど、不確実性が増大する経営環境の中では、必ずしも、適合できない事態が生じつつあることも現実です。「メンバーシップ型」の場合、職務を特定せず、また勤務場所や労働時間についても、限定がないことから、時間的・場所的に制約のある労働者を取り込むことができません。また企業の裁量により、職務等が変更されるため、ジョブに即した専門性やスキルを身につける機会・時間や労働者側においても動機づけに乏しいことなどから、社外でも通用するエンプロイアビリティ（雇用され得る能力。現在働いている企業だけでなく、それ以外の企業においても通用する能力）の高い人材の育成をしにくく、結果、企業内では育成・調達できない専門的知識をもった人材を外部から調達する必要が生ずるという事態に直面することもあると思います。

　このようなわが国の雇用実態を踏まえ、政府が普及・推進をしているのが、「日本型ジョブ型雇用」ともいうべき「限定正社員」（職務や勤務場所、勤務時間が限定された働き方等を選択できる雇用形態）です。今後、企業においても、自社の事業内容や人材の状況ないし経営環境等に即して、「従来型の正社員」のほかに、日本型ジョブ型雇用ともいうべき「限定正社員」制度を採用するかなど、適宜、選択・組合せをしていくことになるのではないかと思います。

（緒方彰人）

Q17　限定正社員の待遇、有期契約社員や正社員との均衡

> 　限定正社員の待遇について、有期契約社員や限定のない正社員との間
> で差異を設ける場合に留意すべき点がありますか。

A　　限定正社員と有期契約社員との待遇の差異についてはパート有期
法 8 条以下の均衡・均等処遇の規程に違反しないことが求められま
す。他方、限定正社員と限定のない正社員との間の待遇の差異についてはパ
ート有期法の適用はありませんが、双方に不公平感を与えず、またモチベー
ションを維持する必要から、また、法律上も、労契法 3 条 2 項が適用され、
両者間の就業の実態に応じた均衡を考慮する必要があると解されます。

1　パート有期法との関係

　限定正社員と有期契約社員との待遇の相違については、パート有期法 8 条
ないし11条の適用が考えられ、例えば、同法 8 条によれば、不合理な待遇の
禁止ということで、基本給、賞与その他の待遇のそれぞれについて、業務の
内容および当該業務に伴う責任の程度（以下、「職務の内容」といいます）、当
該職務の内容および配置の変更の範囲、その他の事情のうち、当該待遇の性
質および当該待遇を行う目的に照らして適切と認められるものを考慮して、
不合理と認められる相違を設けることはできません。

　これに対し、限定正社員と限定のない正社員（以下、単に「正社員」といい
ます）の間の待遇の相違については、パート有期法は適用されません。

2　均衡処遇の必要性

　では、限定正社員と正社員の間の待遇差について全く考慮しなくてもよい
のかというとそうではありません。

　規制改革会議による2013年12月 5 日付「ジョブ型正社員の雇用ルール整備
に関する意見」において、「従来の『無限定契約』と『ジョブ型（限定）契
約』との相互転換を円滑化し、ライフスタイルやライフサイクルに合わせた
多様な就労形態の選択を可能とすること、また、両契約類型間の処遇均衡を

図ることが必要である」、「均衡処遇を図るために、有期労働契約について無期労働契約との不合理な労働条件の相違を認めないとする労働契約法第20条に類する規定（雇用形態による不合理な労働条件の禁止）を設ける」との意見が示されていました。

その後、2014年7月30日に公表された有識者懇談会報告書において、「多様な正社員といわゆる正社員の双方に不公平感を与えず、また、モチベーションを維持するため、多様な正社員といわゆる正社員の間の処遇の均衡を図ることが望ましい」との見解とともに、「多様な正社員の処遇、限定の仕方は多様であり、また、多様な正社員に対する賃金、昇進の上限やスピードの差異は企業の人事政策に当たる。定型的な人事労務管理の運用が定着していない中で、何をもって不合理とするのか判断が難しい」、「いずれにしても、企業ごとに労使で十分に話し合って納得性のある水準とすることが望ましい」との見解が示されています。そして、いわゆる正社員と多様な正社員との間の均衡処遇を促進するため、「労働契約法第3条第2項では、労働契約は就業の実態に応じて、均衡を考慮しつつ締結し、又は変更すべきものとしている。これには、いわゆる正社員と多様な正社員との間の均衡を考慮することも含まれる。このことについて、労働契約法の解釈を含め雇用管理上の留意事項等に定め通知するなど様々な機会や方法を捉えて周知を行うことが考えられる」との見解も示されています。これを受け、通知（平26・7・30）では、「労働契約の基本的な理念及び労働契約に共通する原則を規定する労働契約法第3条のうち、第2項は様々な雇用形態や就業実態を広く対象とする『均衡考慮の原則』を規定していることから、多様な正社員といわゆる正社員の間の処遇の均衡にも、かかる原則は及ぶものであることに留意が必要である」との見解が示されています。

したがって、限定正社員と正社員との間においても、その就業の実態に応じてその処遇の均衡を図る必要があると解されます。

この点に関し、有識者懇談会報告書において、次のような視点が示されており、参考になります。

(1)　勤務地限定正社員

正社員と職務内容が変わらない場合で、正社員の中に転勤しない人がいる

ときには、賃金水準の差は大きくないほうが多様な正社員（限定正社員）の納得が得られやすく、他方、正社員について海外勤務など負担が大きい場合には、賃金水準の差を一定程度広げたほうが正社員の納得が得られやすいといえます。このため、正社員と多様な正社員（限定正社員）との間で賃金の差を合理的なものとして賃金水準の差への納得性を高めるため、例えば、同一の賃金テーブルを適用しつつ、転勤の有無等による係数を乗じたり、転勤手当等の転勤の負担の可能性に対する支給をすることが考えられます。

(2)　職務限定正社員

職務の範囲を狭く限定されれば、賃金は職務給または職務給の要素が強い賃金体系とすることができ、これは、特定の専門性を活かした働き方や企業横断的な働き方、あるいは非正規社員の労働者の転換に資することになります。賃金水準は、職務の難易度に応じた水準とすることが望ましいと考えられます。

(3)　勤務時間限定正社員

正社員よりも所定労働時間が短い場合、賃金は少なくとも同種の職務を行う比較可能なフルタイムの正社員と所定労働時間に比例した額とすることが考えられます。また、勤務時間限定正社員のうち、所定外労働時間が免除される場合には、正社員と同一の賃金テーブルを適用することが考えられ、この場合、所定外労働の負担の可能性がある正社員には、別途所定外労働時間の負担の可能性に対する手当を支給することも考えられます。

(4)　昇進・昇格

企業の人材育成投資への影響も考慮しつつ、労働者のモチベーションを維持・向上する観点から、勤務時間限定正社員について、勤務時間が限定されていても経験することができる職務の範囲や経験により習得する能力に影響が少ない場合には、昇進のスピードや上限は正社員との差をできるだけ小さく設定することが望ましいと考えられます。

勤務地限定正社員についても、勤務地が限定されても経験することができる職務の範囲や経験により習得する能力に影響が少ない場合には、昇進のスピードや上限は正社員との差異をできるだけ小さく設定することが望ましいと考えられます。

（三上安雄）

Q18　限定正社員制度の導入方法

> この度、当社で限定正社員制度を導入することにしました。どのように
> して導入すればよいですか。

A 　その制度内容を明らかにするためにも、また、社員全員に対する
公正な取扱いを担保するためにも、その内容を制度として規定する
ことが肝要です。限定正社員となる場合に基本給等賃金の減額が伴う場合、
就業規則の不利益変更になり得るので、正社員との間の待遇の相違が均衡の
とれたものとなるよう配慮が必要です。また、制度導入には労働者に対する
十分な情報提供と、労働者との十分な協議が必要です。

1　限定正社員の制度化

　限定正社員制度を導入するにあたり、その制度内容を明らかにするために
も、また、社員全員に対する公正な取扱いを担保するためにも、その内容を
制度として規定することが肝要です。具体的には、①どのような限定正社員
を設けるのか（勤務地、職務、勤務時間の限定ないしその範囲）、②異動の有
無・範囲、③正社員との転換ルール（正社員から限定正社員、あるいは限定正
社員から正社員）、④解雇規定（勤務地限定正社員、あるいは職務限定正社員の
場合、勤務可能な場所での事業場がなくなる、あるいは担う職務がなくなる場合
における解雇に関する規定）等を明らかにするため、そのような規定を設ける
ことが有用ですし、労働条件の明示という点からも求められます（後記Q19
参照）。

2　就業規則の不利益変更

　限定正社員制度を設ける場合、例えば一般の正社員から勤務地限定正社員
に移行した場合、基本給等の賃金において減額される制度を設けることは就
業規則の不利益変更にあたるのか、という点については、従来の就業規則に
ない勤務地限定制度を導入した場合、その制度を選択した従業員について、
賃金という基本的な労働条件が切り下げられることから、同制度の導入は就

業規則の不利益変更にあたると解され（東京地裁平成25年 3 月26日判決・判例集未掲載）、その変更の効力が検討されています。そして、この裁判例では、地域ブロック外への配置転換命令を受けることがないというRコースの利益と基本給 5 ％の減給それに伴う退職金や年金の減額（以下、「減給等」といいます）という不利益が、通勤可能圏外への配置転換を受けることがないという利益と15％の基本給の減給等について、「一定区域外への配転命令を受けることがないという利益は、これを金銭的に換算する基準はないし、各人の価値観やそのとき置かれた状況によって受け止め方は様々であり、共働きや子育て中、介護の従業員の中には上記の利益を大きなものと受け止める者もいるはずであって、 5 ％又は15％の減給幅を直ちに不当ということはできないこと、本件制度導入時に減給幅に対して異論が唱えられたというような事情も見当たらないことに照らすと、上記利益と不利益は均衡を逸していないというべきである」、「本件制度の内容が勤務地域限定制度を導入した他社の制度に比較して労働者に不利益なものとなっているという事情は見当たらないこと」、「就業規則変更の手続に瑕疵はないこと」等から、本件制度に伴う就業規則変更の合理性が認められるとして就業規則変更の効力が認められています。

　以上のように、限定正社員制度を設ける場合の同社員の待遇については、正社員との間の待遇面の差異が、その限定された就業の実態に応じて均衡のとれたものとなるように配慮する必要があると解されます（なお、この待遇の均衡については前記Q17参照）。

　なお、有識者懇談会報告書では、「多様な正社員制度が労働者の納得性を得られるようにするとともに、円滑に運用できるようにするためには、制度の設計、導入、運用に当たって、労働者に対する十分な情報提供と、労働者との十分な協議が行われることが必要である。労働組合がある場合には労働組合との間での協議を行い、また、労働組合がない場合であっても、少なくとも労使委員会による決議、過半数代表者との協議を行うなど、その実情に応じて、様々な労働者の利益が広く代表される形でのコミュニケーションを行うようにすることが重要であると考えられる」と指摘されているところです。

（三上安雄）

Q19　限定正社員に対する限定の内容の明示等

> 　限定正社員としての雇用契約を締結するにあたり留意すべき点がありますか。また、就業規則の規定についても留意すべき点がありますか。

A　　限定正社員として採用する場合はもちろんのこと、正社員との間で転換する場合についても、その対象者に対し、その限定の内容を明示し、書面で確認することが大切です。また、限定正社員を対象とする就業規則については、その特性にかなった規定（限定正社員の定義、異動の範囲、正社員との転換ルール、解雇規定等）が必要となります。

1　限定正社員に対する限定の内容等の明示

　使用者は、限定正社員として採用する場合はもちろんのこと、正社員との間で転換する場合についても、その対象者に対し、その限定の内容を明示し、書面で確認することが肝要です。

⑴　労基法15条

　労基法15条1項で「使用者は、労働契約の締結に際し、労働者に対して賃金、労働時間その他の労働条件を明示しなければならない」とされ、同法施行規則5条1項において、「労働時間」や「就業場所や従事すべき業務に関する事項」が明示義務の対象となっています。したがって、勤務地限定正社員、職務限定正社員、勤務時間限定正社員いずれの場合もその勤務地、職務、勤務時間について明示することが必要です。なお、それぞれの「限定」についてまで同法の明示義務の対象となるかという点について、同法の対象とならないことを前提に「限定についての明示の運用が定着していない中で明示の義務付けを行うことは、使用者の実務に混乱を与えるおそれがあ（る）」旨の指摘があり、その義務づけに消極的な見解も示されている（有識者懇談会報告書）ところですが、限定正社員の契約内容の明確性という点からは実務上労働契約締結段階で明示しておくことはとても有益であると考えます。また、あわせて、適用される就業規則において、勤務地や職務に関し、限定のない正社員を想定した配置転換条項（業務上の必要に応じて職務内容や勤務

地の変更を内容とする配置転換が予定されている条項）が適用されないことを明らかにしておく（例えば、配置転換条項に、「なお、労働契約上、勤務地や職務が限定されている場合はこの限りではない」などの条項を設ける等）ことも、その契約内容を明確にするうえで必要でしょう。

(2)　労契法 4 条

また、労契法 4 条 2 項において、「労働者及び使用者は、労働契約の内容（期間の定めのある労働契約に関する事項を含む。）について、できる限り書面により確認するものとする」とされ、この「労働契約の内容」は有効に締結された労働契約の内容とされていることから、勤務地、職務または労働時間に限定がある場合に当該限定があることについても同条の「できる限り書面により確認する」対象となる、また、この書面により確認すべき場面についても、労働契約の締結または変更されて継続している間の各場面が広く含まれ、労働契約締結段階はもとより正社員と限定正社員との転換が行われる場合も含まれる（通達（平 24・8・10））、と解されています（有識者懇談会報告書・別紙「雇用管理上の留意事項」参照）。

2　限定正社員に関する就業規則の規定

限定正社員の労働条件、就業に関するルール等について定める就業規則を独自のものとして作成するのか、それとも正社員就業規則の中に記載していくのかは、企業それぞれの判断になろうかと思います。ただ、限定正社員を設ける場合において、規定しておくべき項目について、以下簡単に整理します。

まず、限定正社員が正社員のほかに設けられることから、従来の正社員の定義に加え、①新たに限定正社員の定義を明確にする必要があります。例えば、「正社員は、職種・職務、勤務時間や勤務地に関し、全く限定がなく、業務上基幹的な役割を担う社員をいう。限定正社員とは、雇用契約上、職種・職務、勤務時間、勤務地のいずれかについて一定の限定があるが、業務上は基幹的な役割を担う社員をいう」といった規定です。

その他、②労働条件の明示の方法として、限定正社員の限定の内容をどのように明示するか（例えば、雇用契約書あるいは労働条件通知において明示する

等）、その方法を明らかにしておく、③正社員一般に認められている異動（転勤、出向、職種変更等）について、どの範囲で限定正社員に行う可能性があるかを明らかにしておく、④正社員から限定正社員への転換ルール（Q21解説参照）、⑤限定正社員から正社員への転換ルール（Q21解説参照）、⑥無期転換社員から正社員への転換ルール（Q21解説参照）、⑦解雇（職務限定正社員、あるいは勤務地限定正社員がになう職務あるいは勤務可能な場所での事業場がなくなり、本人の事情で移動できない場合における解雇が可能となる規定）などが考えられます。

（三上安雄）

Q20　限定正社員に対する限定の解除

> 　勤務地、職務、労働時間等にかかわる限定正社員を雇用していますが、この度、会社を取り巻く経営環境の変化から、勤務地や職務の限定をより広いものとしなければならない、あるいは勤務時間の延長をしてもらう必要が生じた場合、限定の解除は可能でしょうか。緊急時の一時的な勤務地変更、職務変更ないし労働時間の延長は可能でしょうか。

　　会社の事情により、限定正社員の、勤務地や職務、労働時間等の限定を解除する場合は、労働者の同意が必要です。

1　限定の解除に関する法規制

　会社の事情により会社が限定正社員に対してその限定を解除することはできるか、という問題ですが、結論からいうと、できません。限定正社員としての勤務地や職務、労働時間等の限定は、労働契約の内容となっていることから、その変更については、労働者の同意が必要と解されるからです。この点につき、有識者懇談会報告書でも「企業側の事情により転換させる場合には、……多様な正社員からいわゆる正社員への転換の際には、勤務地の変更など労働者の負担を伴う場合も多い、また、いわゆる正社員から勤務地限定等の多様な正社員への転換の際には賃金の低下を伴う場合も多い。このように、転換は重要な労働条件の変更となることから、本人の同意が必要であることに十分留意すべきと考えられる」とされています。

　以上から、会社の事情から、限定正社員に対し、勤務地や職務の限定、あるいは勤務時間の限定を一時的であれ解除しようとする場合、そのような解除をお願いする理由、経緯や、限定の解除後の勤務地、職務内容、勤務時間等の内容等について十分な情報を提供し、同意を得る必要があります。この点、就業規則による労働条件の不利益変更に関する同意の効力に関し、労働者の立場や情報収集能力に限界があることに鑑みて「当該変更により労働者にもたらされる不利益の内容及び程度、労働者により当該行為（筆者注：同意のこと）がされるに至った経緯及びその態様、当該行為に先立つ労働者へ

の情報提供又は説明の内容等に照らして、当該行為が労働者の自由な意思に基づいてなされたものと認めるに足りる合理的な理由が客観的に存在するか否かという観点からも、判断されるべき」と判断された山梨県民信用組合事件（最高裁平成28年２月19日判決・労判1136号６頁）の最高裁の考え方からも上記のような十分な情報提供が必要と解されます。

なお、会社からの限定解除の要請に従わない限定正社員を解雇できるかという問題はQ22、Q23を参照してください。

2 転換制度

本人の事情に応じ、より働きやすい就労形態として、正社員から限定正社員に転換したい、あるいは限定正社員から正社員に転換したいという事態も想定されます。そのような場合、会社として統一的で公正な転換の基準を設けるために転換制度を設けることは有用です。この転換制度についてはQ21を参照してください。

（三上安雄）

Q21　限定正社員と正社員との転換制度

> 　正社員から限定正社員への、あるいは限定正社員から正社員への転換制度を設けたほうがよいですか。また、転換制度を設ける場合に留意すべき点がありますか。

A　転換制度を設けたほうがよいと考えられます。
　また、転換制度を設ける場合は、就業規則等でその内容を明確にしておくことが肝要です。その定め方については以下の本文も参照して検討ください。

1　転換制度を設けることが望ましいこと

　正社員と限定正社員間の転換制度を設ける意義は以下のとおりです。

　すなわち、「ワーク・ライフ・バランスの実現、企業による優秀な人材の確保・定着のため、いわゆる正社員から多様な正社員へ転換できることが望ましい」、また、「キャリア形成への影響やモチベーションの低下を軽減するため、多様な正社員からいわゆる正社員に再転換できることが望ましい」（有識者懇談会報告書）と考えられています。

2　転換制度を設ける場合の留意点

　転換制度の内容・仕組みについては、その統一的公正な取扱いの必要から、また、紛争の未然防止や労働者による活用促進の点からも、就業規則等で明確にしておくことが肝要です（有識者懇談会報告書参照）。

　転換制度をどのように就業規則等で設定するかですが、企業ごとにその限定の種類、範囲、期間、時期等も異なることから、企業ごとの事情に基づいてその転換制度の内容を決めていく必要があろうかと思います。参考までに制度設計にあたり、検討すべき事項をいくつかあげてみます。

> ①　労働者からの転換の応募資格として、一定の年齢・役職に達していることを必要とするか否か。
> ②　転換についてその時期や回数に制限を設けるか否か。

③　本人の申し出に加え所属長の推薦、あるいは面接、試験による一定レベル
　　への到達を要件とするか否か。

　具体的な規定の仕方については、その一例として、有識者懇談会報告書
「就業規則、労働契約書の規定例」（後掲）を参照してください。

　なお、有識者懇談会報告書では、育児介護休業法に基づく所定外労働時間
の制限の請求や勤務時間短縮措置の申し出に応じる場合は、これらの措置は
一時的なものであり、育児介護の事情が変わったときは元のフルタイムに戻
ることが前提とされていることから、あえて「転換」として扱う必要もない
との指摘がなされています。

（三上安雄）

【就業規則、労働契約書の規定例】

Ⅰ　就業規則の規定例
　　＊　「多様な正社員」の普及・拡大のための有識者懇談会における企業ヒアリ
　　　ング等における事例を基に作成したものであり、時間、賃金水準等について
　　　は、あくまで例示であり、この水準にすべきというものではない。また、雇
　　　用区分や手当等の名称等についても同じく例示である。

◎　労働条件の明示（雇用区分の明確化）
　　＊　勤務地、職務、勤務時間の限定に特化した規定例を示すが、それぞれの限
　　　定の区分を組み合わせて規定する例もあった。また、勤務地等の具体的な限
　　　定の内容は、労働契約書等で通知している例もあった。

【1　勤務地の限定】
①　勤務地限定のない雇用区分の例
　規定例）
　「総合職の勤務地は限定せず、会社の定める国内・海外の事業所とする。」
　「総合職は、勤務地の制限なく転居を伴う全国異動を前提として勤務するものとす
　る。」

②　勤務地を一定地域内に限定する雇用区分（ブロック、エリア内異動）の例
　規定例）
　「地域限定正社員の勤務地は、会社の定める地域内の事業所とする。」
　「地域限定正社員の勤務地は、原則として、採用時に決定した限定された地区とす
　る。」
　「地域限定正社員は、勤務する地域を限定し、都道府県を異にし、かつ転居を伴う

異動をしないものとする。」

「地域限定正社員は、原則として、本人の同意なく各地域ブロックを越えて転居を
伴う異動を行わない。

ブロック区分	都道府県
北海道・東北ブロック	北海道、青森、岩手、秋田、宮城、山形、福島
関東ブロック	東京、神奈川、埼玉、千葉、茨城、栃木、群馬
東海ブロック	愛知、岐阜、静岡、三重
近畿ブロック	大阪、兵庫、京都、滋賀、奈良、和歌山

」

③　勤務地を通勤圏内に限定する雇用区分の例

規定例）

「地域限定正社員の勤務地は、採用時の居住地から通勤可能な事業所とする。」

「地域限定正社員は、本人の同意なく転居を伴う異動を行わないものとする。」

「地域限定正社員は、自宅から通勤可能なエリア内で勤務するものとする。」

＊　企業ヒアリングにおいて、通勤圏内を概ね通勤時間1時間30分以内とする
例があった。

④　勤務地を特定の事業所に固定する雇用区分の例

規定例）

「地域限定正社員の勤務場所は、1事業所のみとし、事業場の変更を伴う異動は行
わないものとする。」

「地域限定正社員の勤務場所は、労働契約書に定める事業所とする。」

【2　職務の限定】

①　職務限定のない雇用区分の例

規定例）

「総合職は、職務区分に限定がなく、経営組織上の基幹的業務に従事する。」

「総合職は、企画立案、折衝調整、営業、管理業務にわたる総合的な業務を行う。」

②　職務の範囲を①より限定する雇用区分の例

規定例）

「職務限定正社員は、限定分野の定常的な基幹業務を行う。」

「職務限定正社員は、限定分野の定常業務を行う。」

③　特定された職務に限定する雇用区分の例

規定例）

「職務限定正社員は、一定の職務区分において、その職務区分ごとに必要とされる
業務に従事する。」

「職務限定正社員は、法人顧客を対象とした営業業務に従事する。」
「職務限定正社員は、販売職として、商品の販売業務に従事する。」

【3　勤務時間の限定】
① 所定労働時間を限定する雇用区分の例
　規定例）
　「短時間正社員は、1年間の所定労働日数を150日以上250日以内、所定労働時間数を1,000時間以上1,700時間以内の範囲で雇用契約により定めるものとする。」
　「短時間正社員の労働時間は、1日6時間とする。各勤務日の始業・終業時刻は前月20日までにシフト表により定めるものとする。

始業時刻	終業時刻	休憩時間
午前9時00分	午後16時00分	12時00分から13時00分まで
午前11時00分	午後18時00分	14時00分から15時00分まで

」
　　＊　企業ヒアリング等において、1日の所定労働時間を労働契約書で定め、変形労働時間制を採用している事例があった。

② 時間外労働を行わない雇用区分の例
　規定例）
　「勤務時間限定正社員は、1日の労働時間を8時間とし、所定労働時間を超える勤務を行わないものとする。」
　「会社は、勤務時間限定正社員の所定労働時間を延長して勤務することを命じないものとする。」

◎　処遇（賃金水準の設定）
① 賃金係数を設定する例
　地域別の規定例）
　「1．全国をⅠ〜Ⅲ地域に区分し、各地域に次の賃金係数を設定する。
　　　　Ⅰ地域100、Ⅱ地域95、Ⅲ地域90
　　2．勤務地限定のない総合職は、賃金係数100を適用する。
　　　勤務地が限定された地域限定正社員の基本給、職務手当は、前項の地域区分及び賃金係数を適用する。」

　コース別の規定例）
　「異動手当は、基本給、職務手当等の合計額に、異動コース別の賃金係数を乗じた額を支給する。
　　全国異動コース100、エリア異動コース95、転居転勤なしコース85」

　　＊　企業ヒアリングにおいて、いわゆる正社員と職務の範囲に差がない多様な正社員について、概ね上記の水準としていた事例があった。

　　　＊　39頁にもあるとおり、上記はあくまで例示であり、個々の区分の賃金係数
　　　　　等は雇用管理の実態等に応じて労使の話合いの下、決定されるものである。

②　全国異動者に転勤プレミアムを支給する例
　規定例）
　「勤務地限定のない総合職には、基本給等月例給の５％～10％の範囲で転勤手当を
　支給する。」
　　　＊　企業ヒアリングにおいて、多様な正社員と同じ賃金テーブルを適用し、別
　　　　　途手当を支給する事例があった。

◎　雇用区分の転換

【1　非正規雇用の労働者→多様な正社員への転換】
　規定例）
　「１．契約社員（有期契約）から地域限定正社員への転換を希望する者は、12月31
　　　　日までに所定の申請書を会社に提出しなければならない。
　　２．前項の契約社員は、勤続３年以上であること。
　　３．会社は、地域限定正社員への転換を希望する契約社員の中から、選考試験に
　　　　合格した者を４月１日付けで地域限定正社員に登用する。」

【2　多様な正社員→いわゆる正社員への転換】
①　転換の回数、役職・年齢等を制限する例
　規定例）
　「１．地域限定正社員から総合職への転換を希望する者は、12月31日までに所定の
　　　　申請書を会社に提出しなければならない。
　　２．前項の地域限定正社員は、係長級以上であって資格等級２級に２年以上在任
　　　　したものであること。
　　３．会社は、登用試験、人事面接等の結果転換を認める場合、合格した者を４月
　　　　１日付けで総合職に認定し、人事通知書により通知するものとする。
　　４．前項の総合職から地域限定正社員への転換については、転換後３年以内は行
　　　　わない。また、相互転換の回数は２回までとする。」

　　　＊　企業ヒアリングにおいて、年齢や上司の推薦等を要件とする事例もあった。

②　転換の回数、役職・年齢等を制限しない例
　規定例）
　「１．地域限定正社員から総合職への転換を希望する者は、12月31日までに所定の
　　　　申請書を会社に提出しなければならない。
　　２．会社は、登用試験、人事面接等の結果転換を認める場合、合格した者を４月
　　　　１日付けで総合職に認定し、人事通知書により通知するものとする。」

③　会社都合により転換する例
　規定例）
　「１．会社は、やむを得ない業務上の都合により、地域限定正社員に対し本人の同意を得て、期間を定め総合職として勤務を命ずることがある。
　　２．前項の場合、総合職として勤務する期間は、総合職としての処遇を受けるものとする。」

【３　いわゆる正社員→多様な正社員への転換】
①　転換の随時申請を認める例
　転換の理由を問わない場合の規定例）
　「１．総合職から職務限定正社員への転換を希望する者は、３か月前までに所定の申請書を会社に提出しなければならない。
　　２．会社は、人事面接等を行った結果転換を認める場合、職務限定正社員に認定し、人事通知書により通知するものとする。」

　介護等特別の事由による場合の規定例）
　「１．次のいずれかに該当する場合に、総合職から地域限定正社員への転換を希望する者は、原則としてその事由が発生する３か月以内に、所定の申請書を会社に提出しなければならない。
　　ア　扶養する２親等内の親族の介護等が必要なとき
　　イ　本人の傷病等により、転居を伴う異動が困難となったとき
　　ウ　その他転居を伴う異動を行うことが困難な特別の事情があるとき
　　２．会社は、人事面接等を行った結果転換を認める場合、地域限定正社員に認定し、人事通知書により通知するものとする。
　　３．会社は、１項の事由がなくなったときは、本人の申出により総合職への転換を行うものとする。」

②　転換の回数、役職・年齢等を制限する例
　規定例）
　「１．総合職から地域限定正社員への転換を希望する者は、12月31日までに所定の申請書を会社に提出しなければならない。
　　２．前項の総合職は、係長級以上であって資格等級３級に２年以上在任したものであること。
　　３．会社は、人事面接等の結果転換を認める場合、４月１日付けで地域限定正社員に認定し、人事通知書により通知するものとする。
　　４．前項の地域限定正社員から総合職への転換については、転換後３年以内は行わない。また、相互転換の回数は２回までとする。」

　　＊　企業ヒアリングにおいて、年齢等を要件とする事例もあった。

③　転換の回数、役職・年齢等を制限しない例

人事面接等により判断する場合の規定例)
「1. 総合職から地域限定正社員への転換を希望する者は、12月31日までに所定の
　　申請書を会社に提出しなければならない。
　2. 会社は、人事面接等の結果転換を認める場合、4月1日付けで地域限定正社
　　員に認定し、人事通知書により通知するものとする。」

本人の希望のみにより転換する場合の規定例)
「1. 総合職から地域限定正社員への転換を希望する者は、12月31日までに所定の
　　申請書を会社に提出しなければならない。
　2. 会社は、特別の事情がない限り、4月1日付けで地域限定正社員に認定し、
　　人事通知書により通知するものとする。」

◎　経営上の理由等により事業所閉鎖等を行う場合の人事上の取扱（解雇事由）
規定例)
「労働者が次のいずれかに該当するときは、解雇することがある。
　・　事業の運営上又は天災事変その他これに準ずるやむを得ない事由により、
　　　事業の縮小又は部門の閉鎖等を行う必要が生じ、かつ他の職務への転換が困
　　　難なとき」

「労働者が次のいずれかに該当するときは、解雇することがある。
　・　事業の縮小、事業の閉鎖等を行う必要が生じたときであって、通勤可能な
　　　範囲に他の事業所がなく、かつ本人の事情により異動ができない場合で、継
　　　続雇用が困難なとき」

Ⅱ　労働契約書の規定例
　　＊　「多様な正社員」の普及・拡大のための有識者懇談会における企業ヒアリ
　　　　ング等における事例を基に作成したものであり、時間等については、あくま
　　　　で例示であり、この水準にすべきというものではない。また、雇用区分（社
　　　　員区分）の名称等についても同じく例示である。

①　労働契約書（労働条件通知書）で勤務地を限定する例
　　規定例)
　　「勤務地：首都圏の各営業所に限る
　　　従事する業務内容：住宅事業の販売・広告戦略に関する企画・立案」

②　就業規則に社員区分を定義し、労働契約書で勤務地や職務を限定する例
　　規定例)
　　「社員区分：地域限定正社員
　　　就業の場所：横浜事業所
　　　従事すべき業務の内容：研究会の準備・運営、データ分析・処置等」

　　＊　就業規則の規定例

　　　　「地域限定正社員とは、特定の事業所で、労働契約書に明示された業
　　　　務に従事する事業所間異動のない社員をいう。」

③　就業規則に社員区分を定義し、労働契約書で勤務時間を限定する例
　規定例）
　「社員区分：短時間正社員
　所定労働日数：1か月20日
　所定労働時間：1日7時間（年間1680時間）
　　　　　　　　ただし、各勤務日及び始業・終業時刻は前月20日までにシフト表
　　　　　　　により定める。」

　　＊　就業規則の規定例

　　　　「短時間正社員とは、期間の定めのない雇用契約であって、1年間の
　　　　所定労働時間数を1,000時間以上1,700時間以内の範囲で労働契約書
　　　　により定めたものとする。」

　　＊　企業ヒアリング等において、1日の所定労働時間を労働契約書で定め、変
　　　　形労働時間制を採用している事例があった。

（参考）
○毎年定期に交付する職務等級の通知書で社員区分や勤務地限定を明示する例
　記載例）
　　下表の「勤務地コース」において、社員区分が総合職Bコースであって、勤務
　地が関東ブロック内で、転居を伴う異動があることを示すもの

○○年度　等級・号俸が以下の通り決定いたしましたので通知いたします。

等級・号俸

職能等級	3
職能号俸	3
職能等級	3
職能号俸	2

勤務地コース	関東ブロックB

　　＊　採用時又は転換時に、社員区分を記載した労働契約書を作成

```
 ＊ 社員区分は就業規則に定義
「総合職 N コース：勤務地の限定がないもの
 総合職 B コース：一定のエリア内で転居を伴う異動があるもの
 総合職 A コース：転居を伴う異動がないもの」


 ＊ このほか、採用時や転換時に辞令で通知するほか、労働者本人から同意書
  の提出を求める事例があった。
```

「『多様な正社員』普及・拡大のための有識者懇談会報告書」別紙

Q22　勤務地限定正社員の解雇

> 勤務地限定正社員が勤務する事業所を閉鎖する場合に、他の事業所で就労することを拒む限定正社員への対応や具体的に解雇（整理解雇）する場合に留意すべき点がありますか。

A　勤務地限定正社員であっても、配置転換が可能な場合であれば本人にその打診をし、解雇回避に努めるべきです。また、解雇回避の努力として、希望退職者募集による合意解約などの方法も検討する必要があると考えられます。

1　整理解雇の有効性

　整理解雇の有効性は、①人員削減の必要性、②解雇回避努力、③人選の合理性、④手続の相当性という4つの事項を総合考慮して判断されます（上記4つの事項は、解雇権濫用にあたるかどうかを判断する際の考慮要素を類型化したものであり、各々の要件が存在しなければ法律効果が発生しないという意味での法律要件ではないとの見解を示した裁判例として、ナショナル・ウェストミンスター銀行（第3次仮処分）事件（東京地裁平成12年1月21日決定・労判782号23頁等）があります）。

2　勤務地限定正社員と整理解雇

　前記1の整理解雇の有効性判断は、基本的に企業が配置転換権を有する正社員を前提とするものであり、人員削減の必要性がある場合であっても一般に配置転換などの措置により解雇を回避する努力が求められます。では、勤務地限定正社員の場合、解雇回避措置として配置転換を試みる義務が生じるのか否かが問題となります。

　この点につき、職種・勤務地を限定された従業員の場合であっても、解雇回避のための努力を求めるべきであるとの考え方も有力です（菅野和夫『労働法〔第12版〕』796頁）。裁判例において、例えば、学校法人専修大学（専大北海道短大）事件（札幌地裁平成25年12月2日判決・労判1100号70頁）で、「原

告らの就業場所が北海道短大に限定されていたという事実は、原告らがその
同意なくして北海道短大以外の場所で就業させられないことを意味するにと
どまり、……使用者である被告が労働者である原告らに対して行うべき雇用
確保の努力の程度を軽減させる理由となるものではないと解すべきである。
したがって、被告は、本件募集停止（筆者注：学生の募集停止のこと）決定に
当たり、できるだけの雇用確保の努力をすべきであったというべきである」
と判断しています。

　したがって、勤務地限定正社員に対し、当人の同意なくして他の勤務地に
配置転換することはできませんが、事業所を閉鎖する場合の整理解雇を検討
する場合には、配置転換が可能な場合においては本人にその打診をすべきと
考えられます。

　また、解雇回避努力として、希望退職者募集を行う、あるいは個別に退職
勧奨を行うなど、できる限り労働契約の合意解約をめざしたということも評
価されると思います。この場合、合意解約による退職後の生活保障の意味も
含めて退職一時金（ないし退職加算金等）として経済的な優遇措置を設ける
ことが通例です。その金額の程度が問題となることがありますが、例えば、
ヴァリグ日本支社事件（東京地裁平成13年12月19日判決・労判817号５頁）では、
特別退職金が約１カ月強の賃金相当額では、優遇措置として程度が低いとし
て解雇回避努力が尽くされたとはいえないと判断されています。退職一時金
（ないし退職加算金等）の経済的な優遇措置も、当該企業の経営状況から判断
して相当といえるようなものでないと解雇回避努力として評価されないおそ
れがあります。

　ちなみに、前掲の学校法人専修大学（専大北海道短大）事件では、本件解
雇を回避するため、系列大学への受入れを要請し、一部受け入れてもらった、
あるいは、早期退職希望者には退職金および退職加算金に加え基本給の７カ
月分の退職特別加算金を支払い、希望退職者には退職金および定年までの残
余年数に応じた基本給の６カ月ないし14カ月分の退職加算金を支払うことと
してそれぞれ希望退職者の募集を行っていること、本件解雇に伴う原告らの
不利益を軽減する方法として、被告の費用負担による再就職支援会社の利用
を提案したり、他の学校法人に対し北海道短大の教員の紹介状を送付し採用

機会を得られるよう努めたりしたことに鑑みれば、本件解雇および本件解雇
に伴う不利益を回避、軽減するための努力を十分に尽くしたものである、と
認めました。

（三上安雄）

Q23　職務限定正社員の解雇

> 　職務限定正社員に任せていた職務がなくなる場合に解雇（整理解雇）しようとする場合の留意点、あるいは職務限定正社員に任せるべき業務をその能力不足や勤務態度不良等から任せられない場合に解雇しようとする場合の留意点を教えてください。

A　　職務限定正社員に対する整理解雇については、当人の同意なくして他の職務に配置転換することはできないものの、配置転換が合理的で可能な場合においては本人にその打診をすべきと考えられます。

　職務限定正社員については、その職務能力があることを前提に雇用契約が締結されているような場合、その能力・成績不良については一般の正社員より厳しく判断され（雇用契約の前提として求められた能力に照らして能力不足・成績不良が判断され）、また、能力不足等の問題性との関係から職種や配置の変更により雇用維持を図ることが合理的かつ現実的に可能であれば格別、そうでない限り職種や配置の変更による雇用維持の義務は求められていないものと解されます。もっとも、本人の問題性について注意や指導をすることはある程度必要であると考えられます。

1　職務限定正社員の職務がなくなる場合の解雇（整理解雇）

　Q22でも説明したとおり、整理解雇の有効性は、①人員削減の必要性、②解雇回避努力、③人選の合理性、④手続の相当性という 4 つの事項を総合考慮して判断されます。そして、職種・勤務地を限定された従業員の場合であっても、解雇回避のための努力を求めるべきであるとの考え方が有力です（菅野和夫『労働法〔第12版〕』796頁）。この点に関し、参考になる裁判例として、例えば、債権者が従前ついていたアシスタント・マネージャーのポジションが消滅し、配置転換させるポジションがないとして、一定額の金銭支給および再就職活動の支援を内容とする退職条件を提示して雇用契約の合意解約の申し入れをしたが、債権者がこれを受け入れなかったために普通解雇した事案に関するナショナルウェストミンスター銀行（第 3 次仮処分）事件

（東京地裁平成12年1月21日決定・労判782号23頁）があります。同事件で、裁判所は、「余剰人員を他の分野で活用することが企業経営上合理的であると考えられる限り極力雇用の維持を図るべき」としたうえで、「債権者との雇用契約を従前の賃金水準を維持したまま継続するためには、債務者（筆者注：使用者のこと）としては債権者をサポート部門における他の管理職のポジション（当時14のポジションがあった。）に配転することが必要であったが、前記認定事実及び審尋の全趣旨によれば、これらのポジションに就いている者はいずれも、それぞれ担当業務で必要とされる専門知識・能力を有するものと評価された結果として当該ポジションに就いていることが明らかであるから、これらの者に代えて債権者を当該ポジションに就けることが合理的であるとする根拠はない」などとして、結論として「債務者としては、債権者との雇用契約を従前の賃金水準を維持したまま他のポジションに配転させることはできなかったのであるから、債権者との雇用契約を継続することは、現実的には不可能であったということができ、したがって、債権者との雇用契約を解消することには合理的な理由があるものと認められる」との判断が示されています。この判断からもわかるように、裁判所は、少なくともその配転可能性を検討のうえ、解雇の有効性を判断しています。

　したがって、職務限定正社員に対し、当人の同意なくして他の職務に配置転換することはできませんが、その職務がなくなった場合の整理解雇を検討する場合には、配置転換が合理的で可能な場合においては本人にその打診をすべきと考えられます。

2　職務限定正社員の能力不足等を理由とする解雇

　労契法16条により解雇が有効となるためには、解雇について客観的に合理的な理由が認められ、かつ、解雇が社会通念上相当と認められる必要があります。能力不足を理由とする解雇の場合、一般の正社員については、能力不足を理由とする解雇が認められるのは、①その能力不足が著しく、かつ、②指導、教育をしてもその改善がみられず、かつ、③他の能力が生かせる可能性のある職務への配転等を行ってもなおその能力不足が解消されないような場合です（セガ・エンタープライゼス事件・東京地裁平成11年10月15日決定・労

判770号34頁等）。

　しかし、管理職として採用された、あるいは高度な専門職として採用されたなどその職務能力があることを前提に採用されたような場合、その能力・成績不良については一般社員より厳しく判断され（雇用契約の前提として求められた能力に照らして能力不足・成績不良が判断され）、また、配置転換等による雇用維持の義務も縮減されると解されます。

　例えば、海外での勤務歴に着目し、業務上必要な英語力および日本語の語学力、品質管理能力を備えた即戦力の人材として、主事1級として採用したが、①品質管理に関する専門的知識や能力が不足していること、②原告が作成した英文の報告書には、到底是認し難い誤記、誤訳がみられ、期待した英語能力に大きな問題があるばかりか、日本語の能力も当初履歴書等から想定されたものとは異なり極めて低いものであったこと、③さらに、上司の指導に反抗するなど勤務態度も不良であったことを理由に解雇を有効と判断したヒロセ電機事件（東京地裁平成14年10月22日判決・労判838号15頁）があります。同事件では、その能力不足はその雇用の前提として求められている能力に照らして判断されています。

　また、配置転換等による雇用維持の義務については、メルセデス・ベンツ・ファイナンス事件（東京地裁平成26年12月9日判決・労経速2236号20頁）が参考になります。この事件は、21年間銀行勤務の後に中途採用された専門職で、日常的に高圧的、攻撃的な態度をとり、トラブルを発生させていた社員の解雇の有効性をめぐり、「原告は、職種や配置の転換の可能性を検討することなく解雇したのは、解雇回避義務を尽くしたものとは評価し得ないと主張するが、原告の言動に照らすと、その原因である原告の性向等は容易に変わり得ないものと推測でき、職種や配置を転換することによって問題が解決ないし軽減されるという事態は想定し難いから、職種や配置の転換の可能性を検討しなかったからとしても、そのことをもって解雇回避努力を尽くしていないと評価するのは相当でない」とされ、さらに、被告が、原告の他の従業員らとのコミュニケーションおよび行状の問題性について、何度も原告との面談を実施し、注意を行い、懲戒処分たるけん責処分も行うなど、改善の機会を与えてきたにもかかわらず原告の行動が基本的に変わることがなか

ったことに対して解雇に至ったことは社会通念上相当であると判断されました。なお、原告は、「被告が原告に対し個々の言動を指摘した上で……具体的かつ明示的な注意や指導を受けていない」と主張しましたが、21年間にわたる銀行勤務の後に本件雇用契約を締結し、月額50万円近い賃金の支払いを受けて稼働し、相応の経験を有する社会人として、自らの行動を規律する立場にあり、あらためて注意されなければわからないような事柄ではない、被告の面談等は何が問題であるのか通常の理解力があれば容易に認識し得る方法で注意や指導をしていたと評価できるとして、原告の主張をしりぞけています。このように、雇用維持の義務については、職務が限定されている社員の問題性（能力不足等）との関係から職種や配置の変更により雇用維持を図ることが合理的かつ現実的に可能であれば格別、そうでない限り職種や配置の変更による雇用維持の義務は求められていないものと解されます。他方、本人の問題性について注意や指導をすることはある程度必要とは解されますが、一般の正社員とは異なり、もともとそのような能力、適性を備えていることが前提で雇用契約が締結されていることから注意や指導の程度も本人が容易に理解できるようなレベルで足りると解されます。なお、有識者懇談会報告書では、「能力不足を理由に直ちに解雇することは認められるわけではなく、高度な専門性を伴わない職務限定では、改善の機会を与えるための警告に加え、教育訓練、配置転換、降格等が必要とされる傾向がみられる。他方、高度な専門性を伴う職務限定では、教育訓練、配置転換、降格等が必要とされない場合もみられるが、改善の機会を充てるための警告は必要とされる傾向がみられる」と指摘されているところです。

（三上安雄）

④　副業促進

Q24　副業・兼業をさせる意義、留意点

> 　副業をさせても、会社の業績が上がるわけではないのですが、会社にとって何かメリットがあるのでしょうか。

A　今後、ますます働き方の多様化が進んでいく中、副業・兼業を認めることは企業の魅力にもつながるうえ、労働者が社内では得られない知識やスキルを獲得するといったメリットもあります。

1　副業・兼業の意義

　これまで、日本の企業においては、労働者は平日の朝から夕方まで継続して勤務し、夜や週末を休息にあてるというスタイルが一般的でした。そのため、副業や兼業を行うことは、あったとしても例外的であり、日本の企業においては、副業や兼業を行うことは、企業の許可の下においてのみ、許されているというのが通常だったと思います。

　しかし、そもそも企業における業務時間を除いた時間は、労働者が何をしてもよい私的な時間であり、副業・兼業を行うことも本来的に自由であるはずです。これに対し、企業がこれまで副業・兼業を制限してきたのは、業務時間外に副業・兼業をすることによって、十分な休息が取れず、業務におけるパフォーマンスを発揮できなくなるという懸念が強いように思われます。しかし、今後は、多様な働き方がますます進み、月曜日から金曜日まで、朝9時から夕方6時まで働く労働者ばかりではなくなってくることが予想されます。そのような状況においては、自分の企業のみに勤務させ、他の就労を認めないとすることは、かえって企業に対する魅力を失わせることにもなりかねません。

　この点、政府は、働き方改革の内容の1つとして、副業・兼業の促進を掲げ、平成30年1月には、モデル就業規則を改定し、許可の下認めていた副業・兼業について、「労働者は、勤務時間外において、他の会社等の業務に

従事することができる」と、原則として副業・兼業を認める規定に変更しました（後掲「モデル就業規則」）。

　また、厚生労働省の「副業・兼業の促進に関するガイドライン」（以下「副業・兼業ガイドライン」といいます）は、「自身の能力を一企業にとらわれずに幅広く発揮したい、スキルアップを図りたいなどの希望を持つ労働者がいることから、……その希望に応じて幅広く副業・兼業を行える環境を整備することが重要である」と述べています。

　そして、実際に、副業・兼業を認めた場合、企業にとっても、

---

①　労働者が社内では得られない知識・スキルを獲得することができる。
②　労働者の自律性・自主性を促すことができる。
③　優秀な人材の獲得・流出の防止ができ、競争力が向上する。
④　労働者が社外から新たな知識・情報や人脈を入れることで、事業機会の拡大につながる。

といったメリットがあるとしています。

2　副業・兼業を促進するに際しての留意点

　他方で、副業・兼業を促進させるに際して、以下のように、懸念もあります。

(1)　労働者の健康確保

　副業・兼業を行うとなれば、どうしても労働時間は長くならざるを得ません。特に、現状の多くの企業のように、平日フルタイムで勤務している労働者が副業・兼業を行うとすれば、夜間や休日に行わざるを得ず、休息時間が不十分になるおそれがあります。副業・兼業ガイドラインでは、就業規則に、長時間労働等によって労務提供上の支障がある場合には、副業・兼業を禁止または制限することができることとしておくこと、事前の届け出時や副業・兼業開始後の報告等によって労働者の状態を把握し、適切な措置を講ずることが考えられると記載されています。もっとも、一度開始してしまったら、簡単に副業・兼業を制限する（つまり副業・兼業先を退職してもらう）というわけにもいかないと思います。その分、事前の情報収集や、副業・兼業を開始した後の労働者の健康管理（労働者自身の自己管理も含みます）が重要にな

ってくると思われます。

(2)　秘密保持義務・競業避止義務

　労働者は、労働契約に付随して、使用者に対する秘密保持義務や競業避止義務を負っているとされています。これらの義務は、副業・兼業を行ったからといって、免除されるわけではありません。しかし他方で、副業・兼業のメリットとして、自身が身につけた知識や経験・ノウハウを他の業務で活用するという側面はあり、そのために秘密保持義務や競業避止義務と衝突する場面は増えてくることが予想されます。副業・兼業ガイドラインでは、こうした問題を回避するため、就業規則等において、業務上の秘密が漏えいする場合や、競業により、自社の正当な利益を害する場合には、副業・兼業を禁止または制限することができることとしておくことや、業務上の秘密となる情報の範囲や禁止される競業行為の範囲、自社の正当な利益を害しないことについて注意喚起しておくことを提唱しています。そのため、ここでも事前の情報収集が重要になると思われますし、副業・兼業を認める場合には、あらためて秘密保持や競業禁止に関する誓約書を提出させることが考えられます。

　しかし、上記のとおり、秘密保持や競業をあまりに回避しようとしすぎると、副業・兼業を認める意味がなくなってしまいます。そのため、企業としては保護する必要性の高い情報とそこまで高くない情報を区分し、管理手法も変える等、情報管理の手法を整理し、保護する必要性の低い情報にしかアクセスできていない労働者には副業・兼業を認めるといった対応も必要になってくると思われます。

(3)　誠実労働義務

　秘密保持義務・競業避止義務と同様、労働者は、企業の名誉・信用を毀損しないなど誠実に行動することが義務づけられています。これについても、副業・兼業ガイドラインにおいては、自社の名誉や信用を損なう行為や、信頼関係を破壊する行為がある場合には、副業・兼業を禁止または制限することができることとしておくことや、届出等の際に確認することで回避することが提唱されています。

（安倍嘉一）

【モデル就業規則（厚生労働省）】

（副業・兼業）

第○条 労働者は、勤務時間外において、他の会社等の業務に従事することができる。

 2 会社は、労働者からの前項の業務に従事する旨の届出に基づき、当該労働者が当該業務に従事することにより次の各号のいずれかに該当する場合には、これを禁止又は制限することができる。

 ① 労務提供上の支障がある場合

 ② 企業秘密が漏洩する場合

 ③ 会社の名誉や信用を損なう行為や、信頼関係を破壊する行為がある場合

 ④ 競業により、企業の利益を害する場合

Q25　副業と労働時間

> 　自分の会社では、残業をさせておらず、割増賃金を支払っていませんが、副業をした結果、8時間を超えて労働してしまった社員がいます。この場合には、残業代は誰が支払うのでしょうか。

A　通算した所定労働時間が法定労働時間を超える場合には、後から雇用契約した副業先が割増賃金を支払います。所定外労働時間については、発生した順に通算し、法定労働時間を超えたら、その超えた時間就労させていた企業が割増賃金を支払います。

1　労働時間の通算

(1)　労基法38条1項

　労基法38条1項では「労働時間は、事業場を異にする場合においても、労働時間に関する規定の適用については通算する」と規定されており、また、「事業場を異にする場合」とは事業主を異にする場合をも含む（通達（昭23・5・14））とされています。そのため、労働者が複数の事業場で働く副業・兼業の場合、労働時間を通算する必要があります。

　なお、ここで通算しなければならないのは、労働者ですので、フリーランスなどの個人事業主や取締役など委任契約で副業・兼業をする場合には適用されませんし、労働者でも労働時間の規制の適用がない管理監督者や高度プロフェッショナル制度の適用者についても、労働時間の通算は不要です。

(2)　36協定の通算

　36協定は、個々の事業場で締結される労使協定ですので、個々の企業は、協定書に規定された時間外労働の限度時間（1カ月45時間、1年360時間が上限）までしか時間外労働をさせることはできないのが原則です（特別条項の場合の1年720時間の限度時間も同様です）。しかし、特別条項が適用される場合における、時間外労働と休日労働の合計で単月100時間未満、複数月平均80時間以内の要件（労基法36条6項第2号および第3号）については、労働者個人の実労働時間に着目し、当該個人を使用する使用者を規制するものであ

り、副業・兼業先の労働時間が通算されることになります。

(3)　副業・兼業先の労働時間の確認

以上のように、副業・兼業を認めた場合には、労働時間を通算する必要があるため、企業においては、自身の事業場における労働時間だけでなく、副業・兼業先の労働時間についても、労働者の申告により把握する必要があります。

2　割増賃金の支払い

では、副業・兼業が行われた場合、どのようにして割増賃金の発生の有無を算定し、どちらの企業が割増賃金を支払うのでしょうか。これについて、副業・兼業ガイドラインは、以下のように解説しています。

(1)　所定労働時間の通算

まず、実際に副業・兼業を始める前に、労働者の申告によって、副業・兼業先の所定労働時間を把握した場合、その時間を通算して、法定労働時間を超えているかどうかを確認します。そして、法定労働時間を超える場合、「時間的に後から労働契約を締結した使用者」において法定労働時間を超える部分が時間外労働時間として把握されることになり、当該使用者が割増賃金を支払う義務を負うことになります。

A：所定労働時間　8時間	B：所定労働時間　5時間
Bで行う所定時間内労働は法定時間外労働となり、Bが割増賃金を支払う	

(2)　所定外労働時間の通算

これに対し、所定外労働時間については、自分の事業場における所定外労働時間と、他の使用者の事業場における所定外労働時間とを、「当該所定外労働が行われる順」に通算します。

```
┌─────────────────────────────────────────────────────────────┐
│ 【A で時間外労働があった場合】                                 │
│                                                               │
│  ┌──────────────┬────────┐        ┌──────────────────┐        │
│  │ A：所定労働時間│ 所定外 │        │ B：所定労働時間   │        │
│  │   4 時間      │ 2 時間 │        │   4 時間         │        │
│  └──────────────┴────────┘        └──────────────────┘        │
│                                                               │
│  A で行う所定外労働は法定時間外労働となり、A が割増賃金を支払う。 │
│                                                               │
│ 【両方で時間外労働があった場合】                               │
│                                                               │
│  ┌──────────────┬────────┐    ┌──────────────────┬────────┐   │
│  │ A：所定労働時間│ 所定外 │    │ B：所定労働時間   │ 所定外 │   │
│  │   3 時間      │ 2 時間 │    │   3 時間         │ 2 時間 │   │
│  └──────────────┴────────┘    └──────────────────┴────────┘   │
│                                                               │
│  A で行う所定外労働時間は法定内労働時間だが、B で行う所定外労働時間は法│
│  定時間外労働となり、B が割増賃金を支払う。                     │
└─────────────────────────────────────────────────────────────┘
```

(3)　割増賃金の支払い

　法定時間外労働時間が発生した場合には、発生したとされる各企業において、各企業の就業規則の計算方法に則った割増賃金を支払うことになります。

3　労働時間の「管理モデル」

　労働時間が通算される以上、企業としては副業・兼業先の企業における労働時間も把握する必要がありますが、副業・兼業の数や時間数が多くなればなるほど、その管理は手間がかかることになります。そこで、副業・兼業ガイドラインでは、以下のような「管理モデル」と提唱しています。すなわち、特別条項の限度時間である単月100時間未満、複数月平均80時間以内となる範囲内において、各々の使用者の事業場における労働時間の上限をそれぞれ設定し、各企業がその範囲内で労働させるというものです。これによって、日々の労働時間に関する情報交換を行わなくても、企業各自が上限内で労働させ、割増賃金を支払っていれば済むというものです。この「管理モデル」がどこまで円滑にできるかは、今後の副業・兼業の普及の度合いにもかかわり、まだ未知数の部分があるといえますが、副業・兼業の促進を考えている企業においては、参考にしていただければと思います。

（安倍嘉一）

Q26　副業・兼業と労働災害および安全配慮義務

　　自分の会社では残業はしていないのですが、社員が副業先で働いた結果、長時間労働となって過労で倒れてしまいました。この場合、労働災害（労災）はどのように判断されるのでしょうか。また、会社はどのような場合に安全配慮義務を負うことになるのでしょうか。

A　　労働時間や業務の負荷は、副業・兼業先のものも含めて総合的に評価されます。また、会社が副業先の過重労働等を知りながら、何も対応しなかった場合には、安全配慮義務違反を問われる可能性があります。

1　副業・兼業と労働災害

　副業・兼業を行う場合には、当然のことながら、これまでよりも労働時間が増加することになりますし、副業・兼業先の企業でストレスを感じるような出来事を体験する可能性もあります。その結果、自分の会社では何ら問題ない状況にあったとしても、副業・兼業を行った結果、負荷が重くなり、従業員が病気になってしまうといったケースが想定されます。このような場合には、どのように取り扱う必要があるでしょうか。

(1)　労災保険法の改正

　この点、従前の労災保険法においては、労災保険とは、あくまでも個別の事業場ごとの業務に着目し、その業務に内在する危険性が現実化して労働災害が発生した場合に保険給付を行うとするもので、副業・兼業した場合のことを想定していませんでした。

　そこで、令和2年9月1日から、労災保険法が改正され、副業・兼業した場合の考え方が新たに追加されることになりました。

(2)　業務上の負荷の合算

　これまでは、複数の企業で雇用されている場合でも、それぞれの企業における負荷（労働時間やストレス等）を個別に評価し、労災認定できるか判断されていました。今回の改正で、複数の企業で雇用されている労働者（複数事業労働者）は、雇用されているすべての企業における業務上の負荷を総合

的に評価して労災認定できるかどうかを判断するようになりました。なお、この合算が認められるのは、過重労働による脳・心臓疾患や精神障害その他複数の事業の業務を要因とすることの明らかな疾病となっています（改正労災保険法20条の3第1項、同法施行規則18条の3の6）。

(3)　保険給付の新設

　複数事業労働者を労災保険給付の対象とすることになったため、改正労災保険法においては、複数の事業場が要因となって労働災害が発生した場合について①複数事業労働者療養給付、②複数事業労働者休業給付、③複数事業労働者障害給付、④複数事業労働者遺族給付、⑤複数事業労働者葬祭給付、⑥複数事業労働者傷病年金、⑦複数事業労働者介護給付を新設しました（同法20条の2）。

(4)　給付基礎日額の合算

　さらに、複数事業労働者については、就業先の各企業において支給されている賃金額を合算した額を基礎として、給付基礎日額を決定することとなりました（改正労災保険法8条3項）。

2　企業の安全配慮義務

(1)　基本的な考え方

　労働災害が発生した場合に、企業に対して安全配慮義務違反に基づく損害賠償請求がなされることがあります。この安全配慮義務は、「労働契約に伴い、労働者がその生命、身体等の安全を確保しつつ労働することができるよう、必要な配慮をする」義務（労契法5条）であり、「労働契約」に伴うものですから、基本的には、雇用契約の締結に付随して、個々の企業が労働者に対して負うものであり、副業・兼業した先の企業の勤務についてまでは責任を負わないのが基本的な考えとなります。

　また、安衛法上規定されている健康診断やストレスチェック等、健康管理についても、副業・兼業の有無にかかわらず、各企業が行う必要があります。^注

(2)　複数事業労働者の労災と安全配慮義務

　しかし、上記のように複数事業労働者の労災認定においては、就業しているすべての事業場における労働時間や業務負荷が総合的に評価されることに

なります。それでは、自分の企業では健康管理をきちんと行っていても、副業・兼業先の企業での勤務の結果、過重労働が発生したり、副業・兼業先のストレスにより、精神疾患にり患したような場合、企業は副業・兼業先の業務実態について、どこまで責任を負うべきでしょうか。

　これについて、副業・兼業ガイドラインは、「副業・兼業に関して問題となり得る場合としては、使用者が、労働者の全体としての業務量・時間が過重であることを把握しながら、何らの配慮をしないまま、労働者の健康に支障が生ずるに至った場合等が考えられる」としています。そして、Q25で解説したように、副業・兼業をさせる場合には、企業としても副業・兼業先の所定労働時間等について把握する必要があることからすれば、副業・兼業先における業務実態について報告を受けていたにもかかわらず、何も対策を講じない場合には、自身の事業場では問題がなかったとしても、安全配慮義務違反が問われる可能性があると思われます。したがって、副業・兼業を認める場合には、副業・兼業先の企業との情報交換や連携が不可欠になると思われ、場合によっては、副業先・兼業先に業務負担軽減等の申入れをすることも考えられます。こうした申入れに対し、副業先・兼業先が何も対応しなかった場合には、副業先・兼業先において安全配慮義務違反が問われるおそれがあります。

⑶　フリーランスと安全配慮義務

　なお、企業の安全配慮義務は、あくまでも雇用契約を締結している労働者に対して生じるものです。したがって、労働者が副業・兼業としてフリーランスの個人事業を行う場合には、委託先との関係で直ちに安全配慮義務が生じるものではありませんし、フリーランスとしての業務時間を企業が把握する必要があるわけでもありません。しかし、こうしたフリーランスの事業負荷が増えることで労働者が健康を害し、業務を十分にできなくなってしまっ

注　なお、健康診断やストレスチェックの実施対象は、「常時使用する労働者」であるところ、「常時使用する労働者」とは、①期間の定めのない労働契約により使用される者（期間の定めのある労働契約により使用される者であって、契約期間が1年以上である者並びに契約更新により1年以上使用されることが予定されている者および1年以上引き続き使用されている者を含む）かつ②1週間の労働時間数が当該事業場において同種の業務に従事する通常の労働者の1週間の所定労働時間の4分の3以上である者をいうとされています（厚生労働省「短時間労働者の雇用管理の改善等に関する法律の一部を改正する法律の施行について」平成19年10月1日）。

ては本末転倒です。その意味では、副業・兼業を認める場合には、その態様にかかわらず、労働者の健康状態について、留意しておくべきと思います。

（安倍嘉一）

Q27　副業・兼業と社会保険・労働保険

> 　副業して他の企業に勤める場合、社会保険（健康保険・厚生年金）や労働保険（労災保険・雇用保険）についてはどのように取り扱われるのでしょうか。

A　労災保険以外の保険は、副業・兼業先での適用要件を満たしていなければ、適用されません。複数の事業所で適用要件を満たす場合には、原則としてどちらかを選ぶことになります。労災保険は、個々の事業所で加入することになります。

1　副業・兼業と社会保険・労働保険

　多くの企業は、雇用した労働者に対して、社会保険（健康保険・厚生年金保険）や労働保険（労災保険・雇用保険）に加入し、保険料を支払っています。労働者が複数の企業に雇用される副業・兼業の場合、これらの保険料に関する取扱いはどうなるのでしょうか。

2　社会保険

　健康保険および厚生年金保険の社会保険は、基本的に事業所ごとに判断することになりますので、副業・兼業した場合でも、各企業において、その被保険者資格を確認することになります。この点、法律上は、

①　1カ月以内の期間、日々雇入れられた者

②　2カ月以内の期間を定めて使用される者で、その後も契約の更新がされない者

③　1週間の所定労働時間が同一の事業所に使用される通常の労働者の1週間の所定労働時間の4分の3未満である短時間労働者

④　1カ月間の所定労働日数が同一の事業所に使用される通常の労働者の1カ月間の所定労働日数の4分の3未満である短時間労働者に該当し、かつ、ⓐからⓓまでのいずれかの要件に該当するもの

ⓐ　1週間の所定労働時間が20時間未満であること

107

ⓑ　当該事業所に継続して 1 年以上使用されることが見込まれないこと

ⓒ　報酬について、 8 万8000円未満であること

ⓓ　高校生、大学生等

については、被保険者資格を有しないとされています（健康保険法 3 条、厚生年金保険法12条）。副業・兼業をするケースは、まだ短時間労働であることが多いと思われるところ、副業・兼業した先の企業での労働時間が短い場合には、そもそも社会保険の被保険者資格がないため、考慮する必要は少ないともいえます。

　他方で、現在勤務している企業と、副業・兼業先の企業の双方で被保険者資格を有する場合には、被保険者である労働者が、いずれかの事業所の管轄の年金事務所および医療保険者を選択する必要があります（健康保険法 7 条、同法施行規則 1 条の 2 、厚生年金保険法施行規則 1 条）。

3　労働保険

⑴　労災保険

　労働保険のうち、労災保険については、Q 26で述べたとおり、複数の事業場で勤務している場合の業務負荷を総合評価したり、賃金額の合算が行われるようになりましたが、労災保険料については、個々の事業所で保険料が徴収されます。なお、労災保険においては、業務上災害の多寡によって当該事業場の保険料が増減する、いわゆるメリット制がとられていますが、複数事業労働者であることはメリット制には影響を与えず、業務災害が発生した事業場の賃金に相当する保険給付額のみがメリット制に影響することになり、副業・兼業先の賃金分まで保険料に影響することはありません。

⑵　雇用保険

　これに対し、雇用保険については、労働者が雇用される事業は、基本的にすべて適用事業所となり、雇用した労働者について雇用保険の加入手続が必要となりますが、ここでも、①1 週間の所定労働時間が20時間未満である者、②同一の事業主の適用事業に継続して31日以上雇用されることが見込まれない者については、雇用保険の適用がありません（雇用保険法 6 条）。また、副業・兼業先において雇用保険の適用条件を満たす場合であっても、その者が

生計を維持するのに必要な主たる賃金を得ている雇用関係についてのみ、被保険者となります。

　もっとも、令和4年1月より、65歳以上の労働者について、一の雇用関係では1週20時間未満であっても、二の事業所の労働時間の合計が20時間以上である場合には、高年齢被保険者とみなし、高年齢求職者給付金の申請ができるようになります。副業・兼業がより普及すれば、こうした対応も拡大していくのではないかと思います。

（安倍嘉一）

⑤　雇用類似の働き方

Q28　社員を個人事業主（フリーランス）へ変更できるか

> 　仕事の量の変動が大きいので、これまで社員として働いていた者と、フリーランスの個人事業主として業務委託契約を結び、仕事の量に合わせて人員規模を調整しようと思っています。何か問題はあるでしょうか。

A　社員をフリーランスに変更するには、本人の同意が不可欠なうえ、使用従属性が認められないよう、業務実態を変更する必要があるため、慎重に検討する必要があります。

1　個人事業主としてのフリーランス

　最近、企業に社員として入社するのではなく、個人事業主のフリーランスとして企業と業務委託契約や請負契約を締結するケースが増えてきています。その理由はさまざまですが、会社に縛られず、自由に仕事ができる点に魅力を感じている人も多いようです。

　しかし、他方でフリーランスの場合、個人事業主ではあるものの、実態としては企業組織の中に入り込んで、企業から、社員と変わらない具体的な指示を受けているケースも少なからずみられます。それでいて、フリーランスは労働者ではないため、労働法の保護や社会保険や雇用保険の適用もなく、契約を解除されてしまったりすると、苦境に陥ることもあります。そのため、時として、フリーランスが、企業に対して、自分は労働者であると主張し、トラブルになることがあります。

2　個人事業主と労働者の違い

　個人事業主と労働者の違いについては、労働基準法研究会報告「労働基準法の『労働者』の判断基準について」（昭和60年12月19日）（以下、「研究会報告」といいます）の基準が参考になります（令和2年12月に公表された「フリーランスとして安心して働ける環境を整備するためのガイドライン（案）」におい

ても、この報告書の基準が用いられています）。

　研究会報告によれば、労基法 9 条の「労働者」が「使用される者で、賃金を支払われる者」と定義されていること、すなわち「指揮監督下の労働」「報酬の労務に対する対償性」から成り立っているとし、これらを総称して「使用従属性」と呼んでいます。

　そのうえで、「使用従属性」をあらわす要素として、以下のような基準を設けています。

【指揮監督下の労働】に関する基準
①　仕事の依頼、業務従事の指示等に対する諾否の自由の有無
②　業務遂行上の指揮監督の有無
③　拘束性の有無（時間・場所の指定）
④　代替性の有無（本人以外の補助者を使うことが本人の判断で可能か）
【報酬の労務対償性】に関する基準
　報酬が時間給を基礎として計算される等労働の結果による較差が少ない、欠勤した場合には応分の報酬が控除され、いわゆる残業をした場合には通常の報酬とは別の手当が支給される等報酬の性格が使用者の指揮監督の下に一定時間労務を提供していることに対する対価と判断されること
【補強する要素】
①　事業者性の有無（機械・器具の負担や報酬額）
②　専属性の有無

　なお、これらの基準の判断に際しては、契約書にどのような規定がなされているかではなく、実態によって判断されることになります。

　裁判例においては、トラックの運転手について、業務用機材であるトラックを所有し、自己の危険と計算の下に運送業務に従事していたこと、委託した企業が、運送という業務の性質上当然に必要とされる運送物品、運送先および納入時刻の指示をしていた以外には、業務遂行に関して特段の指揮監督を行っていなかったこと、時間的、場所的な拘束の程度も、一般の従業員と比較してはるかに緩やかだったことなどから、労働者性を否定したものがあります（横浜南労基署長事件（最高裁平成 8 年11月28日判決・労判714号14頁））。これに対し、保険代理店の保険勧誘員について、会社の指示で新たに損害保険契約の更改業務にも従事するようになったこと、週に 1 回の定例ミーティ

ングの参加およびデイリーレポート（営業日報）の作成が義務づけられ、保険契約の締結等に関する業務上の指示を受けていたこと、契約書に勤務時間を午前9時から午後5時まで等記載されていたこと、補助者を使用することは想定されていなかったこと、専属的に業務を行っていたこと、給与所得の源泉徴収票を交付するなど労働者であることを前提とする言動をしていることから、労働者性を肯定したものもあります（株式会社MID事件（大阪地裁平成25年10月25日判決・労判1087号44頁））。

3　社員からフリーランスへの転換

　本設問では、社員であった人物をフリーランスに変更しようと考えていますが、そもそも社員は雇用契約であり、フリーランスは個人事業主として、企業と業務委託契約を締結することになるわけですから、契約内容の変更となり、本人の合意なしには行えません。労働法の適用のある社員から、保護の薄い個人事業主になることについては、本人の抵抗も予想されます。

　また、上記のように、労働者と個人事業主は、使用従属性の点において大きく異なりますし、労働者か個人事業主かの判断は、実態に即して判断されます。したがって、実際に社員をフリーランスに切り替えるのであれば、契約内容だけを変更するだけでなく、指揮命令をせず、時間や場所も拘束しない等、仕事のやり方を大幅に変更する必要があると考えられます。こうした変更は、これまでの業務フローにも影響を与え、かえって仕事がしづらくなるといったこともあり得ますので、慎重に検討する必要があると考えます。

（安倍嘉一）

Q29　個人事業主（フリーランス）との団体交渉

> 業務委託契約を締結しているフリーランスの個人事業主が、労働組合を結成して団体交渉を申し入れてきました。これには応じなければならないのでしょうか。

A　フリーランスの個人事業主であっても労組法上の労働者と判断される可能性があり、その場合には、企業としても団体交渉に応じる義務があります。

1　フリーランスと労組法上の「労働者」

　フリーランスの個人事業主は、自由な生き方ができるという点においてメリットがありますが、他方で、発注者である企業との情報量や交渉力について格差が生じていることは否めません。その格差を埋めるために、同じような業務を受託する個人事業主が労働組合を結成し、企業に対して団体交渉を求めてくることがあります。フリーランスの個人事業主が、労契法や労基法上の労働者に該当するかどうかについては、Q28で検討したところですが、労組法における労働者には該当するのでしょうか。

　労契法や労基法上の「労働者」は、「使用者に使用されて労働し、賃金を支払われる者」といったように、使用従属性と対価としての賃金が要素となっています（労契法2条1項）。これに対し、労組法上の「労働者」とは、「職業の種類を問わず、賃金、給料その他これに準ずる収入によつて生活する者」をいうとされており（労組法3条）、上記の労契法等の「労働者」の定義とは異なっています。これは、雇用契約の下で賃金や給料を得ている者だけではなく、「これに準ずる収入によって生活する者」にも労働者の対象を拡大したと考えられており、請負契約や業務委託契約による役務提供関係においても、労組法上の保護を与える必要がある場合には、労組法上の労働者と認められる余地があることを示しています。企業の立場からすれば、労働者でもない、個人事業主と団体交渉する必要はないと感じると思いますが、労組法上の労働者と認められた場合には、フリーランスによって結成された

労働組合も適法な労働組合となり、労働組合の団体交渉の申入れに対し、企業は正当な理由なくこれを拒否することができず、誠実に交渉する義務を負うことになります（労組法7条2号）。

2 労組法上の労働者の判断基準

　労組法上の労働者の判断基準について、INAX メンテナンス事件（最高裁平成23年4月12日判決・労判1026号27頁）は、住宅設備機器の修理補修業務を受託する技術者について、①企業の事業の遂行に不可欠な労働力として、その恒常的な確保のために組織に組み入れられていたこと、②企業が契約内容を一方的に決定していたこと、③報酬は、顧客等に対する請求金額に、企業が決定した級ごとに定められた一定率を乗じ、これに時間外手当等に相当する金額を加算する方法で支払われており、労務の提供の対価としての性質を有していること、④企業の指定する業務遂行方法に従い、その指揮監督の下に労務の提供を行っており、かつ、その業務について場所的にも時間的にも一定の拘束を受けていたこと、から労組法上の労働者であることを認めました。また、ビクターサービスエンジニアリング事件（最高裁平成24年2月21日判決・民集66巻3号955頁）は、音響製品等の設置、修理等の業務に従事する業者について同様に、①修理業務の多くが業者に割り振られ、企業が営業日と業務担当地域ごとに業務量を調整して割り振っており、企業の組織に組み入れられている、②契約内容は企業が画一的に決定し、業務内容や条件について交渉の余地がないこと、③1日中業務に拘束され、委託料も労務提供の対価としての性質を有すること、④業務の諾否の自由がなく、業務開始前に企業のサービスセンターに立ち寄り、企業作成のマニュアルに従って作業を実施し、企業のロゴマーク入りの制服・名札・名刺を使用し、業務終了後もサービスセンターにて伝票入力等を行っていることから、企業の指揮監督の下に労務の提供を行っているとして、労組法上の労働者であることを肯定しました。また、ソクハイ事件（東京高裁平成28年2月24日判決・別冊中央労働時報1496号52頁）は、業務委託契約を締結した「メッセンジャー」の契約解約における団体交渉について、企業に誠実交渉義務があることを認めています。

3　フランチャイズ契約における労組法上の労働者性

　コンビニエンスストアなどにおいて、個人事業主がフランチャイズ契約を締結し、大手コンビニ企業の指導を受けながら、当該コンビニのロゴ等を使用してコンビニエンスストアを経営することがあります。この場合にも、情報量や交渉力の格差があるため、こうしたコンビニエンスストアのオーナーなどが、労働組合を結成し、労組法上の労働者であると主張して大手コンビニ企業に団体交渉を申し入れてくるケースもみられます。

　しかしながら、現在のところ、中央労働委員会の命令（平成31年2月6日）においては、①自ら資金調達するとともに事業費用を負担しており、また、損益の帰属主体となり、自らの判断で従業員の雇用や人事管理等を行うことで他人の労働力等を活用し、自ら選択した場所でコンビニエンスストアの経営を行っているのであって、経営者として相当の裁量を有する独立した小売事業者であること、②契約の内容は、会社により一方的かつ定型的に決定されているものの、労務供給や労働条件についての契約ではないこと、③フランチャイズでは、労務供給の対価としての性格を有するとは評価できないこと、④自らリスクを引き受けて事業を行っていることから、労組法上の労働者性は否定されています。

　とはいえ、こうした個人事業主が、大手企業と契約を締結するに際し、一方的な条件を押し付けられた等の不満を抱くことはしばしばみられるところです。こうした不満が起きることは、事業の円滑な遂行や、企業のレピュテーションにも影響を与える可能性がありますので、その対応は慎重に検討する必要があります。

（安倍嘉一）

Q30 個人事業主（フリーランス）に専属義務を課すことはできるか

> スキルの高い優秀なプログラマーに業務を委託したのですが、他の企業でも業務を受託されると、当社の秘密情報が漏れてしまわないか心配です。契約で、他の企業で働くことを禁止しても問題ないでしょうか。

A 費用回収等の合理的な目的があれば一定程度は許容されますが、こうした合理的な目的がなく、単なる囲い込みの目的で専属義務を課すことは、独占禁止法に抵触するおそれがあります。

1 独占禁止法の規制

Q28、Q29のように、フリーランスといっても実質的に労働者と判断された場合には、労働法の規制が及ぶことになりますが、名実ともに個人事業主として業務を行っているフリーランスと契約を締結する場合には、契約自由の原則が妥当し、当事者同士が合意すれば有効に成立するのが原則です。しかし、この場合であっても、企業と個人事業主の間に、情報力や交渉能力の格差があることには変わりはなく、場合によっては、フリーランスが不当な契約条項を飲まざるを得なかったり、不利益を被ることもあります。こうした、企業間の不公正な取引を規制する法律として、独占禁止法があります。

(1) 優越的地位の濫用

独占禁止法は、私的独占、不当な取引制限および不公正な取引方法を禁止するなどして、公正かつ自由な競争を促進すること等を目的とした法律です。中でも、業務委託契約における委託者が取引上優越した地位にある場合に、当該委託者が、受託者に対し、正常な商慣習に照らして不当に不利益となるように役務の委託取引の条件を設定し、もしくは変更し、または取引を実施する場合には、受託者の自由かつ自主的な判断による取引を阻害するとともに、受託者はその競争者との関係において競争上不利となる一方で、当該委託者はその競争者との関係において競争上有利となるおそれがあるような場合は、優越的地位の濫用として不公正な取引方法に該当し、違法になるとさ

れています（独禁法2条9項5号）。

　このような委託契約における優越地位とは、受託者にとって委託者との取引の継続が困難になることが事業経営上大きな支障をきたすため、委託者が受託者にとって著しく不利益な要請等を行っても、受託者がこれを受け入れざるを得ないような場合をいうとされ、その判断には、受託者の委託者に対する取引依存度、委託者の市場における地位、受託者にとっての取引先変更の可能性、その他委託者と取引することの必要性を示す具体的事実（取引当事者間の事業規模の格差、取引の対象となる役務の需給関係等）などが総合的に考慮されます。

　本設問のような役務の委託取引においては、委託者がその地位を利用して、受託者に対し、代金の支払遅延、代金の減額要請、著しく低い対価での取引の要請、やり直しの要請、協賛金等の負担の要請、商品等の購入要請または役務の成果物に係る権利等の一方的な取扱いを行う場合には、優越的地位の濫用として問題を生じやすいとされています^注。

　独占禁止法に違反した場合には、公正取引委員会から排除措置命令が出されたり（独禁法7条1項）、課徴金（同法7条の2）が課せられることがあります。

(2)　下請法の規制

　なお、独占禁止法を補完する法律として、下請法による規制もあります。下請法は、①資本金3億円を超える事業者が、資本金3億円以下の事業者に委託する場合、②資本金1000万円超3億円以下の事業主が、資本金1000万円以下の事業者に委託する場合に適用され、受領拒否、支払遅延、代金減額、給付を受領した後に引き取らせる（返品）、同種よりも著しく低い代金を定める（買いたたき）、公正取引委員会ないし中小企業庁に申告したことに対する不利益な取扱い等の行為が禁止されています（同法4条1項）。

2　フリーランスに対する独占禁止法上の留意点

　公正取引委員会の「人材と競争政策に関する検討会報告書」（平成30年2月

注　公正取引委員会「役務の委託取引における優越的地位の濫用に関する独占禁止法上の指針」〈https://www.jftc.go.jp/dk/guideline/unyoukijun/itakutorihiki.html〉。

15日）では、フリーランスに対する独占禁止法上の問題点として、以下のような点をあげています。

(1)　秘密保持義務および競業避止義務

　フリーランスにおいても、発注する側が、営業秘密等の漏えい防止の目的のために、秘密保持義務や競業避止義務を課すことがあります。こうした義務を課すこと自体は、合理的に必要な範囲であれば、直ちに独占禁止法上問題となるものではありません。ただし、発注者が義務の内容について十分な説明をしていない場合や、取引上の地位が優越している発注者が過大な義務を負わせる場合には、独占禁止法上問題となり得ることになります。

(2)　専属義務

　また、発注者が、フリーランスに対して、自らとのみ取引をする義務（専属義務）を課すことがあります。これは、発注者が、発注した業務に専念してもらうためや、ノウハウ・スキル等の育成を行い、その費用を回収するために行われるといった合理的な目的において、相当な範囲で行われる限りにおいては、直ちに問題となるものではありませんが、必要な範囲を超えると、他の発注者が必要な人材確保ができなくなる等、自由競争を減殺するリスクが生じることになります。

(3)　成果物の利用等の制限

　さらに、発注者が、優秀なフリーランスを囲い込むために、①役務の成果物について自らが役務を提供した者であることを明らかにしないよう義務づけること、②成果物を転用して他の発注者に提供することを禁止すること、③役務提供者の肖像等の独占的な利用を許諾させること、④著作権の帰属について何ら事前に取り決めていないにもかかわらず、納品後や納品直前になって著作権を無償または著しく低い対価で譲渡するよう求めること、については、独占禁止法上問題となり得ると考えられます。こうした行為を継続して行っている場合には、公正取引委員会から課徴金などの法所定の措置がとられる可能性がありますので、注意が必要です。

(4)　発注時の取引条件の明確化

　本稿執筆時点で、内閣官房・公正取引委員会・中小企業庁・厚生労働省が連名で「フリーランスとして安心して働ける環境を整備するためのガイドラ

イン（案）」を策定しているところ、このガイドライン（案）においては、取引条件の一方的な変更等が優越的地位の乱用を誘発する原因となるおそれがあることから、発注業者において、当該フリーランスが発注時の取引条件を書面で確認できるようにするなどの対応をしておく必要があると指摘しています（下請法3条では、親事業者の書面交付が義務づけられています）。こうした書面を交付しないことは、独占禁止法上不適切であるとされておりますので、取引条件の書面化は、行う必要があります。

（安倍嘉一）

Ⅱ 同一労働同一賃金

① 働き方改革関連法における同一労働同一賃金規制の概要

Q31 働き方改革関連法における同一労働同一賃金規制

> 働き方改革関連法における同一労働同一賃金規制の主な内容はどのようなものですか。

A 同一労働同一賃金に係る改正法は、同一の企業・団体における正規雇用労働者と非正規雇用労働者の間の不合理な待遇差の解消をめざすものです。主な内容は、パート有期法における①不合理な待遇差を解消するための規定の整備、②労働者に対する待遇に関する説明義務の強化、③行政による履行確保措置および裁判外紛争解決手続（行政 ADR）の整備、の 3 つです。

1 主な内容

働き方改革関連法の成立を受け、パート労働法がパート有期法に改正されました。同一労働同一賃金との関連では以下の 3 つが主な内容です。

(1) 不合理な待遇差を解消するための規定の整備

同一企業内において、正規雇用労働者と非正規雇用労働者の間で、基本給や賞与などのあらゆる待遇について不合理な待遇差を設けることが禁止されました。そして、裁判の際に判断基準になる規定として、「均衡待遇規定」（パート有期法 8 条）と、「均等待遇規定」（同法 9 条）が設けられました。

また、派遣労働者の均衡待遇規定については、従来は派遣労働者と派遣先労働者の待遇差については、配慮義務規定のみでした。そこで、派遣労働者の待遇差に関する規定について、「派遣先均等・均衡方式」と「一定の要件を満たす労使協定方式」が設けられ（派遣法30条の 3、30条の 4）、選択制と

なりました。

(2) 労働者の待遇に関する説明義務の強化

非正規雇用労働者は、正規雇用労働者との待遇差の内容や理由などについて、事業主に対して説明を求めることができるようになりました（パート有期法14条、派遣法31条の２）。雇入れ時（派遣労働者には派遣時も）の法所定の措置の内容に関する説明義務と、雇入れ後に求めがあった場合の待遇差の内容および理由の説明義務が規定されました。

(3) 行政による履行確保措置および裁判外紛争解決手続（行政 ADR）の整備

行政による助言指導や行政 ADR（事業主と労働者との間の紛争を、裁判をせずに解決する手続）が整備されました。都道府県労働局において、無料・非公開の紛争解決手続が行われます。

（増田陳彦）

Q32　パート有期法に基づく均等・均衡待遇規定のとらえ方

> 　企業は、パート有期法に基づく均等・均衡待遇規定について、どのように考えていけばいいでしょうか。

A　従来の正規雇用労働者と非正規雇用労働者とを区分して管理する雇用システムが、現状の経営環境等に適合した最適解かを検証・確認する契機ととらえるべきです。

1　パート有期法に基づく均等・均衡待遇規定の基本的な考え方

　パート有期法は、短時間・有期雇用労働者の待遇について、就業実態に応じて、通常の労働者の待遇と均等・均衡させること（パート有期法8条、9条）を通じて、短時間・有期雇用労働者の待遇改善を求めていますが、その基本的な考え方は、仕事ぶりや能力が適正に評価され、意欲をもって働けるよう、同一企業・団体におけるいわゆる正規雇用労働者（無期雇用フルタイム労働者）と非正規雇用労働者（有期雇用労働者、パートタイム労働者などの正規雇用労働者でない労働者）の間の不合理な待遇差の解消を通じてどのような雇用形態を選択しても納得が得られる処遇を受けられるようにし、多様な働き方を自由に選択できるようにするというものです。

　正規雇用労働者は、典型的には、①社員が将来、担当し得るさまざまな職務に適応できるよう、コミュニケーション能力や協調性など、学生のポテンシャルや社会的資質を重視した新卒一括採用により採用され、②定年に至るまでの長期的雇用関係に入ることを前提に、③入社後、OJT を中心とした教育訓練を行うとともに、定期的に職務内容や勤務場所を変える人事異動を行い、企業人としての豊富な経験を積ませ、④これに伴い、残業義務・転勤義務などの業務命令権・人事権による拘束を受けるが、⑤その反面、これらの教育と経験の積み重ねによる企業内の職業能力の発展に対応して企業組織内の地位と賃金も上昇し、このようなキャリア発展のなかで、やがて上級管理職への競争過程に入り、さらにその競争で最も成功した者が役員に登用され、経営者になっていくという労働者です。これは、企業組織の中核的労働

力を企業外の労働市場（外部労働市場）から調達するのではなく、企業内で育成・調達・活用していく雇用管理システムといえます。そして、かかるシステムを機能・維持すべく、企業組織の中核的労働力を担う有能な人材に長期に働いてもらい、かつその能力を引き出してもらうためのインセンティブ（誘因）として、生活給、一時金・退職金、福利厚生給付など長期勤務に対応した待遇設計がとられている点においても特色を有しています。

　これに対し、非正規雇用労働者は、正規雇用労働者とは区別されて、長期的なキャリアパスには乗せられず、処遇においても、正規雇用労働者とは区別され、正規雇用労働者より条件面で不利な扱いを受けることが多くみられました。

　それでも、1990年代半ばくらいまでは、非正規雇用労働者の割合は全雇用者の20％程度であり、またその多くは、配置転換や長時間労働などの正規雇用労働者の拘束を回避して任意的に非正規雇用労働者としての就労を選択している場合が多かったので、大きな社会問題となることはありませんでした。

　ところが、その後の日本経済の不況やグローバル競争の進展の中での市場競争の激化や不安定化により、長期雇用を前提とする正規雇用労働者の採用絞り込みが行われ、これに伴い、非正規雇用労働者の割合が急速に増加していきました。非正規雇用労働者の増加に伴い、正規雇用労働者になることを希望するのに正規雇用労働者につくことのできない不本意非正規雇用労働者の割合が増え、格差社会やワーキングプアなどの標語に象徴されるように、非正規雇用労働者の雇用の不安定や処遇の低さが社会問題化してきました。

　近年においても、非正規雇用労働者が全雇用者の４割（平成29年３月時点）を占めるに至っていますが、非正規雇用労働者の処遇は、正規雇用労働者とは区別され、条件面で不利な扱いを受けていることが多いため、若い世代の結婚・出産に影響し少子化の一要因となるとともに、ひとり親家庭の貧困の要因となるなどの社会問題が生じています。また、少子高齢化が進行し、労働力人口が減少する中、能力開発機会の乏しい非正規雇用労働者が増加することは、労働生産性向上の隘路ともなりかねないものでした。

　そこで、正規雇用労働者と非正規雇用労働者の間の不合理な待遇差を解消し、その働きや貢献に見合った待遇とすることにより、多様な働き方の選択

を可能とするとともに、非正規雇用労働者の意欲・能力の向上を通じて、労働生産性の向上を図り、そのことにより企業や経済・社会の発展に寄与させるということが、パート有期法の均等・均衡待遇規定の基本的な考え方です。

2　パート有期法の均等・均衡待遇規定の問題点

　雇用形態を問わず、働きや貢献に見合った処遇体系とすることにより、労働生産性を向上させるというパート有期法の基本的な理念自体は、理解できないものではありませんが、労働生産性をいかにして向上させるかということは、本来は、各企業において検討すべき問題であり、法律で規制することに違和感はあります。

　企業には、営業の自由（憲法22条）や財産権の保障（同法29条）が認められていますから、労働力調達にあたり、保有資本をどのように活用するかということは、企業の裁量事項です。すなわち、事業目的遂行のために、どのような人材を、どの位の期間、雇い入れ、どのような職務を担当させて、どのように活用していくか、そのための適当な人材を調達し、企業につなぎとめておくためには、賃金その他の待遇をどのようなものとすることが相当かということは、保有資本をどのように活用するかということにほかならず、企業の営業の自由に属する事項です。また、いかにして有能な人材を調達し保持するかということは、企業の事業遂行上の重要な経営課題であることはいうまでもありません。

　確かに、単に、契約社員だから、短時間労働者だから、という理由で、処遇を低くするということは、公正さを欠くようにも思われますが、就労を希望する者としても、処遇の低いところでは勤務せず、より高い処遇での求人先を選択することもできるわけですし、少子高齢化の下、労働力人口が減少しているという現状の需給バランスからすれば、何も法律で規制しなくとも、処遇内容については、労働市場（労使合意）での形成にゆだねるという政策判断もあり得ると思います。

　そもそも、契約内容については、当事者の合意により確定されるということ（契約内容の自由）が私的自治の大原則です（労契法6条）。また市場原理からすれば、需要が高い人材であれば、相応の処遇を用意しなければ採用し

たり、長く企業につなぎとめておくことはできない反面、容易に代替性が効く労働力であれば、低い待遇でも調達できてしまうことから、非正規雇用労働者が低い待遇にとどまっているのは、自身の提供する労働力の質（代替性）が一因になっているともいえます。

　また、パート有期法は、働きや貢献を評価する際の要素として、職務の内容、配置変更の範囲をあげていますが、働きや貢献を評価する際の考慮要素は、単に、職務の内容、配置変更の範囲にとどまるものではありません。すなわち、従来の正規雇用労働者のように、潜在能力の高い人材を採用し、時間をかけて教育訓練し、当該企業固有の事業やノウハウに精通させ、企業風土・文化を共有する、企業組織の中核的労働力を担う人材として育成し活用していくために、単に一時点においての担当職務などにとどまらず、過去および将来を含めた長い期間にわたる働きや貢献を踏まえた処遇体系とすることも合理的な人事戦略といえます。

　最後に、今回、非正規雇用労働者の待遇改善ということが求められていますが、その反面として、非正規雇用労働者側においても、待遇改善に見合う労働力の質の向上が求められることになることは強調しておきたいと思います。待遇の改善により意欲が高まることは否定しませんが、労働の質の向上のためには、単に意欲だけではなく、スキルの向上なども必要となるものです。労働者側にはそうした意識が求められることは、強調しておきたいと思います。

3　企業として、パート有期法に基づく均等・均衡待遇規定をどのようにとらえるべきか

　以上のことを踏まえ、企業として、パート有期法に基づく均等・均衡待遇規定をどのようにとらえるべきかということですが、まずは、労働条件をどのようにするかは企業の事業戦略にかかわるものであり、経営裁量事項であること、また労働条件の内容は、労使の合意により確定されるということが原則であることを確認しておく必要があると思います。パート有期法は、正規雇用労働者と非正規雇用労働者との待遇において、あくまでも「不合理な相違」を設けてはならないとするにとどまるものです。ハマキョウレックス

事件最高裁判決❶も、旧労契法20条の「不合理」の意義について、「労働条件が均衡のとれたものであるか否かの判断に当たっては、労使間の交渉や使用者の経営判断を尊重すべき面があることも否定し難い。したがって……『不合理と認められるもの』とは、有期契約労働者と無期契約労働者との労働条件の相違が不合理であると評価することができるものであることをいうと解するのが相当である」と判示しているところです。また、パート有期法においては、待遇の相違の不合理性の判断においては、職務の内容、配置の変更の範囲にとどまらず、その他の事情も考慮要素にあげていますが、その他の事情には、経営判断や労使間の交渉の経過が尊重されることも重要なポイントです。

　しかし、その一方で、パート有期法において示されている、働きや貢献に見合った待遇とすることにより、多様な働き方の選択を可能とするとともに、労働生産性の向上を図るという観点も、重要なことであると思います。これまでの正規雇用労働者と非正規雇用労働者を区分して管理するという雇用システムは、主として高度経済成長期に形成されてきたものです。当然のことながら、現在は、高度経済成長期とでは、事業環境（グローバル化や産業構造の変化など）や社会環境（労働人口の構成の変化、労働者の意識の変化など）が変化しています。そのため、従来の正規雇用労働者と非正規雇用労働者を区分して管理する雇用システムが、現在の事業環境や社会環境に適合しているのか、労働生産性（企業収益）を向上させるための最適解かということは検証しておく必要があると思います。パート有期法は短時間・有期雇用労働者の待遇について規定するにとどまりますが、その背後には、事業環境等に適合した雇用システムのあり方というより大きな経営課題があることを認識しておく必要があると思います。

（緒方彰人）

Q33　パート有期法に基づく均等・均衡待遇規定を踏まえた対応

> 企業は、パート有期法に基づく均等・均衡待遇規定を踏まえ、どのような対応を行うべきでしょうか。

A　社員の待遇内容の現状を確認したうえで、通常の労働者と短時間・有期雇用労働者の待遇の相違の有無と相違の理由を確認し、相違の理由について説明がつかない場合には、短時間・有期雇用労働者の待遇の改善や、短時間・有期雇用労働者の活用方法などを見直すなどの対応を行う必要があります。

1　はじめに

パート有期法を踏まえた対応を検討するために、企業は、まず次のことを行う必要があります。

① パート有期法で定める均等・均衡待遇についての規定内容（仕組み）を理解すること。

② 各類型の社員の待遇内容の現状を確認すること。

③ 通常の労働者と短時間・有期雇用労働者の待遇の相違の有無と相違の理由を確認すること。

④ 相違の理由について説明がつかない場合の対応を検討すること。

以下、順にポイントを述べていきます。

2　均等・均衡待遇についての規定内容（仕組み）（1①）

まず、パート有期法の内容ですが、その中核となる均等・均衡待遇についての規定内容は、次のとおりです。

すなわち、①均等待遇は、職務の内容が通常の労働者と同一で、配置変更の範囲が当該事業主との雇用関係が終了するまでの全期間において通常の労働者と同一である短時間・有期雇用労働者（以下、「通常の労働者と同視すべき短時間・有期雇用労働者」といいます）の待遇について差別的に取扱うことを禁止し、通常の労働者と同じ取扱いとすることを求めるものです（パート

有期法9条)。また、②均衡待遇は、短時間・有期雇用労働者の待遇について、通常の労働者の待遇との間において、職務の内容、配置変更の範囲、その他の事情のうち、待遇の性質・目的に照らして適切と認められるものを考慮して、不合理な相違を設けてはならないとするものです（パート有期法8条)。

　このように、パート有期法は、短時間・有期雇用労働者のうち、「通常の労働者と同視すべき短時間・有期雇用労働者」と、「それ以外の短時間・有期雇用労働者」とに分け、前者については、均等待遇を、後者については均衡待遇を求めるものです。

3　各類型の社員の待遇内容の現状確認（1②)

(1)　待遇内容の現状確認のポイント

　次に、企業の各類型の社員の待遇内容の現状を確認する必要があります。

　上記のように、パート有期法は、短時間・有期雇用労働者について、「通常の労働者と同視すべき短時間・有期雇用労働者」と、「それ以外の短時間・有期雇用労働者」とで、待遇の取扱いに差異を設けていますので、現状を確認するにあたっても、次の手順で確認することが便宜です。

①　通常の労働者と同視すべき短時間・有期雇用労働者の有無の確認

②　通常の労働者の待遇内容の確認

③　短時間・有期雇用労働者の待遇内容の確認

の順で確認することです。

(2)　通常の労働者と同視すべき短時間・有期雇用労働者の有無の確認

　上記のとおり、「通常の労働者と同視すべき短時間・有期雇用労働者」は、通常の労働者と職務内容と配置変更の範囲が同一の短時間・有期雇用労働者のことをいいます。そこで、「通常の労働者と同視すべき短時間・有期雇用労働者」の有無の確認は、①通常の労働者の職務内容と配置変更の範囲と②短時間・有期雇用労働者の職務内容と配置変更の範囲を確認し、③①②を比較して「通常の労働者と同視すべき短時間・有期雇用労働者」の有無を確認するという方法が便宜と思われます。

　まず、①についてですが、「通常の労働者」には、正規型の労働者と無期

雇用フルタイム労働者が含まれます。そのため、通常の労働者の中にも、職務内容と配置変更の範囲が違う場合があると思いますが、その場合は、通常の労働者を、職務内容と配置変更の範囲に応じて類型化する必要があります。こうして各類型の通常の労働者の職務内容と配置変更の範囲を整理します。

　次に、②についてですが、短時間・有期雇用労働者についても、職務内容と配置変更の範囲が違う場合があると思いますので、その場合には、短時間・有期雇用労働者を職務内容と配置変更の範囲に応じて、類型化する必要があります。

　そのうえで、③①②を比較して、短時間・有期雇用労働者のうち、「通常の労働者と同視すべき短時間・有期雇用労働者」の有無を確認します。

　なお、通常の労働者の中にも、職務内容と配置変更の範囲が違う類型の労働者がいる場合、ある類型の通常の労働者との関係では、「通常の労働者と同視すべき短時間・有期雇用労働者」にあたるものの、他の類型の通常の労働者との関係では、「それ以外の短時間・有期雇用労働者」にあたるということもあると思います。このときは、「通常の労働者と同視すべき短時間・有期雇用労働者」として、同視される通常の労働者との待遇との関係では均等が、「それ以外の短時間・有期雇用労働者」として、通常の労働者との待遇との関係では均衡が求められることとなります。

(3)　通常の労働者の待遇内容の確認

　次に通常の労働者の待遇内容を確認する必要があります。この際、次の点に留意する必要があります。

　まず、①通常の労働者の類型の確認です。上記のとおり、パート有期法は、「通常の労働者と同視すべき短時間・有期雇用労働者」と「それ以外の短時間・有期雇用労働者」とで、待遇の取扱いに差異を設けていますので、通常の労働者の中にも、職務の内容や配置変更の範囲が違う類型の労働者がいる場合には、この類型に応じて、分類をする必要があります。

　②そのうえで、各類型の通常の労働者の待遇の内容をリスト化し、各待遇の性質や目的、待遇決定の基準とその内容を整理する必要があります。

(4)　短時間・有期雇用労働者の待遇内容の確認

　短時間・有期雇用労働者の待遇内容についても、通常の労働者の場合と同

様、職務の内容と配置変更の範囲が違う類型の労働者がいる場合には、その類型に応じて分類し、各類型の短時間・有期雇用労働者の待遇の内容をリスト化し、各待遇の性質や目的、待遇決定の基準とその内容を整理する必要があります。

4　待遇の相違の有無と相違の理由の確認（1③）

(1)　待遇の相違の有無

上記2および3を踏まえ、通常の労働者と短時間・有期雇用労働者との間で、待遇の相違があるかを確認します。待遇の相違の有無は、各待遇について、①当該待遇の適用があるか否か、②当該待遇の適用があるとして、その待遇の基準において相違があるか否かにより、判断します。

(2)　待遇の相違の理由の検証

次に待遇の相違がある場合は、相違の理由を検証する必要があります。パート有期法は、「通常の労働者と同視すべき短時間・有期雇用労働者」と「それ以外の短時間・有期雇用労働者」とで待遇の取扱いに差異を設けていますので、待遇の相違の理由の検証に際しても、「通常の労働者と同視すべき短時間・有期雇用労働者」と「それ以外の短時間・有期雇用労働者」とに分けて検証する必要があります。

まず、「通常の労働者と同視すべき短時間・有期雇用労働者」の待遇については、原則として、通常の労働者の待遇と同じ取扱いとする必要がありますので（パート有期法9条）、同視される通常の労働者との待遇との間に、相違がある場合には、通常の労働者と同じ取扱いとする必要があります。もっともパート有期法は、「短時間・有期雇用労働者であることを理由」とする差別的取扱いを禁止するものですので、当該相違が短時間・有期雇用労働者であることを理由とするものでない場合（例えば、個々の労働者の意欲、能力、経験、成果などを理由とする相違）は、パート有期法上は違法とはなりません。

次に「それ以外の短時間・有期雇用労働者」の待遇については、待遇の性質・目的に照らして、職務の内容、配置変更の範囲、その他の事情を考慮して、通常の労働者の待遇との相違が不合理なものではないかを検証します。なお、待遇の相違の理由の検証は、個々の待遇ごとに行うことが原則ですが、

ある待遇が他の待遇の有無および内容を踏まえて決定されている場合には、他の待遇の有無および内容も踏まえて、相違の理由を検証することとなります（長澤運輸事件最高裁判決❹）。

5　待遇の相違について説明がつかない場合の対応（1④）

　上記の確認・検証を踏まえ、パート有期法に照らして、短時間・有期雇用労働者の待遇の相違について説明がつかない場合には、その対応を検討する必要がありますが、その方法はいくつか考えられます。

　まずは、①短時間・有期雇用労働者の待遇を是正する方法です。この方法は、最もシンプルですが、通常は、短時間・有期雇用労働者の待遇を改善することになりますので、その原資をどのように調達するかという問題があります。

　次に、②短時間・有期雇用労働者の職務内容や活用方法などを変更するという方法です。すなわち、短時間・有期雇用労働者の職務内容や活用方法などを、通常の労働者の待遇との間の相違に応じたものにするというものです。

　さらに③少し大がかりとなりますが、通常の労働者と短時間・有期雇用労働者の処遇体系を全体的に見直すという方法も考えられます。雇用契約期間や労働時間という雇用形態の違いを問わず、働きや貢献に見合った処遇体系に全体的に組みかえるというものです。

（緒方彰人）

② パート有期法要件論

Q34　パート有期法8条の「通常の労働者」とは

> パート有期法8条には、短時間・有期雇用労働者の基本給、賞与その他の待遇のそれぞれについて、通常の労働者の待遇との間において、業務の内容および当該業務に伴う責任の程度（職務の内容）、当該職務の内容および配置の変更の範囲その他の事情のうち、当該待遇の性質および当該待遇を行う目的に照らして適切と認められるものを考慮して、不合理と認められる相違を設けてはならない、と規定されています。短時間労働者あるいは有期雇用労働者の比較対象となる「通常の労働者」とはどのような労働者ですか。

A　「通常の労働者」とは、原則として、同一の事業主に雇用されるすべての正社員を指すことになりますが、裁判例によっては、正社員の一部と有期雇用労働者を比較したものもあります。

1　「通常の労働者」の意義

　比較対象となる通常の労働者に関し、旧パート労働法8条では「当該事業所に雇用される通常の労働者」とされ、旧労契法20条では「同一の使用者と期間の定めのない労働契約を締結している労働者」とされていました。

　これに対し、パート有期法8条では「通常の労働者」との文言が用いられるようになり、同一の事業主に雇用されるすべての正社員（無期雇用フルタイム労働者）を指すこととなります。これは最近では、例えば、パート社員が店長として店舗運営して、正社員がいないこともありますので、事業主を単位とする通常の労働者とされたものです。

　通達（平31・1・30）では、「通常の労働者」とは、社会通念に従い、比較の時点で当該事業主において「通常」と判断される労働者を意味するとしています。ここでの「通常」の概念は、就業形態が多様化している中で、いわゆる「正規型」の労働者が事業所や特定の業務には存在しない場合も出てき

ているので、ケースに応じて個別に判断することとなります。具体的には「通常の労働者」とは、いわゆる正規型の労働者および事業主と期間の定めのない労働契約を締結しているフルタイム労働者（無期雇用フルタイム労働者）をいうものとされます。

　また、「通常」の判断については業務の種類ごとに行うものとされます。この場合において、いわゆる正規型の労働者とは労働契約の期間の定めがないことを前提として、社会通念に従い、当該労働者の雇用形態、賃金体系等（例えば、長期雇用を前提とした待遇を受けるものであるか、賃金の主たる部分の支給形態、賞与、退職金、定期的な昇給または昇格の有無）を総合的に勘案して判断するものとされます。

2　裁判例における議論

　旧労契法20条においては、有期契約労働者の労働条件と比較すべき対象は、無期契約労働者としか規定されていませんでしたが、実際には、同じ使用者の下においても、異なる労働条件の無期契約労働者がいるケースがあり、どの無期契約労働者と比較すべきかについて、争点となることがありました。この点については、ハマキョウレックス事件や長澤運輸事件の最高裁判決⓱⓴においては判断されておらず、司法上の明確な基準は示されていなかったため、事案によって、さまざまな判断が示されていました。

　日本郵便（時給制契約社員ら）事件高裁判決❷においては、旧人事制度の下では、労働者側が主張する一般職の一部の正社員ではなく、一般職全体と比較すると判断しましたが、新人事制度によってコース別制度が採用された後は、コースごとに昇格昇任や配置転換等において大きな差異を有することを理由に、担当業務や移動等の範囲が契約社員と類似する新一般職を対象とすると判断しました（日本郵便（非正規格差）事件高裁判決❺でも結論として同様の判断に至っています）。両事件の最高裁判決❶❹では、この点には特に触れず、上記判断がそのまま確定しています。これに対し、大阪医科薬科大学事件の最高裁判決❿では、明確な基準としては示していませんが、「第1審原告により比較の対象とされた」教室事務員である正職員という表現が用いられています。また、メトロコマース事件最高裁判決⓭でも、「第1審原告

らにより比較の対象とされた」売店業務に従事する正社員という表現を用い
ています。

3　検　討

　パート有期法8条の「通常の労働者」とは、ある特定の一時点における待
遇だけをみるのではなく、将来的な人材活用の仕組みも踏まえた、制度全体
を比較対象とすべきであると考えます。定年後再雇用をめぐる訴訟において
は、学究社事件㊾のように定年前の正社員を比較対象としたり、北日本放送
事件㊻のように、項目ごとに比較対象を変更する例がありますが、本来は定
年前の正社員制度全体との関係で比較検討すべきではないかと思われます。
また、上記大阪医科薬科大学事件最高裁判決❿やメトロコマース事件最高裁
判決⓭では、労働者が主張する正社員の一部を比較対象としているようにも
見受けられます。これらの判決は、当該一部の正社員が、他の正社員と職務
内容や配置の変更の範囲が異なっていることを前提としており、その点では、
正社員の一部であっても、他の正社員と異なる職務内容や配置の変更の範囲
がみられる場合には、パート有期法の「通常の労働者」と評価される可能性
があるのではないかと思われます。もっとも、大阪医科薬科大学事件最高裁
判決❿、メトロコマース事件最高裁判決⓭とも、労働者が主張する一部の正
社員と比較する場合でも、当該正社員が、他の正社員と職務内容や職務内
容・配置の変更の範囲に相違が生じている事情について、「その他の事情」
として考慮しています。このことからすると、裁判所としては、原告が主張
する比較対象であれば常にこれを取り上げるとは限らず、ある程度明確に職
務の内容や配置の変更の範囲が、他の社員と明確に切り分けられるカテゴリ
の正社員を比較対象とし、かつ、他の社員と切り分けられている背景事情に
ついては「その他の事情」で考慮するという対応をしているように考えられ
ます。

（増田陳彦・安倍嘉一）

Q35　パート有期法 8 条にいう「職務の内容」とその同一性の判断

> 　パート有期法 8 条にいう職務の内容、つまり業務の内容および当該業務に伴う責任の程度の同一性はどのように判断されるのでしょうか。

A　　「職務の内容」の同一性は、業務の種類の同一性を比較し、次に中核的業務の同一性を比較したうえで、責任の程度として、権限の範囲や役割等の比較で判断されます。

1　職務の内容の意義

　「職務の内容」は、通達（平30・1・30）を踏まえると次のとおりに判断されます。

　まず、「業務」とは、職業上継続して行う仕事であることとされます。

　次に、「責任の程度」は、業務に伴って行使するものとして付与されている権限の範囲・程度等をいうとされます。具体的には授権されている権限の範囲（単独で契約締結可能な金額の範囲、管理する部下の数、決裁権限の範囲等）、業務の成果について求められる役割、トラブル発生時や臨時・緊急時に求められる対応の程度、ノルマ等の成果への期待の程度を指します。

　また、責任の程度を比較する際には、所定外労働も考慮すべき要素の 1 つですが、これについては、例えば、通常の労働者には所定外労働を命じる可能性があり、短時間・有期雇用労働者にはない、といった形式的な判断ではなく、実態として業務に伴う所定外労働が必要となっているかどうか等をみて判断することとされます。例えば、トラブル発生時、臨時・緊急時の対応として、また、納期までに製品を完成させるなど成果を達成するために所定外労働が求められるのかどうかを実態として判断するものとされます。

2　職務の内容が同一であることの判断手順

　職務の内容の同一性は、具体的には以下の手順で比較していくこととなりますが、「職務の内容が同一である」とは個々の作業まで完全に一致していることを求めるものではなく、それぞれの労働者の職務の内容が「実質的に

同一」であることを意味するものとされます。

　したがって、具体的には「業務の内容」が「実質的に同一」であるかどうかを判断し、次いで「責任の程度」が「著しく異なって」いないかを判断するものとされます。

(1)　業務の種類の同一性

　まず、業務の内容が「実質的に同一」であることの判断に先立って、「業務の種類」が同一であるかどうかをチェックします。これは「厚生労働省編職業分類」の細分類を目安として比較し、この時点で異なっていれば、「職務の内容が同一でない」と判断することとなります。

(2)　中核的業務の同一性

　他方、業務の種類が同一であると判断された場合には、次に、比較対象となる通常の労働者および短時間・有期雇用労働者の職務を、業務分担表、職務記述書等により個々の業務に分類し、その中から「中核的業務」といえるものをそれぞれ抽出することとされます。

　「中核的業務」とは、ある労働者に与えられた職務に伴う個々の業務のうち、当該職務を代表する中核的なものを指し、以下の基準に従って総合的に判断します。

　　①　与えられた職務に本質的または不可欠な要素である業務

　　②　その成果が事業に対して大きな影響を与える業務

　　③　労働者本人の職務全体に占める時間的割合・頻度が大きい業務

　通常の労働者と短時間・有期雇用労働者について、抽出した「中核的業務」を比較し、同じであれば、業務の内容は「実質的に同一」と判断することとなります。なお、抽出した「中核的業務」が一見すると異なっている場合には、当該業務に必要とされる知識や技能の水準等も含めて比較したうえで「実質的に同一」といえるかどうかを判断するものとされます。

(3)　責任の程度

　ここまで比較したうえで、業務の内容が「実質的に同一である」と判断された場合には、最後に両者の職務に伴う責任の程度が「著しく異なって」いないかどうかをチェックします。そのチェックにあたっては、「責任の程度」の内容にあたる以下のような項目について比較を行うこととされます。

①　授権されている権限の範囲（単独で契約締結可能な金額の範囲、管理する部下の数、決裁権限の範囲等）

②　業務の成果について求められる役割

③　トラブル発生時や臨時・緊急時に求められる対応の程度

④　ノルマ等の成果への期待の程度

⑤　上記の事項の補助的指標として所定外労働の有無および頻度

　この比較において、例えば、管理する部下の数が 1 人でも違えば、責任の程度が異なる、といった判断をするのではなく、責任の程度の差異が「著しい」といえるものであるかどうかをみるものとされます。

⑷　**まとめ**

　以上の判断手順を経て、「業務の内容」および「責任の程度」の双方について、通常の労働者と短時間・有期雇用労働者とが同一であると判断された場合が、「職務の内容が同一である」こととなります。

　厚生労働省のマニュアル〔業界共通編〕では、判断手順として〈図 1〉を示していますので、参考までに引用しておきます。

（増田陳彦）

〈図 1〉　「職務の内容」が同じか否かの判断手順

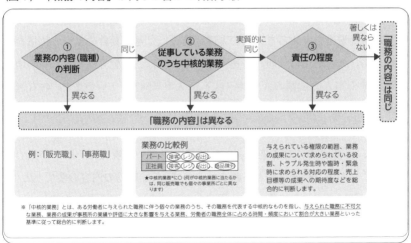

厚生労働省「不合理な待遇差解消のための点検・検討マニュアル〔業界共通編〕」

Q36　パート有期法8条にいう「職務の内容及び配置の変更の範囲」の判断基準

> パート有期法8条にいう「職務の内容及び配置の変更の範囲」はどのように判断されるのでしょうか。

A　パート有期法8条にいう「職務の内容及び配置の変更の範囲」は人材活用の仕組みともいわれますが、1つひとつの職務の内容および配置の変更の態様が同様であることを求めるものではなく、それらの変更が及び得る範囲を画したうえで、その同一性が判断されます。

1　「職務の内容及び配置の変更の範囲」の意義

「職務の内容及び配置の変更の範囲」は、通達（平31・1・30）を踏まえると次のとおりの整理となります。

現在のわが国の雇用システムにおいては、長期的な人材育成を前提として、人材活用の仕組み、運用等に応じて待遇の違いが生じることも合理的であると考えられています。

パート有期法はこのような実態を前提として、人材活用の仕組み、運用等を、均衡待遇を推進するうえでの考慮要素または適用要件の1つと位置づけています。人材活用の仕組み、運用等については、転勤昇進を含むいわゆる人事異動や本人の役割の変化等（以下、「人事異動等」といいます）の有無や範囲を総合判断するものですが、これが法律上の考慮要素として「職務の内容及び配置の変更範囲」と規定されています。

そして、「職務の内容の変更」と「配置の変更」は現実にそれらが生じる際には重複が生じ得るものとされます。つまり、「職務の内容の変更」とは、配置の変更によるものであるか、業務命令によるものであるかを問わず、職務の内容が変更される場合を指します。他方、「配置の変更」とは、人事異動等によるポスト間の移動を指し、結果として職務の内容の変更を伴う場合もあれば、伴わない場合もあります。

それらの変更の「範囲」とは、変更により経験する職務の内容または配置

の広がりを指すとされます。

2　同一性の判断

　職務の内容および配置の変更の範囲の同一性の判断にあたっては、1 つひとつの職務の内容および配置の変更の態様が同様であることを求めるものではなく、それらの変更が及び得ると予定されている範囲を画したうえで、その同一性を判断します。

　例えば、ある事業所において、一部の部門に限っての人事異動等の可能性のある者と、全部門にわたっての人事異動等の可能性がある者とでは、「配置の変更の範囲」が異なることとなり、職務の内容および配置の変更の範囲が同一であるとはいえません。この判断は、実質的な判断となります。

　そして、この同一性を判断するにあたっては、将来にわたる可能性についてもみるものとなります。この見込みについては、事業主の主観によるものではなく、文書や慣行などの客観的な事情によって判断されるものとされます。

　厚生労働省マニュアル〔業界共通編〕では、判断手順として〈図 2〉を示していますので、参考までに引用しておきます。

（増田陳彦）

〈図 2〉　「職務の内容・配置の変更の範囲」が同じか否かの判断手順

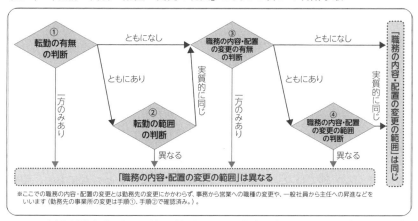

厚生労働省「不合理な待遇差解消のための点検・検討マニュアル〔業界共通編〕」

Q37 パート有期法 8 条にいう「その他の事情」とは

> パート有期法 8 条にいう「その他の事情」としてどのようなことが考慮されるのでしょうか。

A 　職務の成果、能力、経験、合理的な労使の慣行、事業主と労働組合との間の交渉といった労使交渉の経緯、正社員登用制度などの諸事情が「その他の事情」として考慮されます。

1 「その他の事情」の考慮要素

　通達（平31・1・30）では、「その他の事情」は、職務の内容並びに職務の内容および配置の変更の範囲に関連する事情に限定されるものではなく、考慮すべきその他の事情があるときに考慮すべきものとされます。

　具体例としては、職務の成果、能力、経験、合理的な労使の慣行、事業主と労働組合との間の交渉といった労使交渉の経緯などの諸事情が「その他の事情」として想定されるものとされます。

　定年後の再雇用であることもその他の事情になり、長澤運輸事件最高裁判決❹でもその他の事情として考慮されています。この定年後再雇用に関し、同一労働同一賃金ガイドラインにおいて「有期雇用労働者が定年に達した後に継続雇用された者であることは、通常の労働者と当該有期雇用労働者との間の待遇の相違が不合理と認められるか否かを判断するに当たり、短時間・有期雇用労働法第 8 条のその他の事情として考慮される事情に当たりうる。定年に達した後に有期雇用労働者として継続雇用する場合の待遇について、様々な事情が総合的に考慮されて、通常の労働者と当該有期雇用労働者との間の待遇の相違が不合理と認められるか否かが判断されるものと考えられる。したがって、当該有期雇用労働者が定年に達した後に継続雇用された者であることのみをもって、直ちに通常の労働者と当該有期雇用労働者との間の待遇の相違が不合理ではないと認められるものではない」とされており、留意が必要です。

　大阪医科薬科大学事件最高裁判決❿およびメトロコマース事件最高裁判決

❸においては、それぞれ、労働者が比較対象として主張した「教室事務員である正職員」「売店業務に従事する正社員」が、他の正社員と同一の雇用管理の区分に属するものとして同じ就業規則等により同一の労働条件の適用を受けていたことや、上記比較対象の正職員（正社員）が他の多数の正社員と職務の内容および配置の変更の範囲を異にしていた原因となる事情について、その他の事情として考慮することを認めました。

　さらに、大阪医科薬科大学事件最高裁判決❿およびメトロコマース事件最高裁判決❸では、正職員（正社員）への登用制度が用意されていたことも、その他の事情として考慮されています。

2　待遇の相違の内容・理由に関する説明

　ところで、パート有期法14条2項に基づく待遇の相違の内容およびその理由に関する説明については労使交渉の前提になり得るものであり、事業主が十分な説明をせず、その後の労使交渉においても十分な話合いがなされず、労使間で紛争となる場合があると考えられます。通達（平31・1・30）では、「その他の事情」に労使交渉の経緯が含まれると解されることを考えると、このように待遇の相違の内容等について十分な説明をしなかったと認められる場合には、その事実も「その他の事情」に含まれ、不合理性を基礎づける事情として考慮され得るとされます。

（増田陳彦）

Q38　パート有期法 8 条にいう待遇の性質・目的の内容

パート有期法 8 条には、「当該待遇の性質及び当該待遇を行う目的に
照らして適切と認められるものを考慮」するという文言が加わっていま
すが、旧労契法20条とはどのような違いがあるのでしょうか。

A　旧労契法20条においても、裁判例においては、個々の待遇ごとに、
その性質・目的を考慮したうえで不合理か否かが判断されていまし
たが、パート有期法において、その点が明確になったということになり、そ
の意味で大きな違いはないと思われます。なお、個々の待遇だけでない待遇
全体からの比較等、その他の考慮要素が否定されているわけではないことは
留意する必要があります。

1　旧労契法20条における議論

パート有期法 8 条には、有期雇用労働者と無期雇用労働者の待遇の相違が
不合理であるかどうかを判断するために、「当該待遇の性質及び当該待遇を
行う目的に照らして適切と認められるものを考慮」することが規定されてい
ます。これは、今回の法改正によって新たに設けられた文言です。

旧労契法20条が争点となっていた訴訟においては、労働条件を分けず、待
遇全体（賃金総額）から不合理性を検討すべきなのか、それとも、基本給、
役職手当、住宅手当、通勤手当といった待遇ごとに分けて検討すべきなのか、
という点について、議論がありました。これについて、長澤運輸事件最高裁
判決❹は、「労働者の賃金が複数の賃金項目から構成されている場合、個々
の賃金項目に係る賃金は、通常、賃金項目ごとに、その趣旨を異にするもの
であるということができる。そして、有期契約労働者と無期契約労働者との
賃金項目に係る労働条件の相違が不合理と認められるものであるか否かを判
断するに当たっては、当該賃金項目の趣旨により、その考慮すべき事情や考
慮の仕方も異なり得る」と判示し、その結果、有期契約労働者と無期契約労
働者の「賃金の総額を比較することのみによるのではなく、当該賃金項目の
趣旨を個別に考慮すべき……である」と判断しました。この判断は、その後

の最高裁判決によっても基本的に踏襲されていると考えられます。

　パート有期法 8 条に待遇の性質や目的を考慮要素とすることが明記されたのは、裁判所の考え方と同様に、待遇差が不合理と認められるか否かの判断は、原則として、個々の待遇ごとに、当該待遇の性質および当該待遇を行う目的に照らして適切と認められる考慮要素で判断されるべき旨を明確化したものとされています（通達（平31・1・30）第 3 の 3 参照）。なお、上記の長澤運輸事件の判決❹においては、「賃金の総額を比較することのみによるのではなく」と判示しており、総額による比較が考慮要素になることを否定したわけではないことは注意が必要です。

2　規定の意義

(1)　待遇の性質および目的の整理

　しかし、就業規則や賃金規程には、各待遇の内容は規定されていますが、趣旨や目的まで規定していることは稀です。そのため、待遇の性質や目的は、個々の賃金制度や待遇の内容から、その趣旨を個別に検討する必要があります。また、同じ名称の手当であっても、その内容は企業ごとに違うのが通常です。したがって、例えば、住宅手当のように、他の裁判で争点となった手当と同じ名称の手当が存在していたとしても、規定の内容によっては、裁判で認定された趣旨とは異なる趣旨と判断される可能性があります。

　なお、パート有期法14条 2 項は、事業主に、雇用する短時間・有期雇用労働者から求めがあったときは、当該短時間・有期雇用労働者と通常の労働者との間の待遇の相違の内容および理由を説明する義務を課しています。こうした理由を説明できるようにしておくためにも、各企業においては、それぞれの待遇の趣旨や目的がどこにあるのか、また無期雇用労働者と有期雇用労働者の待遇との間に相違が存在する理由が何なのか、予め整理しておく必要があります。

(2)　「適切と認められるものを考慮」

　パート有期法 8 条は、「業務の内容及び当該業務に伴う責任の程度（以下「職務の内容」という。）、当該職務の内容及び配置の変更の範囲その他の事情のうち、当該待遇の性質及び当該待遇を行う目的に照らして適切と認められ

るものを考慮」すると規定しています。この規定からすると、職務の内容、職務の内容および配置の変更の範囲、その他の事情といった要素のすべてを考慮するのではなく、性質や目的に応じて、一部の要素をピックアップして考慮する、ということを指しているようにも読めます。

　実際に、同一労働同一賃金ガイドライン第3の2は、例えば、業務の危険度または作業環境に応じて支給される特殊作業手当については、「同一の危険度又は作業環境の業務」であるかどうかという「業務の内容」を考慮要素とし、その場合に通常の労働者と同一の手当を支給しなければならないと記載するなど、上記の要素の一部をピックアップし、その一部が同じであれば、同一の待遇をするという考え方をとっているように見受けられます。

　しかし、パート有期法8条の規定を前提としても、他の要素を総合的に判断することは可能と考えられます。したがって、同じ業務内容に従事していても、責任の範囲や職務の内容および配置の変更の範囲、その他の事情を考慮して、通常の労働者と有期契約労働者の待遇に（不合理とならない程度の）相違を設けることは、認められる場合があると考えられ、その点において、旧労契法20条における議論は、パート有期法8条の議論をする際にも、参考になるものと考えられます。

(3)　将来の役割期待による相違

　さらに、同一労働同一賃金ガイドライン第3の1（注）においては、賃金の決定基準・ルールの相違があるときに、「通常の労働者と短時間・有期雇用労働者との間で将来の役割期待が異なるため、賃金の決定基準・ルールが異なる」等の主観的または抽象的な説明では足りないと記載されています。

　しかし、一般的に、有期契約労働者は、契約期間が短期間であるため、将来的に権限の広い業務や責任の重い業務を行うことが想定されていない一方で、無期契約労働者は、長期的に雇用することが前提とされているため、最初は有期契約労働者と同様の限られた業務や責任の軽い業務に従事していたとしても、将来的に権限が広く、責任の重い業務に従事することが予定されているのが実態であり、そのことを理由として待遇に相違が生じることが、直ちに不合理であるとは思えません。例えば、採用プロセス、評価制度、研修の内容といった、責任が重い立場につくことを前提にした具体的な制度の

違いや、実際に昇進していく者の割合等によって、客観的・具体的な将来の役割期待の違いを説明することも可能な場合もあると思われますし、そのような場合には、将来の役割期待を理由とした待遇の相違も許容され得るのではないかと考えます。大阪医科薬科大学事件最高裁判決❿では賞与について、メトロコマース事件最高裁判決⓭では、退職金について、「正職員としての職務を遂行し得る人材の確保やその定着を図るなどの目的」で支給されることを認めており、正社員としての役割期待から、その長期雇用のインセンティブとしてこうした待遇を行うことを認めています。また、日本郵便（時給制契約社員ら）事件最高裁判決❶では病気休暇について、「正社員が長期にわたり継続して勤務することが期待されることから、その生活保障を図り、私傷病の療養に専念させることを通じて、その継続的な雇用を確保するという目的」であると、日本郵便（非正規格差）事件最高裁判決❹では扶養手当について、「正社員が長期にわたり継続して勤務することが期待されることから、その生活保障や福利厚生を図り、扶養親族のある者の生活設計等を容易にさせることを通じて、その継続的な雇用を確保するという目的」であるとしたうえで、こうした手当等を支給することは、使用者の経営判断として尊重し得ると判示しており、一定の範囲で、将来の役割期待、能力を有する人材の定着確保のために、正社員に対して有期契約労働者よりも優遇した待遇を付与することも認めたものと考えられます。

（安倍嘉一）

Q39　パート有期法 8 条の「不合理と認められる相違」の意味

> 　パート有期法 8 条は、通常の労働者の待遇と短時間・有期雇用労働者の待遇の間に「不合理と認められる相違」を設けることを禁止していますが、どのような場合に「不合理と認められる相違」と判断されるのでしょうか。

A　パート有期法 8 条は均衡待遇規定であり、相違があれば直ちに違法となるわけではありません。なお、訴訟においては、労働者が不合理との評価を基礎づける事実を、使用者が、不合理であるとの評価を妨げる事実をそれぞれ主張立証することになります。

1　「不合理」の意味

　旧労契法20条は、労働条件の相違が「不合理と認められるものであってはならない」と規定され、パート有期法 8 条は、「不合理と認められる相違を設けてはならない」と規定されています。この「不合理」の意味については、議論の対立がありました。

　すなわち、学説においては、労使合意の結果としての労働協約、就業規則、個別契約における有期契約労働者の労働条件が、無期契約労働者の労働条件に比べ、旧労契法20条の趣旨に照らして法的に否認すべき内容ないし程度で不公正に低いものであってはならないとの意味と解されると主張する有力な見解もみられました（菅野和夫『労働法〔第11版補訂版〕』337頁～338頁）。これに対し、同一労働同一賃金の立法趣旨に照らし、「不合理と認めるものであってはならない」とは、「合理的と認められる」ことまでが必要であり、使用者が合理性を説明できないのであれば違法と判断されるべきといった主張もみられました（長澤運輸第 1 審判決㊷における原告側の主張等）。厚生労働省の通達（平24・8・10）は、旧労契法20条の不合理について、「有期契約労働者と無期契約労働者との間で労働条件の相違があれば直ちに不合理とされるものではなく、法第20条に列挙されている要素を考慮して『期間の定めがあること』を理由とした不合理な労働条件の相違と認められる場合を禁止す

るもの」と説明しており、有期契約労働者と無期契約労働者の間の労働条件の相違の存在をすべて否定するものではないと記載し、どちらかというと前者に近い見解でした。

　この問題について、ハマキョウレックス事件最高裁判決❶は、同条は「労働条件の相違が不合理と評価されるか否かを問題とするもの」としたうえで、同条が「職務の内容等が異なる場合であっても、その違いを考慮して両者の労働条件が均衡のとれたものであることを求める規定である」と判示し、通達の記載と同じ判断をしています。通達（平31・1・30）第3の3も、前記通達（平24・8・10）第5の6を踏襲し、均衡待遇を定めた規定であることを明記しました。

2　立証責任の所在

　この「不合理」の意味をめぐっては、旧労契法20条の訴訟において、「不合理性」の立証責任を労使のどちらが負うのか、という問題もありました。すなわち、合理性まで必要とする場合は、使用者が当該賃金制度の合理性を主張立証することになり、不合理であった場合にのみ無効となるという立場であれば、労働者が制度が不合理であると主張立証しなければならないというわけです。

　しかし、「不合理」か否かという要件は、いわゆる規範的な要件であり、その評価を基礎づける事実（評価根拠事実）については、労働者が、その評価を否定する事実（評価障害事実）については、使用者が負うと考えるのが自然です。前掲ハマキョウレックス事件最高裁判決❶も、「両者の労働条件の相違が不合理であるか否かの判断は規範的評価を伴うものであるから、当該相違が不合理であるとの評価を基礎付ける事実については当該相違が同条に違反することを主張する者が、当該相違が不合理であるとの評価を妨げる事実については当該相違が同条に違反することを争う者が、それぞれ主張立証責任を負う」と、主張立証責任が労使双方にあると判断しました。この考え方は、パート有期法8条においても妥当するものと考えられます。

（安倍嘉一）

③　パート有期法8条効果論

Q40　パート有期法8条違反の効果

> 　短時間労働者あるいは有期雇用労働者の待遇と通常の労働者の待遇の相違が不合理と判断され、パート有期法8条に違反した場合、どのような効果が生じるのでしょうか。通常の労働者の待遇になるのでしょうか。

A　待遇の相違がパート有期法8条に違反し、無効と判断されたとしても、直ちに通常の労働者と同じ待遇が認められるわけではありません。もっとも、過去の不合理な待遇に対して、不法行為に基づく損害賠償請求が認められる可能性があります。

1　不合理の意味

　ハマキョウレックス事件最高裁判決❶は、旧労契法20条は「労働条件の相違が不合理と評価されるか否かを問題とするもの」としたうえで、同条が「職務の内容等が異なる場合であっても、その違いを考慮して両者の労働条件が均衡のとれたものであることを求める規定である」と判示しています。また、同判決は、「両者の労働条件の相違が不合理であるか否かの判断は規範的評価を伴うものであるから、当該相違が不合理であるとの評価を基礎付ける事実については当該相違が同条に違反することを主張する者が、当該相違が不合理であるとの評価を妨げる事実については当該相違が同条に違反することを争う者が、それぞれ主張立証責任を負う」と、主張立証責任が労使双方にあると判断しました。この考え方は、パート有期法8条においても妥当するものと考えられます。

2　不合理と判断された場合の効果

　労働条件が旧労契法20条に違反して不合理であると判断された場合の効果については、以前は、相違が不合理と判断されれば、有期雇用労働者の労働条件が、当然に無期雇用労働者の労働条件と同じになる効力（補充的効力）

を有するとする見解もありましたが、ハマキョウレックス事件最高裁判決❶
は、有期労働契約のうち旧労契法20条に違反する労働条件は無効と解しつつ
も、同条が均衡処遇を求める規定であることや、文言上も無期契約労働者の
労働条件と同一のものとなる旨を定めていないとして、補充的効力を否定し
ました。

3　損害賠償請求

　旧労契法20条に違反し、労働条件が無効と判断された場合の効果について、
これまでの裁判例は、不法行為の成立を認め、旧労契法20条が施行された平
成25年 4 月 1 日以降、改善をしてこなかった使用者に対し、損害賠償責任を
負わせています（前掲ハマキョウレックス事件最高裁判決❶等。Q41参照）。

4　行政指導

　新たに成立したパート有期法 8 条においても、不合理と判断された場合の
効力については、基本的に前述したものと同様に考えることになると思われ
ます。もっとも、パート有期法は、旧労契法20条とは異なる効果も有してい
ます。すなわち、パート有期法18条は、短時間・有期雇用労働者の雇用管理
の改善等を図るため必要があると認めるときは、事業主に対して報告を求め、
または助言、指導もしくは勧告をすることができ、勧告に従わない場合には、
企業名を公表することもできると規定しています。旧労契法20条は、労働契
約に関する規定であり、あくまでも労使間の合意の問題にとどまっていたの
ですが、パート有期法が成立したことによって、同一労働同一賃金の問題が、
単なる労使の問題だけにとどまらず、行政上の措置が適用される可能性が生
じたことになります。労働条件は労使の合意によって成立するという本来の
姿からすれば、こうした行政や司法による労働条件に関する関与には違和感
を覚えますし、通達（平成31・1・30）も、パート有期法 8 条については、同
条に違反することが明確な場合を除き、法18条に基づく助言、指導および勧
告の対象とはしないとしていますが、今後は、不合理な相違があった場合、
是正勧告や指導がなされる可能性がありますので、対応に留意する必要があ
ります。

（安倍嘉一）

Q41　パート有期法 8 条違反と判断された場合の不法行為に基づく損害賠償責任

> 　短時間労働者あるいは有期雇用労働者の待遇と通常の労働者の待遇の相違が不合理と判断されパート有期法 8 条に違反した場合、使用者にはどのような負担が生じることになるのでしょうか。

A　裁判例では、待遇の相違が不合理と判断された場合には、不法行為に基づく損害賠償責任が認められています。また、損害額としては、正社員と有期雇用労働者の労働条件の相違の全額を損害と評価しているものが多いですが、今後の制度設計に際し、正社員と短時間労働者・有期雇用労働者の待遇を同一にしなければならないわけではないと考えられます。

1　不法行為に基づく損害賠償責任

　旧労契法20条やパート有期法 8 条に違反していると判断された場合には、不法行為（民法709条）に基づく損害賠償責任が発生するというのが判例の立場です（Q40参照）。

　不法行為とは、「故意又は過失によって他人の権利又は法律上保護される利益を侵害した者」に発生するものであり、要件として、少なくとも過失が必要とされています。これに対し、労働条件や待遇は、もともと労使の合意によって成立していたもので、労使ともに適法なものとして取り扱っていたはずです。それにもかかわらず、旧労契法20条が制定されたことによって、直ちに改正しないことに過失が認められるのでしょうか。

2　過失の認定

　過失の認定について、ハマキョウレックス事件最高裁判決⑰では特段の言及はありませんでしたが、長澤運輸事件最高裁判決⑩においては、使用者が、労働組合との団体交渉において、嘱託乗務員の労働条件の改善を求められていたという経緯を理由に過失を認定していました。

　その後も不法行為の成否を判断するに際し、過失を認めるケースは増えて

きています。その過失を認める根拠は、以下のようなものです。

(1)　労働組合からの待遇改善要求

多くの裁判例では、過失の有無において、旧労契法20条の施行前後より、労働組合から改善要求が出されていたことをあげています（日本郵便（時給制契約社員ら）事件控訴審判決❷、日本郵便（非正規格差）事件控訴審判決❺、ハマキョウレックス事件差戻後控訴審判決⓰等）。また、メトロコマース事件控訴審判決⓮では、公布日から施行日まで7カ月以上の期間があり、就業規則等の是正整備のため検討したり、労働組合と交渉することができたという点も、過失の考慮要素としてあげています。しかし、労働組合からの要求は1つの主張にすぎず、そのことをもって直ちに不合理であることが予見できたとする裁判例の立場には、疑問があります。

(2)　確立した判例や学説が存在しないことについて

最近の最高裁判決を踏まえても、個々の事案において、待遇や労働条件についてどのように考えるべきか、一義的に明らかになっているとはいえず、学説も多岐にわたっています。こうした中で、使用者が特定の労働条件を不合理と判断することは、そもそも無理がある（予見可能性がない）ようにも思われます。しかし、日本郵便（時給制契約社員ら）事件控訴審判決❷は、不法行為の法的評価は使用者が自らの責任で行うべきであり、確立した判例や学説が存在しないことのみでは過失は否定されないと判示しています。また、大阪医科薬科大学事件控訴審判決⓫は、特定の労働条件について、不合理ではないと明言した裁判例がないことを理由の一つとして述べており、判例や学説が不明確な状況は、過失の判断をするに際して、あまり考慮されていないようです。

3　損害額

不法行為が成立した場合、その場合の損害額はいくらとなるのでしょうか。この点、ハマキョウレックス事件最高裁判決⓱は、特に理由を示すことなく、無期契約労働者と有期契約労働者の労働条件の相違による差額全額について、損害と認めています。しかしながら、旧労契法20条やパート有期法8条は、相違があることをもって直ちに不合理と判断されるものではなく、不合理で

はないと判断される相違は許容されています（Q39参照）。そうであれば、不法行為の損害としても、差額の全額ではなく、一定割合を損害と認めるのが合理的ではないかと考えられます。しかし、日本郵便（時給制契約社員ら）事件控訴審判決❷や、日本郵便（非正規格差）事件控訴審判決❺は、正社員であれば支給された金額との差額全額を損害額として評価しているようです（このうち、最高裁で取り上げられなかった労働条件については、その判断が確定しています）。もっとも、これはあくまでも不法行為法上、損害をどのように評価するか、という問題であり、不合理と判断された手当について、常に正社員と同じ内容を支給しなければならないわけではないと思われます（上記日本郵便（時給制契約社員ら）事件控訴審判決❷でも、不法行為に基づく各手当金等相当額の損害賠償請求権と補充的効力を前提とする労働契約に基づく各手当金支払請求権とは法律構成を異にすると判示しています）。

　以上から考えれば、最高裁としては、不合理と判断された場合の「損害額」については、差額の全額と評価するものの、不合理であると判断した労働条件について、正社員と同一と変更することまでを求めているのではなく（同一であるとすると、補充効を認めたのと同じになってしまいます）、どの程度の相違を設けるのかについては、本来の労働条件の決定方法である、労使の合意に委ねているという見方もできるのではないかと思われます。

（安倍嘉一）

4　個別待遇論

Q42　基本給の差異は不合理な相違か

> 当社では、正社員と短時間・有期雇用労働者の職務内容、職務内容および配置の変更の範囲が異なります。両者の基本給に差異がありますが、これが不合理と判断されることがありますか。

A　短時間・有期雇用労働者の勤続期間や基本給の差異の大きさによっては、不合理と判断される可能性がないとはいえませんが、基本的には不合理とはいえないと考えられます。

1　基本給の性質

　基本給は、企業における賃金制度の根幹をなすものです。その内容も、企業によって考え方はさまざまですし、旧労契法20条やパート有期法8条との関係でいえば、業務の内容と責任（職務内容）の範囲並びに職務内容および配置の変更の範囲その他の事情といった条文上の要素が不合理性の判断に影響する度合いが強い賃金といえます。

2　同一労働同一賃金ガイドラインの考え方

　この点、同一労働同一賃金ガイドライン第3の1においては、基本給について、①能力や経験に応じて支給するもの、②業績または成果に応じて支給するもの、③勤続年数に応じて支給するものというように、その要素ごとに個別に検討しています。ここでの基本的な考え方は、同じ能力・経験や業績・成果、勤続年数等に対しては同じ賃金を、違う場合には違いに応じた賃金を支給すべきとするものです。

　しかし、正社員の基本給は、本来、定年まで長期にわたって勤務し続けてもらうことを前提に、さまざまな事情を考慮し長期的な視野に立って構築されてきたものであり、一義的に判断できるものばかりではないと思います。そもそも、通常の労働者と短時間・有期雇用労働者は期待される役割も異な

りますので、実際の基本給を、同一労働同一賃金ガイドラインのように簡単に判断するのは難しいと思われます。

3　裁判例における基本給の取扱い

(1)　メトロコマース事件

　同事件第 1 審判決❶❺では、正社員と契約社員の本給について、正社員が長期雇用を前提とした年功的な賃金制度を設け、短期雇用を前提とする有期契約労働者にはこれと異なる賃金体系を設けるという制度設計をすることには一定の合理性があると認めました。そのうえで、契約社員の本給は 1 年目の正社員より高く、3 年目でも同程度で、10年目を比較しても正社員の本給の 8 割は確保されていること、契約社員も毎年昇給があること、契約社員には正社員に支給されない皆勤手当や早番手当の支給もあることから、本給における相違の不合理性を否定しました。

　これに対し同事件控訴審判決❶❹は、契約社員と、売店業務に従事している正社員を比較しましたが、職務内容として、正社員は代務業務やエリアマネージャー業務に従事することがあり得る一方、休憩交替要員にはならず、売店業務以外への配置転換の可能性があること、売店業務に従事する正社員のほうが経験年数が長いにもかかわらず、契約社員は売店業務に従事する正社員の 7 割程度の支給を受けていること、契約社員は皆勤手当や早番手当を受けていること、正社員登用制度により相違を解消できる機会も付与されていること等から、不合理とはいえないと判断しています（同事件最高裁判決❶❸では、基本給に関する判断は行われず、控訴審判決が確定しました）。

(2)　大阪医科薬科大学事件

　同事件第 1 審判決❶❷は、正職員の初任給とアルバイト職員の給与の間に 2 割程度の相違があるとしたうえで、正職員とアルバイト職員の職務の内容や異動の範囲が異なること、正職員は法人内部における多種多様な事務に従事し得る能力を有するかどうかという観点から採用されるのに対し、アルバイト職員は特定の業務が可能かどうかという観点から採用され、正職員の指示を受ける立場にあること、アルバイト職員が正職員に登用される方法もあり、本人の能力や努力で克服可能であることより、不合理性を否定しています。

この裁判例は、そもそも正職員とアルバイト職員において、求めるものが異なっているという根本的な点から判断しているところが特徴的といえます。

同事件控訴審判決⓫は、上記に加え、正職員が、法人全体のあらゆる業務に携わっており多岐にわたるうえ、法人の事業計画の立案・作成等法人全体に影響を及ぼすような重要な施策も含まれ、業務に伴う責任も大きいこと、あらゆる部署への異動の可能性があったのに対し、アルバイト職員の事務は書類のコピーや製本、仕分け等の定型的な業務であり、配置転換は例外的であったこと、さらには正職員は勤続年数に応じた職能給的な賃金、アルバイト職員は特定の簡易な作業に応じた職務給的な賃金としての性格の違いがあることから、約2割の相違は不合理とはいえないと判断しました（同事件最高裁判決⓾も、基本給については取り上げず、控訴審判決が確定しました）。

(3) 産業医科大学事件

同事件第1審判決㉙は、数名の正職員と給与を比較しているところ、いずれも業務内容に相違があったり、幾度か配置転換、課長代理への昇任・昇給の経歴を有し、技師としての資格も有した結果の給与額であることから、旧労契法20条に違反するとは認められないと判断しました。これに対し、同事件控訴審判決㉘は、原審と同様に、正規職員と臨時職員の間に業務の内容および責任の程度に違いがあること、職務の内容および配置の変更の範囲についても相違があると認定したうえで、当該臨時職員が30年以上も雇用されるという採用当時予定していなかった雇用状態が生じた事情はその他の事情として考慮すべきとし、当該臨時職員と同じ学歴の正規職員が主任に昇格する前の賃金水準すら満たさず、基本給に2倍の格差が生じているという相違は不合理であると判断しました。しかし、前述したように、正規職員の賃金は、その時に従事している業務内容に応じて決定されているわけではなく、定年まで長期にわたって勤続し、将来は責任および権限の重い職務につくことを想定して決定されているものですから、同じ業務をしていた当時の正規職員と臨時職員の賃金との間に差が生じたとしても、ただちに不合理と判断されるものではないと思われます。また、控訴審判決㉘は当該臨時職員が長期間雇用されていることを理由としていますが、正規職員の登用試験にも合格せずに同じ業務に従事していた以上、長期間の雇用が直ちに不合理に結びつく

ものではないと思われます。以上からすると、控訴審判決の判断には疑問があります（なお、同判決は、上告されず、そのまま確定しています）。

4　本件について

　上記の裁判例を踏まえれば、本件のように、正社員と短時間・有期雇用労働者の職務内容、職務内容および配置の変更の範囲が異なる場合には、不合理ではないと判断される可能性は高いと考えられます。また、不合理性を判断するに際しては、正社員登用制度のように、相違を解消する方法が存在することが考慮要素の1つとなり得ることも、留意すべきと思います。

（安倍嘉一）

Q43　賞与の不支給は不合理な相違か

当社では、正社員と短時間・有期雇用労働者の職務内容、職務内容および配置の変更の範囲が異なり、賞与は正社員に支給しているものの、短時間・有期雇用労働者には支給していません。これが不合理な相違とされることがありますか。

　不支給が直ちに不合理と判断されるわけではありません。

1　賞与の意義

賞与は、一般的には、夏季賞与と年末賞与の2回に分けて支給されます（会計年度の終わりに期末賞与を支給するケースもあります）。その金額は、会社の業績等を勘案し、ときには労働組合との労使交渉によってその都度決定されますが、業績によっては支給されないこともあります（そのように就業規則等に規定されることも多くみられます）。賞与は、従前は無期契約労働者の正社員には支給するものの、契約社員等の有期契約労働者に対しては支給しないと規定されているケースが多くみられましたが、正社員と同じ事業場で、正社員と同じく企業の指揮命令に従って業務に従事し、企業の業績に貢献しているにもかかわらず、全く支払われないのは不合理であるとして、旧労契法20条違反が争われるようになりました。

2　賞与の趣旨

賞与について、同一労働同一賃金ガイドライン第3の2は、「会社の業績等への労働者の貢献に応じて支給するものについて、通常の労働者と同一の貢献である短時間・有期雇用労働者には、貢献に応じた部分につき、通常の労働者と同一の賞与を支給しなければならない。また、貢献に一定の相違がある場合においては、その相違に応じた賞与を支給しなければならない」と、業績に対する貢献に応じて支給する場合には、その貢献に応じた賞与を支給する必要があると記載しています。しかし、賞与は、実際には、功労報償的

意味だけでなく、生活補填的な意味や将来の労働への意欲向上策としての意味も有していると考えられており（菅野和夫『労働法〔第12版〕』438頁）、貢献の度合いのみから支給の是非を判断することができるものではありません（そもそも貢献の度合い自体、職務内容や職務内容および変更の範囲等が異なる場合に、比較することは容易ではありません）。また、このような趣旨が含まれていることや、賞与額が「基本給の○カ月分」といったように、基本給を基準に算出されるケースもあることからすれば、基本給と同様、職務の内容や職務の内容および配置の変更の範囲その他の事情の違いに直接影響される賃金と考えられます。

　これに対し、短時間・有期雇用労働者の雇用契約においては、その契約期間中の労働に対する対価は、功労報償の趣旨を含めて毎月支給される賃金においてすべて考慮されているというのが通常であると考えられます。それを踏まえれば、短時間・有期雇用労働者に対して賞与を支給する必然性はないと考えるのが自然と思われます。

3　賞与を一部支給している裁判例

　裁判例においては、短時間・有期雇用労働者に対しても、賞与や、中には「寸志」という形でも、多少とも支給しているものがあるケースもみられます。その場合、賞与支給額の相違については不合理ではないと判断されています（メトロコマース事件控訴審判決⓮、ヤマト運輸事件㊴、日本郵便（時給制契約社員ら）事件控訴審判決❷、日本郵便（非正規格差）事件控訴審判決❺、医療法人Ａ会事件㉞、井関松山ファクトリー事件㉔等）。

4　短時間・有期雇用労働者に対する賞与の不支給が不合理ではないとした裁判例

　大阪医科薬科大学事件では、正職員に対しては、おおよそ年間4.6カ月分の賞与がされていたのに対し、アルバイト職員については、就業内規において、賞与は支給しない旨が明記されていました（なお、契約職員に対しては正職員の80%にあたる額の賞与が支給されていました）。

　この相違について、第1審判決⓬は、賞与が「月額賃金を補うものとして

の性質も有している」と生活補填的な意味合いを認め、「賃金の一定割合を賞与として特定の時期にまとめて支給すること」は、長期雇用が想定され、かつ、多種多様な職務内容を担っている正職員の雇用確保等に関するインセンティブとして一定の合理性があるのに対し、アルバイト職員は上記のようなインセンティブが想定できないうえ、雇用期間が一定でないことから、賞与算定期間の設定等が困難であるという事情、さらには透明性や公平感の確保という観点からは完全時給制で労働時間に応じて賃金を支払うほうが合理的であると判示しました。そして、月額賃金と賞与を合わせた年間総支給額において、アルバイト職員が正職員の55％程度の水準であることからすれば、アルバイト職員に対する賞与不支給は不合理とはいえないと判断しています。

　これに対し、控訴審判決❶は、賞与には、労務の対価の後払い、功労報償、生活費の補助、労働者の意欲向上等といった多様な趣旨を含み得るとしたうえで、賞与の支給額が基本給のみに連動し、正職員の年齢や成績、使用者の業績に連動せずに決定していることから、ここでの賞与は賞与算定期間に就労していたことそれ自体に対する対価としての性質を有し、また功労の趣旨も含まれるとし、また有期契約労働者である契約職員にも80％を支給していることなどから、フルタイムのアルバイト職員に対し、賞与を全く支給しないことは不合理であると判断し、正職員の支給基準の60％を下回る支給しかしない場合は不合理な相違にあたると判示しました。

　しかし、最高裁判決❿では、賞与について、「第1審被告の業績に連動するものではなく、算定期間における労務の対価の後払いや一律の功労報償、将来の労働意欲の向上等の趣旨を含むもの」であり、「正職員としての職務を遂行し得る人材の確保やその定着を図るなどの目的」から正職員に賞与を支給したと判断しました。そのうえで、①教室事務員である正職員とアルバイト職員の業務には共通する部分はあるものの、職務内容に一定の相違があること、②教室事務員である正職員には人事異動の可能性があるのにアルバイト職員は原則として業務命令により配置転換されることがなく、職務の内容および配置の変更の範囲にも一定の相違があったこと、③正職員は同一の雇用管理の区分に属するものとして同一の就業規則等の適用を受けており、教室事務員の正職員が他の大多数の正職員と職務の内容および配置の変更の

範囲を異にする特殊な事情があったこと、正職員への登用制度があったことを考慮し、教室事務員である正職員とアルバイト職員である原告の賞与支給に相違があることは不合理とはいえないと判断しました。

5　本件について

　以上のとおり、賞与には多様な趣旨が含まれ得ることや、本件のように、職務内容、職務内容および配置の変更の範囲が異なる場合においては、正社員に賞与が支給され、短時間・有期雇用労働者に賞与が支給されなかったとしても、直ちに不合理と判断されるわけではないと思われます。

（安倍嘉一）

Q44　通勤手当の不支給、精勤手当・皆勤手当の不支給は不合理な相違か

> 　当社の工場は、周辺の徒歩圏内において短時間・有期雇用労働者の募集を行い、入社してもらっています。他方、工場勤務の正社員は徒歩圏外から通勤しており、実費相当額の通勤手当を支払っています。これは不合理な相違とされますか。
>
> 　また、当社では、正社員に支給している精勤手当を短時間・有期雇用労働者には支給していません。これが不合理な相違とされることがありますか。

A 　通勤手当については、交通費の実費の補塡という趣旨から、短時間・有期雇用労働者に対して一律に支給しないなどという相違は不合理であると判断される可能性が高いですが、実費の補塡という趣旨の範囲で考えれば、実費の生じない短時間・有期雇用労働者に通勤手当を支給しなかったとしても、不合理とはいえないと思われます。

　他方、精勤手当については、業務内容が同じであれば不合理と判断される可能性が高いですが、業務内容が異なる等の場合には、不合理ではないと判断される可能性もあると思われます。

1　通勤手当

(1)　旧労契法20条における判断

　通勤手当は、法律上支給が義務づけられているわけではありません。その性質としても、労働者が自らの労務提供のために支出する費用であり、本来であれば、労働者が負担すべき費用といえます（民法485条参照）。その意味では、企業が労働者に対して支給する通勤手当は、福利厚生としての意味合いが比較的強い手当といえます。

　この点、旧労契法20条について、通達（平24・8・10）第5の6は、福利厚生も含め、労働契約の内容になっている一切の待遇が同条の「労働条件」に含まれるとしたうえで、「とりわけ、通勤手当、食堂の利用、安全管理など

について労働条件を相違させることは、職務の内容、当該職務の内容及び配置の変更の範囲その他の事情を考慮して特段の理由がない限り合理的とは認められないと解される」と記載し、原則として通勤手当の待遇の相違は不合理であるとの見解を示しています。

　裁判例においても、ハマキョウレックス事件は、通勤手当の限度額の相違について、1 審判決❿から、通勤手当が交通費の実費の補填であり、本来は職務の内容や当該職務の内容および配置の変更の範囲とは無関係に支給されるものであることを主たる理由として、一貫して不合理であると判断しています。また、九水運輸商事事件❸も、通勤手当を通勤に要する交通費を補填する趣旨であるうえ、出勤率との関係では正社員は 1 カ月に出勤日の半分を超える欠勤があった場合に 1 万円よりも少ない金額が支給される可能性があるにすぎない一方、パート社員は欠勤 2 日以内の場合にのみ通勤手当が支給されるのであって、正社員の出勤率向上のためという使用者の主張も採用できないとしました。

　以上からすれば、通勤手当の支給の有無や限度額について相違を設けることは、裁判において不合理と判断される可能性が高いと思われます。

(2)　同一労働同一賃金ガイドライン

　同一労働同一賃金ガイドライン第 3 の 3(7)においても、短時間・有期雇用労働者に、通常の労働者と同一の通勤手当を支給しなければならないと規定していますが、以下の場合は、通勤手当の支給に相違があっても、不合理とはいえないと判断しています。

① 　A 社においては、本社の採用である労働者に対しては、交通費実費の全額に相当する通勤手当を支給しているが、それぞれの店舗の採用である労働者に対しては、当該店舗の近隣から通うことができる交通費に相当する額に通勤手当の上限を設定して当該上限の額の範囲内で通勤手当を支給しているところ、店舗採用の短時間労働者である X が、その後、本人の都合で通勤手当の上限の額では通うことができないところへ転居してなお通い続けている場合には、当該上限の額の範囲内で通勤手当を支給している。

② 　A 社においては、通勤手当について、所定労働日数が多い（例えば、

週4日以上）通常の労働者および短時間・有期雇用労働者には、月額の定期券の金額に相当する額を支給しているが、所定労働日数が少ない（例えば、週3日以下）または出勤日数が変動する短時間・有期雇用労働者には、日額の交通費に相当する額を支給している。

(3)　本件について

本件については、短時間・有期雇用労働者については、徒歩圏内で募集を行い、入社してもらっているのに対し、正社員については徒歩圏外から通勤し、実費相当額を支給しています。これは、短時間・有期雇用労働者については、交通手段が徒歩であるから実費がゼロであり、支給していないにすぎないため、実費相当額が支給されている正社員と比較しても、また、通勤手当を通勤に要する交通費を補填する趣旨とする裁判例の判断に照らしても、矛盾するものではなく、不合理とは認められないと考えられます。ただし、これはあくまでも実費が発生しないことによる取扱いの相違ですので、短時間・有期雇用労働者について、一律に通勤手当は支給しないといった規定を設けてしまうと、不合理と判断されるリスクが出てくると思われます。

2　精勤手当・皆勤手当の概要

精勤手当や皆勤手当は、法律上支給が義務づけられているわけではなく、その要件や内容も企業によってまちまちですが、一般的には、サボったりせず、休みなく出勤した場合等に支払う手当であることが多いと思われます。以下、同手当をめぐる裁判例、ガイドラインを概観します。

(1)　ハマキョウレックス事件

同事件では、正社員の乗務員が全営業日を出勤したときに限り、皆勤手当として1万円を支給していましたが、契約社員には支給していませんでした。第1審判決❶においては、正社員と契約社員の職務内容の範囲、職務内容および配置の変更の範囲その他の事情から、正社員と契約社員の労働条件の相違が不合理とはいえないとして、皆勤手当について詳細に検討することなく、不合理性を否定しました。

これに対し、控訴審判決⓲は、「皆勤手当は、乗務員が全営業日を出勤したときに支給されるものであり、……精勤に対してインセンティブを付与し

て精勤を奨励する側面があることは否定できず、皆勤手当を正社員のドライバーにだけ支給し、契約社員のドライバーには支給しない扱いをすることの合理性を積極的に肯定することは困難」としつつも、契約社員が全営業日に出勤した場合は、昇給することがあり得るほか、有期労働契約の更新時に時間給の増額の可能性があり得、実際に増額されていることから、不合理性を否定しました。

　しかし、最高裁判決⑰は、皆勤手当の趣旨を、「運送業務を円滑に進めるには実際に出勤するトラック運転手を一定数確保する必要があることから、皆勤を奨励する趣旨で支給されるもの」と位置づけ、同じドライバーである正社員と契約社員の職務内容は異ならないから、職務の内容によって両者に差異が生じるものではないこと、将来の転勤の可能性や中核を担う人材として登用される可能性の有無といった事情によって必要性が異なるとはいえないこと、皆勤を理由に契約社員の給与が昇給したとの事情もうかがわれないことを理由に、皆勤手当の支給の相違は不合理であると判断しました。その後差戻し後の控訴審判決⑯においても、最高裁判決⑰とほぼ同様の内容をもって、不合理であると判断しています。なお、差戻し後の控訴審判決⑯では、使用者は、正社員は新人教育や他の事業所への応援、班長会議への出席等の業務を行う等職務内容の違いを根拠に相違が不合理ではないと主張しましたが、裁判所は、皆勤手当と関連するのは配送業務であり、その他の職務の内容は皆勤手当の趣旨と合理的な関連性があるとはいえないとして、これを否定しています。

(2)　長澤運輸事件

　同事件では、正社員には、所定休日を除いて出勤した者については、精勤手当として5000円が支払われていたのに対し、定年後再雇用の嘱託社員には支給していませんでした。

　この点、第1審判決㊷および控訴審判決㊶では、個々の手当に関する不合理性の判断は行われませんでしたが、最高裁判決㊵は、精勤手当の趣旨を、「支給要件及び内容に照らせば、従業員に対して休日以外は1日も欠かさずに出勤することを奨励する趣旨で支給されるものである」と判示したうえで、「嘱託乗務員と正社員との職務の内容が同一である以上、両者の間で、その

皆勤を奨励する必要性に相違はない」として、精勤手当の支給の相違について不合理であると判断しています。

(3)　井関松山製造所事件

同事件では、正社員のうち、欠勤控除の行われない月給者（事務・技術職）については、精勤手当を支給していませんでしたが、欠勤控除が行われる月給日給者（技能職）が当該月の皆勤者だった場合には、精勤手当を支給し、有期契約労働者である契約社員には支給されていませんでした。

これについて、第1審判決❷は、精勤手当の趣旨を、「月給者に比べて月給日給者の方が欠勤日数の影響で基本給が変動して収入が不安定であるため、かかる状態を軽減する趣旨が含まれる」と判示したうえで、有期契約労働者は時給制であり、欠勤等の時間については当該時間数分の賃金を差し引かれるため、欠勤日数により収入が変動し不安定になる点は月給日給者と変わらないことから、有期契約労働者に精勤手当を支給しないことは不合理であると判断しました（控訴審判決❷も同旨）。

(4)　同一労働同一賃金ガイドライン

以上のように、これまでの裁判例では、精勤手当の目的を踏まえ、その必要性については無期雇用労働者と有期雇用労働者で変わりがないとして、支給に相違を設けることを不合理と判断しています。

同一労働同一賃金ガイドライン第3の3(4)においても、精皆勤手当については、「通常の労働者と業務の内容が同一の短時間・有期雇用労働者には、通常の労働者と同一の精皆勤手当を支給しなければならない」と記載しています。

(5)　本件の考え方

以上のような考え方を前提とすれば、本件においても、精勤手当を短時間・有期雇用労働者に支給していない場合には、不合理と判断される可能性が高いと考えられます。

ただし、上記の裁判例は、いずれも無期雇用労働者と短時間・有期雇用労働者の従事する業務内容がほぼ同一であることが前提となっていましたし、同一労働同一賃金ガイドラインも、業務内容が同一であることが要件となっています。このことからすれば、業務内容が異なる場合には、精勤手当や皆

勤手当の支給に相違があっても、不合理ではないと判断される可能性はあると考えられます。また、業務内容が同一であっても、責任の範囲や配置の変更の範囲が異なる場合に、こうした無期雇用労働者に長期在籍してもらうためのインセンティブとして、より手厚い保護を与えることには、一定の合理性があると考えられます。以上の点からすれば、全く支給しないことは問題としても、無期雇用労働者と有期雇用労働者に支給する精勤手当・皆勤手当の額に一定の相違を設けることは、直ちに違法と判断されるとは限らないのではないかと思われます。

（安倍嘉一）

Q45　住宅手当の不支給は不合理な相違か

> 　正社員に支給している住宅手当を短時間・有期雇用労働者には支給し
> ていません。これは不合理な相違とされますか。

A　短時間・有期雇用労働者については転居を伴う配置転換が予定さ
れていないのに対し、正社員については転居を伴う配置転換が予定
されているため、短時間・有期雇用労働者と比較して住居に要する費用が多
額になり得る場合については、その支給の有無による相違は不合理とは解さ
れません。しかし、正社員も短時間・有期雇用労働者と同様、転居を伴う配
置転換が予定されていない場合には、その相違は不合理と判断されるリスク
があります。

1　住宅手当とは

　住宅手当とは、一般に従業員の住宅に要する費用を補助するものとして支
給される手当をいいます。その支給要件、支給内容は企業によりさまざまで
す。

2　住宅手当支給をめぐる裁判例

(1)　ハマキョウレックス事件

　住宅手当の支給の有無をめぐり、正社員に支給されているものが有期の契
約社員に支給されないのは不合理であるとして争われたハマキョウレックス
事件最高裁判決❶では、契約社員については就業場所の変更が予定されてい
ないのに対し、正社員については、転居を伴う配置転換が予定されているた
め、契約社員と比較して住宅に要する費用が多額となり得るとして、その相
違は不合理であると評価することができるものとはいえないから、旧労契法
20条にいう不合理と認められるものにはあたらない、と判断されています。

(2)　日本郵便事件

　また、日本郵便（時給制契約社員ら）事件高裁判決❷では、転居を伴う可
能性のある配置転換等が予定されていた旧一般職の正社員に対して住宅手当

を支給しているが、転居を伴う配置転換等が予定されていない契約社員に対して同手当を支給しないという労働条件の相違については、不合理とは認められないが、新人事制度において、転居を伴う配置転換等が予定されていない新一般職に対して住宅手当を支給し、契約社員にこれを支給しないという労働条件の相違は不合理であると認められる、と判断されています（日本郵便（非正規格差）事件高裁判決❺）。この住宅手当については、その後、上告❹が不受理となりましたので、この判断が確定しています。

(3)　メトロコマース事件

　メトロコマース事件高裁判決⓮で、東京高裁は、住宅手当が、従業員が実際に住宅費を負担しているか否かを問わず支給されていることから、職務内容等を離れて従業員に対する福利厚生および生活保障の趣旨で支給されるものであり、その手当の名称や扶養家族の有無によって異なる額が支給されていることに照らせば、主として従業員の住宅費を中心とした生活費を補助する趣旨と解するのが相当である、この生活費補助の必要性は職務の内容等によって差異が生じるものではない、正社員であっても転居を必然的に伴う配置転換は想定されていないことから、契約社員に比較して正社員の住宅費が多額になり得るといった事情もない等からかかる相違は旧労契法20条の不合理と認められるものにあたる、と判断しました。この住宅手当については、その後、上告⓭が不受理となりましたので、この判断が確定しています。

(4)　その他の裁判例

　同様に、勤務地の変更を伴う異動が想定されていない無期雇用者に住宅手当を支給し、有期契約労働者には同手当を支給していないことを不合理と認めた井関松山製造所事件地裁判決㉗もあります。

　しかし、他方において、長澤運輸事件最高裁判決㊵では、住宅手当および家族手当について、従業員に対する福利厚生および生活保障の趣旨で支給されるものであるとして、正社員には、定年後再雇用の嘱託乗務員と異なり、幅広い世代の労働者が存在し得るところ、そのような正社員について住宅費および家族を扶養するための生活費を補助することには相応の理由がある、としました。また、北日本放送事件㊻でも、同じく定年後再雇用に関する事案ですが、住宅手当について、その支給要件および内容に照らし、実際に支

出した住宅費用の補助としての意味合いのみならず、正社員に対する福利厚生としての意味合いを有するものと位置づけ、前記長澤運輸事件最高裁判決❹と同様、正社員に住宅費を補助することに相応の理由があるとしました。両判決はいずれも不合理な相違とは認められないとしています。ただ、この両判決はいずれも定年後再雇用である有期雇用の嘱託社員と正社員との労働条件の相違が争われていたものであることに注意を要します。

3　私　見

　住宅手当の趣旨を検討するうえで、前述のメトロコマース事件⓮とともに、長澤運輸事件最高裁判決❹や北日本放送事件⓳は参考になると思います。すなわち、以下に述べるのは私見ではありますが、例えば、メトロコマース事件⓮のように、住宅に要する費用の負担とは関係なく支給されている、あるは扶養家族の有無等によって異なる金額で支給されているような場合は、住宅費を中心とした生活費を補助する趣旨で支給されていると解され、この生活費補助の必要性という点から不合理性の有無を検討することが可能と考えられます。そして、生活費補助の必要性は正社員と短時間・有期雇用労働者との間で職務内容等によって差異が生じない、と解したのが前述のメトロコマース事件⓮の判決ですが、そのように解するのではなく、そのような生活費補助の趣旨としては、家族手当と同様に、生活手当の一種として、長期雇用システム（いわゆる終身雇用制）と年功序列賃金体系の下において家族構成や生活状況が変化し、それによって生活費の負担が増減することを前提として、会社が労働者のみならずその家庭の生活費まで負担することで、有為な人材の獲得、定着を図り、長期にわたって会社に貢献してもらうという効果を期待して支給するものと考え、このような趣旨が妥当しない短時間・有期雇用労働者との間で、不合理な相違にはあたらない、と解することが可能ではないかと考えます。

　また、家族手当（扶養手当）に関する最高裁の判断（日本郵便（非正規社員格差）事件❹。Q46参照）の考え方、すなわち、正社員に対する扶養手当支給を、正社員が長期にわたり継続して勤務することが期待されることから、その生活保障や福利厚生を図り、扶養家族のある者の生活設計等を容易にさ

せることを通じて、その継続的な雇用を確保するという目的によるものと考え、「継続的な勤務が見込まれる」か否かをメルクマールに正社員と有期雇用労働者との間の支給の有無の不合理性を判断するという考え方は、住宅手当においても妥当すると解することもでき、少なくとも「継続的な勤務が見込まれる」（その解釈についてはQ46参照）かどうかも考慮せずに単に生活費補助の必要性は正社員と契約社員とで差異がないとして、住宅手当を有期契約社員労働者に支給しないのは不合理であると考えるのは疑問です。

（三上安雄）

Q46　家族手当の不支給は不合理な相違か

> 　正社員には、家族手当を支給していますが、短時間・有期雇用労働者には支給していません。これは不合理な相違とされますか。

A　家族手当の支給の有無をめぐっては、裁判例において解釈が分かれており、今般、日本郵便（非正規社員格差）事件の最高裁の判断❹が示され、契約社員についても、扶養家族があり、かつ、相応に継続的な勤務が見込まれるのであれば、扶養手当を支給することとした趣旨は妥当するとして、正社員との間に扶養手当に係る労働条件の相違があることは、不合理であると評価しました。ただ、当該事件の特殊性も踏まえての判断と解され、単に短期の雇用を想定しての短時間・有期雇用労働者に対して家族手当を支給しないことは直ちに不合理であると解されないと考えられます。

1　家族手当とは

　家族手当とは、一般に社員が扶養している家族の数などに応じて、企業が主に社員の生活を支援する目的で支給する手当をいいます。扶養手当と呼ぶ企業もあります。

2　家族手当支給をめぐる裁判例

　正社員、有期雇用社員に対する家族手当の支給の有無が不合理な相違にあたるか否かをめぐる裁判例はいくつかみられますが、その結論は分かれています。

(1)　長澤運輸事件最高裁判決❹

　不合理性を否定したものとして、定年後再雇用の嘱託社員の事例として長澤運輸事件最高裁判決❹があります。最高裁は、家族手当は、労働者の提供する労務を金銭的に評価して支給されるものではなく、従業員に対する福利厚生および生活保障の趣旨で支給されるものであるから、使用者がそのような賃金項目の要否や内容を検討するにあたっては、上記の趣旨に照らして、労働者の生活に関する諸事情を考慮することになるものと解される、会社に

おける正社員は、嘱託社員と異なり、幅広い世代の労働者が存在し得るところ、そのような正社員について家族を扶養するための生活費を補助することには相応の理由があるということができる、他方、嘱託乗務員は正社員として勤務した後に定年退職した者であり、老齢厚生年金の支給を受けることが予定され、その報酬比例部分の支給が開始されるまでは会社から調整給が支給されることとなっているものである、として、これらの事情を総合考慮して、嘱託乗務員と正社員との職務内容および変更範囲が同一であるといった事情を踏まえても、支給の有無という労働条件の相違は不合理であると評価できるものとはいえないとして旧労契法20条にいう不合理と認められるものにあたらないと判断しました。この最高裁の判断については、定年後再雇用の嘱託社員と正社員の比較の問題として、上記のような定年後の諸事情も考慮されていることから、事案による特殊な考慮が働いている点があると思われます。

(2)　日本郵便（非正規社員格差）事件高裁判決❺

　通常の有期雇用労働者の事案としては、日本郵便（非正規社員格差）事件高裁判決❺があります。大阪高裁は、家族手当に該当する扶養手当について、家族手当は一般的に生活手当の一種とされ、長期雇用システム（いわゆる終身雇用制）と年功序列賃金体系の下、家族構成や生活状況が変化し、それによって生活費の負担が増減することを前提として、会社が労働者のみならずその過程の生活費まで負担することで、有為な人材の獲得、定着を図り、長期にわたって会社に貢献してもらうという効果を期待して支給されるものと考えられること、扶養手当の歴史的経緯（昭和15年の日華事変の進展に伴う物価高騰に対して、政府職員のうち一部の職員に「臨時家族手当」を支給する制度が創設されたことをきっかけに郵政省でも導入され、第2次世界大戦後の国内経済事情のインフレの進行等の大きな変動に対処するため適用範囲の拡大、支給金額の引上げ等の数次の改正を経て郵政民営化で1審被告に引き継がれた）や支給要件（配偶者、子、親ごとに支給要件・金額が決まっている）等からすれば、1審被告の扶養手当も、上記と同様に長期雇用を前提として基本給を補完する生活手当としての性質、趣旨を有する、これに対して、本件契約社員は、原則として短期雇用を前提とし、必要に応じて柔軟に労働力を補充・確保する

ために雇用されたものであり、賃金も年功賃金体系は採用されておらず、基本的には従事する業務の内容や就業場所等に応じて定められているのであるから、長期雇用を前提とする基本給の補完といった扶養手当の性質および支給の趣旨に沿わないし、本件契約社員についても家族構成や生活状況の変化によって生活費の負担増もあり得るが、基本的には転職等による収入増加で対応することが想定されている、という理由から、正社員と本件契約社員との間の扶養手当の支給の有無の相違は、不合理と認めることはできないと判断しました。

(3)　日本郵便（非正規社員格差）事件最高裁判決❹等

　上記の大阪高裁の判断に対し、最高裁判決❹は、次の理由から、結論として第1審判決❻と同様、正社員と本件契約社員との間の扶養手当の支給の有無の相違は、不合理と認められるものにあたる、と全く正反対の判断を示しました。

　すなわち、「郵便の業務を担当する正社員に対して扶養手当が支給されているのは、上記正社員が長期にわたり継続して勤務することが期待されることから、その生活保障や福利厚生を図り、扶養家族のある者の生活設計等を容易にさせることを通じて、その継続的な雇用を確保するという目的によるものと考えられる。このように継続的な勤務が見込まれる労働者に扶養手当を支給するものとすることは、使用者の経営判断として尊重し得るものと解される。もっとも上記目的に照らせば、本件契約社員についても、扶養家族があり、かつ、相応に継続的な勤務が見込まれるのであれば、扶養手当を支給することとした趣旨は妥当するというべきである。そして、第1審被告においては、本件契約社員は、契約期間が6か月以内又は1年以内とされており、第1審原告らのように有期労働契約の更新を繰り返して勤務する者が存するなど、相応に継続的な勤務が見込まれているといえる。そうすると、前記……のとおり、上記正社員と本件契約社員との間に労働契約法20条所定の職務の内容や当該職務の内容及び配置の変更の範囲その他の事情につき相応の相違があること等を考慮しても、両者の間に扶養手当に係る労働条件の相違があることは、不合理であると評価することができる」との判断を示しました。

　家族手当の支給の有無の相違を不合理であると認めた裁判例として、他に、井関松山製造所事件地裁判決㉗があります。

　さて、上記の日本郵便（非正規社員格差）事件の最高裁判例❹についてどう評価するかですが、第1に、扶養手当支給の趣旨、目的のとらえ方として、会社としては、正社員の基本給を補完するものとして、しかも、正社員として職務を遂行し得る人材の確保やその定着を図り、長期にわたって会社に貢献してもらうという効果を期待して支給するものであるという点が認められず、もっぱら正社員が長期にわたり継続して勤務することが期待されるとして、扶養手当支給の目的が期待される継続勤務の期間にのみ着目されてしまっている点は遺憾です。

　第2に、最高裁が、扶養手当支給の目的に照らせば、本件契約社員についても、扶養家族があり、かつ、相応に継続的な勤務が見込まれるのであれば、扶養手当を支給することとした趣旨は妥当するとし、第1審被告において、本件契約社員は、契約期間が6カ月以内または1年以内とされており、第1審原告らのように有期労働契約の更新を繰り返して勤務する者が存するなど、相応に継続的な勤務が見込まれている、という点は、本件事案の特殊性を踏まえての判断であると考えます。すなわち、本件事案において本件契約社員は、日本郵便という巨大企業（平成25年4月1日現在の正社員数20万1998人、正社員以外の従業員数19万0649人、うち時給制契約社員数16万6983人）の中で、多くの人員を占め、しかも郵便配達等事業の基幹的業務を担っており、正社員と同様、長期雇用が期待され（非正規というよりも組織として必須の常用の人員として組み込まれ）、かつ、実際にも勤続年数が10年を超えるような契約更新が重ねられているものです。したがって、上記のような本件事案の特殊性から本件契約社員が「相応に継続的な勤務が見込まれている」と判断されたものであり、単に契約の更新の事実だけから「相応に継続的な勤務が見込まれている」と判断されたものではないと考えます。

（三上安雄）

Q47　退職金の不支給は不合理な相違か

> 　正社員には退職金制度があり、退職時に退職金を支給していますが、短時間・有期雇用労働者にはそのような制度がなく、退職時に退職金は支給していません。これは不合理な相違とされますか。

A　退職金の複合的な性格（職務遂行能力や責任の程度等を踏まえた労務の対価の後払いや継続的な勤務等に対する功労報償的性格等）やこれを支給する目的（企業が正社員として職務を遂行し得る人材の確保やその定着を図るなどの目的）から、さまざまな部署等で継続的に就労が期待できる正社員に対して退職金を支給し、短時間・有期雇用労働者に支給しないことについては、正社員と短時間・有期雇用労働者の間の職務の内容並びに職務の内容および配置の変更の範囲の相違や、短時間・有期雇用労働者のキャリアアップの制度として正社員への登用制度の有無、運用状況などを総合勘案して、不合理とまで評価することができない場合が十分考えられると思います。

1　退職金とは

　退職金とは、労働契約の終了に伴い、使用者が労働者に支払う金員をいいます。退職金は、例えば、勤続年数が長くなればなるほど優遇される（支給率が上昇する）など、労働者の企業定着を促進するものとして、わが国の長期雇用を支える制度として機能してきました。

　退職金の法的性質については、通常、算定基礎額に勤続年数別の支給率を乗じて算定されることから、「賃金の後払い」としての性格を有すると解されています。他方、退職事由による支給基準の差異が設けられ（例えば、会社都合退職者を自己都合退職者と比べて優遇する等）、退職金支給率も勤続年数に従って上昇するなど、労働者の長年の勤続に対する功労に報いるという「功労報償的性格」も有すると解されています（例えば、三晃社事件（最高裁昭和52年8月9日判決・労経速958号25頁）等）。

2　退職金支給をめぐる裁判例

⑴　メトロコマース事件地裁判決⓯

　退職金支給をめぐる裁判例としては、メトロコマース事件があります。この1審である東京地裁判決⓯は、正社員には退職金制度があり、勤続年数等に応じた金額が支給されるのに対し、有期の契約社員（契約社員Bという契約形態）に退職金制度がないという労働条件の相違について、一般に退職金が賃金の後払い的性格のみならず功労報償的性格を有することに照らすと、企業が長期雇用を前提とした正社員に対する福利厚生を手厚くし、有為な人材の確保・定着を図るなどの目的をもって正社員に対する退職金制度を設け、短期雇用を原則とする有期契約労働者に対しては退職金制度を設けないという制度設計をすることは、人事施策上一定の合理性を有するものと考えられること、本件では、正社員と契約社員の間には職務の内容並びに職務の内容および配置の変更の範囲に大きな相違があること、会社では契約社員のキャリアアップの制度として契約社員Bからさらに上の契約社員Aおよび契約社員Aから正社員への登用制度が設けられ、実際にも契約社員Bから契約社員Aへの登用実績（5年間で28名）があることなどをあわせ考慮すると、退職金における正社員と契約社員Bとの間の相違は、不合理とまでは認められない、と判断しました。

⑵　メトロコマース事件高裁判決⓮

　これに対し、控訴審である東京高裁判決⓮は、次のような理由から、本件相違について、労使間の交渉や経営判断の尊重を考慮に入れても、控訴人らのように長期間勤務を継続した契約社員Bにも全く退職金の支給を認めないという点において不合理であると評価できるとして、旧労契法20条にいう不合理と認められると判断していました。

　すなわち、一般に、退職金の法的性格として、賃金の後払い、功労報償などさまざまな性格があると解され、このような性格を踏まえると、一般論として、長期雇用を前提とした無期契約労働者に対する福利厚生を手厚くし、有為な人材の確保・定着を図るなどの目的をもって無期契約労働者に対しては退職金を設ける一方、本来的に短期雇用を前提とした有期契約労働者に対

しては退職金制度を設けないという制度設計をすること自体が、人事施策上一概に不合理とはいえない、もっとも、契約社員Ｂは、1年ごとのに契約が更新される有期契約労働者であるから、賃金の後払いが予定されているとはいえないが、他方で、有期契約労働契約は原則として更新され、定年が65歳と定められており、実際に控訴人らは定年まで10年前後の長期間にわたって勤務してきたこと、契約社員Ｂと同じく売店業務に従事している契約社員Ａは、平成28年4月に職種限定社員と名称変更された際に無期契約労働者になるとともに、退職金制度が設けられたことを考慮すれば、少なくとも長年の勤務に対する功労報償の性格を有する部分に係る退職金（退職金の上記のような複合的な性格を考慮しても、正社員と同一の基準に基づいて算定された額の4分の1はこれに相当すると認められる）すら一切支給しないのは不合理といわざるを得ない、という理由です。

(3)　メトロコマース事件最高裁判決⓭

このように第1審と控訴審の判断が分かれましたが、上告審である最高裁判決⓭は、正社員に対する退職金が有する複合的な性質やこれを支給する目的を踏まえて、売店業務の従事する正社員と契約社員Ｂの職務内容等を考慮すれば、契約社員Ｂの有期労働契約が原則として更新されるものとされ、定年が65歳と定められるなど、必ずしも短期雇用を前提としたものとはいえず、第1審原告らがいずれも10年前後の勤続期間を有していることを斟酌しても、両者の間に退職金の支給の有無に係る労働条件の相違があることは、不合理とまで評価することができるものとはいえない、と判断しています。すなわち、退職金の支給対象となる正社員は業務の必要により配置転換等が命ぜられることもあり、また退職金の算定基礎となる本給は、年齢により定められる部分と職務遂行能力に応じた資格および号俸により定められる職能給の性質を有する部分からなるものとされていたことから、退職金は、職務遂行能力や責任の程度等を踏まえた労務の対価の後払いや継続的な勤務等に対する功労報償等の複合的な性質を有するものであり、第1審被告は、正社員として職務を遂行し得る人材の確保やその定着を図るなどの目的から、さまざまな部署等で継続的に就労することが期待できる正社員に対して退職金を支給することにしたものと解しました。そのうえで、①売店業務に従事す

る正社員と契約社員Ｂ（時給制）である第１審原告の業務の内容は概ね共通
するものの、正社員は、販売員が固定されている売店において休暇や欠勤で
不在の販売員に代わって早番や遅番の業務を行う代務業務を担当していたほ
か、複数の売店を統括し、売上向上のための指導、改善業務等の売店業務の
サポートやトラブル処理、商品補充に関する業務等を行うエリアマネージャ
ー業務に従事することがあったのに対し、契約社員Ｂは、売店業務に専従
していたものであり、両者の職務の内容に一定の相違があったこと、また、
②売店業務の従事する正社員については、業務の必要により配置転換等を命
ぜられる現実の可能性があり、正当な理由なく、これを拒否することができ
なかったのに対し、契約社員Ｂは、業務の場所の変更を命ぜられることは
あっても、業務の内容に変更はなく、配置転換等を命ぜられることはなかっ
たことから、両者の職務の内容および配置の変更の範囲（以下、「変更の範
囲」といいます）にも一定の相違があったこと、さらに、③すべての正社員
が同一の雇用管理区分に属する者として同じ就業規則等により同一の労働条
件の適用を受けていたが、売店業務に従事する正社員と、第１審被告の本社
の各部署や事業所等に配属され配置転換等を命ぜられることがあった正社員
とは、職務内容および配置の変更の範囲につき相違があったこと、売店業務
に従事する正社員について、再編成の経緯やその職務経験等に照らし、賃金
水準を変更したり、他の部署に配置転換等をしたりすることが困難な状況で
あったことがうかがわれること、第１審被告が、契約社員Ａおよび正社員
への段階的に職種を変更するための開かれた試験による登用制度を設け、相
当数の契約社員Ｂや契約社員Ａをそれぞれ契約社員Ａや正社員に登用して
いたなどの事情は「その他の事情」として考慮するのが相当である、と判断
しました。

　上記の最高裁の判断は、退職金支給の目的、趣旨に照らして正社員と契約
社員Ｂとの職務内容、変更の範囲の相違、さらにその他の事情として諸事
情を勘案した妥当な判断であると考えます。

　ただ留意すべき点として、最高裁は決して、退職金支給を正社員だから認
めた、というわけではありません。あくまで当該事案における個別の諸事情
を踏まえて判断している、つまり、当該事案における、退職金の性質（職務

遂行能力や責任の程度等を踏まえた労務の対価の後払いや継続的な勤務等に対する功労報償等の複合的な性質）、退職金支給の目的（企業が正社員として職務を遂行し得る人材の確保やその定着を図るなどの目的）から、正社員と契約社員Ｂとの職務内容、変更の範囲の相違、その他の事情（契約社員Ａや正社員への登用制度等）を勘案して不合理であると評価できないと判断しているという点に留意する必要があります。

（三上安雄）

Q48　病気休暇、休職を認めないことは不合理な相違か

> 　正社員に対して、病気による欠勤や休職に対して、有給の病気休暇、傷病休職を認めていますが、短時間・有期雇用労働者にはこのような休暇、休職を認めていません。これは不合理な相違とされますか。

A　これら傷病休暇、傷病休職の付与は長期間の継続雇用を前提とする正社員の生活保障を図るとともに、雇用の維持・確保を図るという趣旨・目的によるものと解される場合には、長期間の継続雇用を前提としない短時間・有期雇用労働者においてはその趣旨が妥当しないとして、これを不合理であるとまでは認められないと考えられます（大阪医科薬科大学事件最高裁判例❿）。なお、相応に継続的な勤務が見込まれる契約社員においてはその趣旨が妥当するとして不合理と認めた最高裁判例（日本郵便（時給制契約社員ら）事件❶）もありますが、その事案は特殊であり、この最高裁判例の射程はかなり限定的なものと考えます。

1　病気休暇、傷病休職とは

　病気休暇とは、私傷病の療養のために、年次有給休暇以外で利用できる休暇制度のことをいいます。また、傷病休職は、所定の要件のもと（例えば、一定期間の傷病欠勤をした等）に療養のために一定期間休職する（労働契約を維持したまま労務への従事を免除する）ことを認める制度をいいます。この病気休暇、あるいは休職の間の賃金の取扱いは無給とする企業が多いと思われますが、中には有給として病気休暇中の賃金、あるいは休職中の賃金（休職給）を支払う企業もあります。

2　病気休暇、傷病休職をめぐる裁判例

(1)　大阪医科薬科大学事件

　まず、病気休暇、休職給が争われた裁判例として、大阪医科薬科大学事件（高裁⓫、地裁⓬）があります。これは正職員が私傷病で欠勤した場合、6カ月間は賃金全額が支払われ、6カ月経過後休職が命じられ、休職期間中に標

準賃金の２割の休職給が支払われるのに対し、アルバイト職員には欠勤中の補償、休職制度がない、という相違が争われた事件ですが、大阪地裁❿は、そもそも私傷病によって労務提供ができない場合、本来は使用者は賃金支払い義務がない、それにもかかわらず、正職員に対して一定の賃金や休職給を支払うのは、正職員として長期にわたり継続して就労をしてきた貢献に対する評価や、定年まで長期にわたって企業に貢献することが期待されることを踏まえ、正職員の生活に対する生活保障を図る点にあると解され、アルバイト職員については契約期間が最長でも１年間であり、長期間継続した労務を提供することが当然には想定されていないことから、上記のような正職員に係る就労実態とは異なっている、として、正職員とアルバイト職員の間に上記の相違があること自体、旧労契法20条に違反する不合理な労働条件の相違であるとはいえない、と判断しました。これに対し、控訴審⓫である大阪高裁は、私傷病による欠勤に対する一定期間の賃金や休職給を支払う趣旨について大阪地裁と同様、正職員として長期にわたり継続して就労してきたことに対する評価または将来にわたり継続して就労をすることに対する期待から、正職員の生活に対する保障を図る点にあると解し、アルバイト職員は契約期間が最長１年間であるから、長期間継続して就労することが多いとか長期間継続して就労することに対する期待が高いともいい難いし、正職員とアルバイト職員の就労に対する評価、期待が異なることを認めつつも、アルバイト職員も契約期間の更新がなされるので、一定期間の継続した就労もし得るし、フルタイムで勤務し、一定の習熟した者については職務に対する貢献もそれなりに存在し、そのようなアルバイト職員に生活保障の必要性があることも否定し難いことからすると、アルバイトであるというだけで一律に私傷病による欠勤中の賃金支給や休職給の支給を行わないことには合理性があるとはいい難い等の理由から、これらを一切支給しないのは不合理である、もっとも、両者間において、これら支給における一定の相違があること自体は一概に不合理とまではいえないものの、私傷病による賃金支給につき１カ月分、休職給の支給につき２カ月分（合計３カ月、雇用期間１年の４分の１）を下回る支給しかしないときは、正職員との労働条件の相違は不合理である、と判断しました。

　もっとも、最高裁判決⓾では、この高裁判決の判断は否定されています。最高裁は、次の理由から、不合理であると評価することはできないと判断しています。すなわち、私傷病により労務を提供できない正職員に対し、給料（6カ月間）および休職給（休職期間中において標準給与の2割）を支給することにしたのは、長期にわたり継続して就労し、または将来にわたり継続して就労することが期待されることに照らし、正職員の生活保障を図るとともに、その雇用を維持し確保するという目的によるものと解されるとしたうえで、教室事務員である正職員とアルバイト職員との間には、職務内容および配置の変更の範囲に一定の相違がある、さらに、教室事務員である正職員が極めて少数にとどまり、他の大多数の正職員と職務の内容および配置の変更の範囲を異にするに至ったことについて、教室事務員の業務の内容や人員配置の見直し等に起因する事情が存在したほか、職種を変更するための試験による登用制度が設けられた事情も存在する、とし、加えて、アルバイト職員は、契約期間を1年以内とし、更新される場合はあるものの、長期雇用を前提とした勤務を予定しているとはいい難いことに照らせば、雇用を維持し確保することを前提とする制度の趣旨が直ちに妥当するものとはいえない、としました。また、第1審原告は、勤務開始2年で欠勤扱いとなり、欠勤期間を含め在籍期間は3年あまりにとどまり、勤続期間が相当の長期間に及んでいるとはいい難く、有期労働契約が当然に更新され契約期間が継続する状況にあったことをうかがわせる事情も見当たらないとして、教室事務員である正職員と第1審原告との間に私傷病による欠勤中の賃金に係る労働条件の相違があることは、不合理であると評価することができるとはいえない、と判断しました。

(2) 日本郵便（休職）事件

　また、正社員と時給制契約社員との間の休職制度の有無について争われた日本郵便（休職）事件において、東京地裁㉛、東京高裁㉚ともに不合理であるとまでは認められないと判断しています。東京高裁㉚は、休職制度について、正社員について、継続して就労をしてきたことに対する評価の観点、今後も長期にわたって就労を続けることによる貢献を期待し、有為な人材の確保、定着を図るという観点から設けられているものであり、合理性を有する

ものと解されるところ、時間制契約社員については、6カ月の契約期間を定めて雇用され、長期間継続して雇用が当然に想定されるものではないのであり、休職制度を設けないことについては、不合理なこととはいえないと判断しています。

(3)　日本郵便（時給制契約社員ら）事件

　正社員には私傷病による有給の病気休暇（結核性疾患以外は少なくとも90日間）が付与されているのに対し、時給制契約社員には無給の病気休暇10日間のみが設けられているという相違について争われた日本郵便（時給制契約社員ら）事件では、東京地裁❸および東京高裁❷はいずれも不合理な相違であると判断しました。その理由として、東京高裁❷は、長期雇用を前提とした正社員に対し、日数の制限なく病気休暇を認めているのに対し、契約期間が限定され、短時間勤務の者も含まれる時給制契約社員に対し病気休暇を1年度において10日の範囲で認めている労働条件の相違は、その日数の点では不合理であると評価することができるものとはいえない、しかし、正社員に対し私傷病の場合は有給（一定期間を超える期間については、基本給の月額および調整手当を半減して支給）とし、時給制契約社員に対し私傷病の場合も無給としている労働条件の相違は不合理であると評価できるから、旧労契法20条にいう不合理と認められるものにあたる、としました。そして、上告審である最高裁❶は、次の理由から不合理であると評価できると判断しました。すなわち、正社員に対して有給の病気休暇が与えられているのは、長期にわたり継続して勤務することが期待されることから、その生活保障を図り、私傷病の療養に専念させることを通じて、その継続的な雇用を確保するという目的によるものと解され、このように、継続的な勤務が見込まれる労働者に私傷病による有給の病気休暇を与えるものとすることは、使用者の経営判断として尊重し得る、としたうえで、郵便の業務を担当する時給制契約社員についても、相応に継続的な勤務が見込まれるのであれば、私傷病による有給の病気休暇を与えることとした趣旨は妥当するというべきであるとしました。そして、時給制契約社員は、契約期間が6カ月以内とされており、第1審原告のように有期労働契約の更新を繰り返して勤務する者が存するなど、相応に継続的な勤務が見込まれているといえるとし、職務の内容や当該職務の

内容および配置の変更の範囲その他の事情につき相応の相違があること等を考慮しても、私傷病による病気休暇の日数に相違を設けることはともかく、これを有給とするか無給とするかにつき労働条件の相違があることは、不合理であると評価することができる、と判断しました。

(4)　日本郵便（非正規格差）事件

　これに対し、同じく日本郵便を相手に病気休暇の相違が争われた日本郵便（非正規格差）事件高裁判決❺では、大阪高裁は、長期雇用を前提とする正社員と原則として短期雇用を前提とする本件契約社員との間で、病気休暇について異なる制度や運用を採用すること自体は、相応の合理性があるというべきであり、1審被告（筆者注：日本郵便のこと）における本件契約社員と本件比較対象正社員との間で病気休暇の期間やその間、有給にするか否かについて相違が存在することは直ちに不合理であると評価することはできないとしたうえで、本件契約社員にあっても有期雇用を反復して更新し、契約期間を通算した期間が長期間に及んだ場合は、上記のような相違を設ける根拠が薄弱となるとして、本件の1審原告のうちのIを除く7名は、有期労働契約を反復して更新し、改正後の労働契約法施行日である平成25年4月1日時点で契約期間を通算して5年を超えている（労契法18条参照）から、病気休暇の期間およびその間の有給・無休の相違を設けることは不合理というべきであるし、Iについても契約期間を通算して期間が5年を超えた平成27年5月1日以降も病気休暇についての上記の相違を設けることは不合理である、と判断しました。なお、この大阪高裁の判断は、その後の最高裁❹において上告不受理となり、確定しています。

(5)　まとめ

　このように、裁判所の判断は分かれています。特に注目すべき点は、大阪医科薬科大学事件❿と日本郵便（時給制契約社員ら）事件❶の最高裁判決の結論が分かれたのは、次のような理由によるものと考えられます。すなわち、私傷病欠勤に対する給料・休職給、あるいは有給の病気休暇を与えるのは、「長期にわたり継続して就労し、又は将来にわたり継続して就労することが期待されることに照らし、正職員の生活保障を図るとともに、その雇用を維持し確保するという目的」、「長期にわたり継続して勤務することが期待され

ることから、その生活保障を図り、私傷病の療養に専念させることを通じて、その継続的な雇用を確保するという目的」と、いずれも同様に解しながらも、第1審原告の有期雇用の実態の違い、すなわち、大阪医科薬科大学事件において第1審原告の雇用形態であるアルバイト職員が、契約期間を1年以内とし、更新される場合はあるものの、長期雇用を前提とした勤務を予定されていないのに対し、日本郵便事件（時給制契約社員ら）事件で対象となる時給制契約社員ら契約社員は、事業体の従業員の半数近くを占め、かつ、郵便事業の根幹である配達等の業務を担う社員として組織に組み込まれ、常用的に雇用されているような社員で、しかも更新が重ねられ、10年、20年以上勤務している者が少なくないという実態の違いから結論が分かれたものと考えられます。日本郵便（時給制契約社員ら）事件は、そのように有期契約社員が事業の根幹を担う者として常用化されているという特殊な実態を踏まえ、「時給制契約社員は、契約期間が6か月以内とされており、第1審原告らにように有期労働契約の更新を繰り返して勤務する者が存するなど、相応に継続的な勤務が見込まれているといえる」として有給の病気休暇の趣旨が妥当するとして、不合理性の判断につながったものと解されるのです。また、日本郵便（非正規格差）事件高裁判決❺は、正社員と短時間・有期雇用労働者の違いについて考慮のうえ判断されてはいますが、なにゆえに5年を超えると正社員と同様の長期にわたる継続雇用として不合理と判断されるのか疑問です。少なくとも、不合理性を認めた結論そのものは上記のような日本郵便における雇用形態の特殊性を前提にしなければ理解できないものと考えます。

(6)　私　見

前記(5)で述べたとおり、日本郵便（時給制契約社員ら）事件の最高裁判決❶が、最高裁として初めて有給の病気休暇についてその付与の有無が不合理であると認定されたものですが、この判断で留意すべきは正社員と同様に「相応に継続的な勤務が見込まれているといえる」かどうかです。この判断は単に更新が重ねられているというものだけで判断されるわけではなく、この日本郵便のような、事業の根幹の業務を担う社員として組織に組み込まれ、常用的に雇用されているような社員であるがゆえに長期の雇用が見込まれているような、限定的な場合をいうものと考えます。その意味で、この最高裁

判例の射程は極めて限定的であると考えられます。なお、この最高裁が、「相応に継続的な勤務が見込まれている」場合でも、「職務の内容や当該職務の内容及び配置の変更の範囲その他の事情につき相応の相違があること等を考慮しても、私傷病による病気休暇の日数に相違を設けることはともかく」と、職務内容等による病気休暇の日数の差異が不合理と解されない場合があることを付言していることは注目です。

　ちなみに、同一労働同一賃金ガイドラインでは、短時間労働者（有期雇用労働者である場合を除く）には、通常の労働者と同一の病気休職の取得を認めなければならない、また、有期雇用労働者にも、労働契約が終了するまでの期間を踏まえて、病気休職の取得を認めなければならない、とされています。ただ、どのような場合を想定しているのか、その適用場面は明らかではありません。

（三上安雄）

Q49　夏期・冬期休暇を認めないことは不合理な相違か

> 正社員は、お盆と年末年始に休暇が付与されていますが、短時間・有期雇用労働者には認められていません。これは不合理な相違とされますか。

A　正社員に与えている、夏期・冬期休暇を短時間・有期雇用労働者に対して与えないことについて、例えば、お盆の時期や年末年始の時期に限り採用されている短時間・有期雇用労働者の場合は不合理とは解されませんが、夏期・冬期休暇の趣旨から不合理と解される場合があります。

1　夏期・冬期休暇

いわゆる夏休みである夏期休暇として、また、冬休み（年末年始休み）である冬期休暇として、有給の休暇を認めている企業も少なくありません。

2　夏期・冬期休暇付与をめぐる裁判例

(1)　大阪医科薬科大学事件

夏期休暇の付与をめぐる裁判例として、大阪医科薬科大学事件（地裁判決❷、高裁判決❶）があります。これは、正職員に対しては夏期に5日間の夏期特別休暇（有給）があるのに対し、アルバイト職員には夏期特別休暇が存在しない、という相違が不合理かどうか争われた事件です。大阪地裁❷は、正職員は、フルタイムでの長期にわたる継続雇用を前提としていること、正職員の時間外労働数を年間で比較すれば、原告よりも170時間以上長く（同時間を所定労働時間で除すれば23日間程度になる）、このような就労実態を踏まえると、正職員に1年に1度、夏期に5日間のまとまった有給休暇を付与し、心身のリフレッシュを図らせることには十分な必要性および合理性が認められ、他方、原告を含むアルバイト職員については、その労働条件や就労実態に照らしても、これらの必要性があるとは認め難い、として、この点の相違について旧労契法20条に違反する不合理な労働条件の相違とまでいうことはできない、と判断しました。

　これに対し、大阪高裁⓫は、正職員が長期にわたり継続してフルタイムで就労することが想定されており、時間外勤務も相対的に長いことから、1年に1度、夏期に5日間のまとまった有給休暇を付与することには意味があることは認めつつも、アルバイト職員であってもフルタイムで勤務している者は、職務の違いや多少の労働時間（時間外勤務を含む）の相違はあるにせよ、夏期に相当程度の疲労を感じることは想像に難くない、そうであれば少なくとも、控訴人（筆者注：1審原告のこと）のように年間を通してフルタイムで勤務しているアルバイト職員に対し、正職員と同様の夏期特別休暇を付与しないことは不合理であると判断しました。その後、最高裁❿において上告不受理となったため、この大阪高裁の判断が確定しています。

(2)　日本郵便（時給制契約社員ら）事件

　また、正社員に対しては、一定の期間（夏期休暇は6月1日から9月30日まで、冬期休暇は10月1日から翌年3月31日まで）に、在籍期間に応じて暦日3日ないし1日の休暇を付与し、いずれも有給としているのに対し、1審原告ら本件契約社員に対してこのような夏期冬期休暇を付与していない、という相違について争われた日本郵便（時給制契約社員ら）事件では、東京地裁❸および東京高裁❷いずれも不合理な相違であると判断しました。その理由として、東京高裁❷は、夏期冬期休暇の趣旨を一般的に採用されている制度を採用したもの（国民一般に広く受け入れられている、お盆や帰省のためという慣習的な休暇の性格）と解され、正社員に対して上記の夏期冬期休暇を付与する一方で、時給制契約社員に対してこれを付与しないという労働条件の相違は不合理であると評価できるものであるから、旧労契法20条にいう不合理と認められるものにあたる、と判断しました。その後、最高裁判決❶で、最高裁は、この不合理性を認めた高裁判決の結論を是認しつつ、損害が生じたとはいえないとして損害賠償請求を否定した高裁判決を破棄し、本来必要のない勤務をせざるを得なかったとして勤務したことによる財産的損害を認め、第1審原告らの損害賠償請求を認めています。

(3)　日本郵便（非正規格差）事件

　同様に夏期冬期休暇の付与をめぐり争われた日本郵便（非正規格差）事件では、大阪高裁❺は、長期雇用を前提とする正社員と原則として短期雇用を

前提とする本件契約社員との間で、異なる制度や運用を採用すること自体は、相応の合理性があるというべきであり、1審被告（筆者注：日本郵便のこと）における本件契約社員と本件比較対象正社員との間で夏期冬期休暇を付与するか否かについて相違が存在することは直ちに不合理であると評価することはできないとしたうえで、本件契約社員にあっても有期雇用を反復して更新し、契約期間を通算した期間が長期間に及んだ場合は、上記のような相違を設ける根拠が薄弱となるとして、本件の1審原告のうちのIを除く7名は、有期労働契約を反復して更新し、改正後の労契法施行日である平成25年4月1日時点で契約期間を通算して5年を超えている（労契法18条参照）から、夏期冬期休暇について上記相違を設けることは不合理というべきであるし、Iについても契約期間を通算して期間が5年を超えた平成27年5月1日以降も病気休暇についての上記の相違を設けることは不合理である、と判断しました。そのうえで、1審原告Mを除く1審原告ら時給制契約社員の場合、夏期冬期休暇が付与されていれば非番日の一部を有給の夏期冬期休暇とすることができた、また月給制契約社員Mは夏期冬期休暇が付与されていれば同日は労務を提供することなく休養等ができたとして、損害賠償請求を認めています。その後、最高裁❹は、上記の損害賠償請求を認めた大阪高裁の判断を肯定し、同請求を棄却すべきとの第1審被告の主張を斥けています。

⑷　**まとめ**

このように理由づけを含め裁判所の判断は分かれています。そして、上記の大阪医科薬科大学事件については上告不受理のため、最高裁は判断を示してはいません。また、上記の日本郵便（時給制契約社員ら）事件および日本郵便（非正規格差）事件でのそれぞれの高裁が不合理と判断した理由が異なる中、いずれの最高裁もその理由に関して判断を示していませんので、最高裁がどのように考えているのかわかりません。ただ、上記の大阪医科薬科大学事件の大阪高裁⓫の判断、日本郵便（時給制契約社員ら）事件の東京地裁❸・東京高裁❷の判断については、いずれも夏期冬期休暇を長期にわたる継続雇用を前提としている正社員に対する優遇措置であること、短期雇用を前提とする短時間・有期雇用労働者との違いについての考慮が足りないように感じます。また、日本郵便（非正規格差）事件の大阪高裁❺は、上記の点に

ついて考慮のうえ判断されてはいますが、なにゆえに5年を超えると正社員と同様の長期にわたる継続雇用として不合理と判断されるのか疑問です。無期転換を選択せずに期間雇用を継続している以上、有期雇用の前提たる短期雇用を前提としている性質は変わらないように思います。

(5)　私　見

　私見としては、夏期冬期休暇は、長期雇用を前提とする正社員に対して、その雇用の確保・定着を図るための優遇措置であって、短期雇用を前提とする本件契約社員との間で夏期冬期休暇を付与するか否かについて相違が存在することは不合理であると評価することはできないのではないかと考えます。ただ、上記のとおり大阪医科薬科大学事件の大阪高裁❶および日本郵便（時給制契約社員ら）事件の東京高裁❷は、いずれもこの長期雇用を前提とする優遇措置という趣旨・目的は一切考慮せず、それ以外の趣旨（リフレッシュ、あるいは、お盆や帰省のためという慣習的な休暇の性格）から、アルバイト、あるいは時給制契約社員らに付与しないのは不合理であると判断しており、日本郵便（時給制契約社員ら）事件はその不合理性を最高裁❶でも是認されている点からすると、不合理であると解されるリスクがあることは否めないと考えられます。ただ、この日本郵便事件はQ46のとおり特殊な事案であり、常用として事業の根幹的な事業に携わる契約社員であり、継続的な勤務が見込まれていたとされる事案であることを踏まえると、夏期冬期休暇が一般に短時間・有期雇用労働者に認められると解するのは早計であろうと考えます。

　ちなみに、同一労働同一賃金ガイドラインでは、法定外の有給の休暇その他の法定外の休暇（慶弔休暇を除く）であって、勤務期間に応じて取得を認めているものについて、通常の労働者と同一の勤続期間である短時間・有期雇用労働者には、通常の労働者と同一の法定外の有給の休暇その他の法定外の休暇（慶弔休暇を除く）を与えなければならない、とされています。

（三上安雄）

Q50　特殊勤務手当（年末年始手当、祝日給）の不支給は不合理な相違か

> 　正社員に支給している勤務形態（例えば年末年始勤務あるいは祝日勤務）に対して支給している特殊勤務手当を、短時間・有期雇用労働者には支給していません。これは不合理な相違とされますか。

A　年末年始手当や祝日給などの特殊勤務手当については、それらが正社員に支給される趣旨・目的が短時間・有期雇用労働者に妥当するか否かという点や短時間・有期雇用労働者に対してその時間帯ないし期間に勤務することに対する経済的配慮等がなされているか等を勘案し、その相違の不合理性が判断され、この判断によっては、不合理と解される場合があると思われます。

1　特殊勤務手当

　特殊勤務手当とは、労働者の勤務形態に応じて支給される手当をいい、例えば、年末年始手当、祝日給、早出勤務手当、夜間勤務手当等があります。

　このような特殊勤務手当について争われた裁判例として、日本郵便（時給制契約社員ら）事件高裁判決❷、日本郵便（非正規格差）事件高裁判決❺などがあります。

2　各手当について

(1)　年末年始勤務手当

　日本郵便（時給制契約社員ら）事件や日本郵便（非正規格差）事件における年末年始勤務手当（12月29日～翌年1月3日までの間実際に勤務したときに支給される手当）について、同手当は、多くの国民が休日の中で最繁忙期の労働に従事したことに対する対価として支払われるものであるとして、日本郵便（時給制契約社員ら）事件高裁判決❷では、契約社員はその多くが6カ月契約であって更新がされることから、年末年始の期間に必要な労働力を補充・確保するための臨時的な労働力とは認められず、年末年始勤務手当の趣旨が妥

当しないとはいえないなどの理由から、契約社員に対して全く支払われないという点で不合理であると判断されました。これに対し、日本郵便（非正規格差）事件高裁判決❺では、契約社員は原則として短期雇用が前提であり、採用者も年末年始に向けて採用される者が多いこと、正社員の待遇を手厚くすることで優位な人材の長期的確保を図る必要性等旧労契法20条の「その他の事情」を考慮し、直ちに不合理なものと評価できないとしつつ、有期労働契約を反復して更新し契約期間を通算した期間が5年を超える契約社員については、上記の短期雇用という性質は失われているから、このような相違は不合理というべきである、と判断されています。両高裁の判断は異なっており、今般示された、前者の最高裁判決❶および後者の最高裁判決❹ではいずれもその相違は不合理であると判断されました。

　すなわち、年末年始手当は郵便業務についての最繁忙期であり、多くの労働者が休日として過ごしている時期において、同業務に従事したことに対し、その勤務の特殊性から基本給に加えて支給される対価としての性質を有するものであり、正社員が従事した業務の内容や難易度等にかかわらず、所定の期間において実際に勤務したこと自体を支給要件とするものであり、その支給額も、実際に勤務した時期と時間に応じて一律であることから、これらの年末年始勤務手当の性質、支給要件および支給金額に照らせば、支給の趣旨は時給制契約社員にも妥当するとし、両者間の、職務の内容や当該職務の内容および配置の変更の範囲その他の事情につき相応の相違があることを考慮しても、年末年始勤務手当に関する労働条件の相違は不合理であると評価することができる、との判断が示されました。

　以上のような最高裁の考え方からは、契約社員について正社員に支給している年末年始勤務手当の趣旨が妥当する場合があり得ると解され、正社員と同じく年末年始に就労する契約社員に対して年末年始勤務手当を支給しない場合にその相違が不合理と判断されるリスクがあると解されます。

(2)　祝日給

　祝日給については日本郵便（非正規格差）事件で争われました。同事件における祝日給は、正社員が祝日において割り当てられた正規の勤務時間に勤務することを命ぜられて勤務したとき（祝日代休が指定された場合を除きま

す）、および祝日を除く１月１日から同月３日までの期間（以下、「年始期間」といいます）については、正社員には特別休暇が付与されているところ、それにもかかわらず勤務したときに支給されるものです。同事件の最高裁判決❹では、年始期間について郵便業務を担当する正社員に特別休暇が与えられているのは、多くの労働者にとって年始期間が休日とされている慣行に沿って休暇を設ける目的によるものであると解され、年始期間の勤務に対する祝日給は、特別休暇が与えられることとされているにもかかわらず最繁忙期であるために年始期間に勤務したことについてその代償として通常の勤務に対する賃金に所定の割増しをしたものを支給されたものと解されるとし、他方、本件契約社員は契約期間が６カ月以内または１年以内とされ、第１審原告らのように有期労働契約の更新を繰り返して勤務する者も存するなど、繁忙期に限定された短期間の勤務ではなく、業務の繁閑にかかわらない勤務が見込まれていることから、最繁忙期における労働力の確保の観点から、本件契約社員に対して特別休暇を付与しないこと自体には理由があるということはできるものの、年始期間における代償としての祝日給を支給する趣旨は、本件契約社員にも妥当するというべきであるとして、職務の内容や当該職務の内容および配置の変更の範囲その他の事情につき相応の相違があること等を考慮しても、正社員に対して年始期間の勤務に対する祝日給を支給する一方で、本件契約社員に対してこれに対応する祝日割増賃金を支給しないという労働条件の相違は不合理であると評価できる、と判断されました。

(3)　早出勤務等手当

　早出勤務等手当については、前掲の日本郵便（時給制契約社員ら）事件、日本郵便（非正規格差）事件いずれとも高裁❷❺で、同手当は早出勤務等がない他の業務に従事する正社員との公平を図るために支給するものであること、他方、契約社員に対しては募集および採用時に勤務時間帯を特定して採用していること、契約社員には労基法上の深夜割増賃金と別に早朝・夜間割増賃金が支給されていること等から、かかる相違は不合理とまでは認められない、と判断されています。その後、両事件の最高裁で上告不受理となり確定しています。

⑷　夜間特別勤務手当

　また、夜間特別勤務手当については、日本郵便（時給制契約社員ら）事件高裁判決❷で、同手当は、前記早出勤務等手当と同様、夜間勤務等がない他の業務に従事する正社員との公平を図るために支給するものであり、正社員についてはシフト制勤務により、夜間の勤務をさせているのに対し、契約社員については募集や採用の段階で勤務時間帯を特定したうえで雇用契約を締結し、その特定された時間の勤務を求めているという意味で職務内容に違いがあり、その違いに基づき正社員にのみ社員間の公平を図るために同手当を支給することは、相応の合理性があり、かかる相違は不合理なものと認めることはできない、と判断されています。

　また、大学の専任教員が夜間授業（午後6時25分～午後9時40分）を担当した場合に支給される大学夜間担当手当が嘱託講師に支払われないのは旧労契法20条ないし旧パート労働法8条に違反するとして争われた学校法人Ｘ事件地裁判決㉓では、専任教員が授業およびその準備に加え、学生への教育、研究、学内行政と幅広い労務の提供が求められることを踏まえ、大学夜間手当を、専任教員が日中に多岐にわたる業務を担当しつつ、さらに夜間に授業を担当することの負担に配慮する趣旨を有しているとして、自らの希望を踏まえ、大学から割り当てられる授業およびその準備に限られる嘱託講師に支給しないことは不合理と認められるものにあたらない、と判断されています（高裁判決㉒でも同様に不合理性が否定されています）。

（三上安雄）

Q51　その他の待遇差についての考察

> 　Q42〜Q50にあげた手当や休暇のほか、問題となりそうな待遇として
> はどのようなものがありますか。また、どのように対応を検討すればよ
> いでしょうか。

A　各待遇の趣旨・目的を確認したうえで、職務内容・職務内容や配置の変更の範囲・その他の事情を勘案しながら、短時間・有期雇用労働者に対してどの程度配慮すべきかを検討することになります。

1　裁判例におけるその他の待遇

　これまで解説してきた待遇のほかに、裁判例で取り上げられてきた手当には、以下のようなものがあります。

待　遇	裁判例		不合理性
役付手当	長澤運輸事件	最高裁❹	不合理でない
		控訴審❹	不合理でない
		1審❹	不合理
無事故手当	ハマキョウレックス事件	最高裁⓱	不合理
		控訴審⓲	不合理
		1審⓳	不合理でない
作業手当	ハマキョウレックス事件	最高裁⓱	不合理
		控訴審⓲	不合理
		1審⓳	不合理でない
食事手当	ハマキョウレックス事件	最高裁⓱	不合理
		控訴審⓲	不合理
		1審⓳	不合理でない
残業代の割増率	メトロコマース事件	控訴審⓮	不合理（確定）
		1審⓯	不合理

早出勤務手当	日本郵便（時給制契約社員ら）事件	控訴審❷	不合理でない（確定）
		1審❸	不合理でない
	日本郵便（非正規格差）事件	控訴審❺	不合理でない（確定）
		1審❻	不合理でない
	日本郵便（佐賀）事件	控訴審❽	不合理でない（確定）
		1審❾	不合理でない
夜間特別勤務手当	日本郵便（時給制契約社員ら）事件	控訴審❷	不合理でない（確定）
		1審❸	不合理でない
	日本郵便（佐賀）事件	控訴審❽	不合理でない（確定）
		1審❾	不合理でない
大学夜間担当手当	学校法人X事件	控訴審㉒	不合理でない
		1審㉓	不合理でない
褒　賞	メトロコマース事件	控訴審⓮	不合理（確定）
		1審⓯	不合理でない
祝　金	北日本放送事件（定年後再雇用）	1審㊻	不合理でない
物価手当	井関松山ファクトリー事件	控訴審㉔	不合理
		1審㉕	不合理
年次有給休暇	大阪医科薬科大学事件	控訴審⓫	不合理でない（確定）
		1審⓬	不合理でない

　こうした裁判例の待遇は、それぞれ内容も異なり、職務内容や配置の変更の範囲等も異なるため、すべてを統一的に分析することは困難ですが、基本的な考え方としては、パート有期法8条の文言と同様、職務内容、職務内容や配置の変更の範囲、その他の事情の相違を前提としつつ、各待遇の趣旨や目的に照らして相違が不合理かどうか判断しているといえます。

2　待遇の趣旨・目的

　例えば、役付手当は、担当している役職の責任に対して支給され、作業手

当は、特定の作業に従事したことについて支給されます。したがって、短時間・有期雇用労働者であっても、同じ役職や、同じ作業に従事した場合に、これを支給しないという理由は成り立ちにくくなるように思われます。他方で、夜間勤務特別手当は、夜間に勤務した者に支給される手当ですが、これは本来、夜間に勤務することを前提としていない労働者が夜間勤務する場合に支給される手当であるところ、もともと夜間に勤務することを前提とした有期雇用労働者の場合には、夜間に勤務するのはある意味当然であり、それこそ時給の中に夜間勤務であることは考慮されていると思われますので、さらに夜間勤務特別手当を支給する必要はないといえます。

　永年勤続の褒賞などは、まさに長期雇用した労働者に報いるために支給される手当ですので、本来は定年までの雇用を前提とした無期雇用労働者に対して支給されるのが筋かと思われます。ただ、有期雇用労働者であっても、契約の更新を繰り返し、長期間雇用されているケースの場合には、同じ趣旨が妥当するとして、不合理と判断される可能性があります（メトロコマース事件控訴審判決❹）。

　物価手当は、各地に配置転換される正社員が、大都市圏など物価水準が高い地域に赴任した場合に支給されることが多いと思いますが、配置転換のない短時間・有期雇用労働者にはそもそも問題とならないことも多いと思います。

　これに対して、食事手当、また慶弔休暇など福利厚生的な要素の強い待遇については、その趣旨・目的自体は短時間・有期雇用労働者にも妥当する可能性があります（同一労働同一賃金ガイドラインは、同一の給付をするよう記載しています）。もっとも、企業としては、こうした手当を支給するのは、日本郵便（非正規格差）事件控訴審判決❺のように、正社員としての職務を遂行し得る人材の継続的な雇用を確保する目的も認められることからすれば、短時間・有期雇用労働者に対して支給しないことが直ちに不合理とは認められない可能性もあると思われます。

3　職務内容・職務内容や配置の変更の範囲・その他の事情（相違の程度）

　以上のとおり、裁判例においては、まず、各待遇がどのような趣旨・目的で与えられているのかについて検討することが通常です。では、仮にこうした趣旨・目的が短時間・有期雇用労働者にも妥当するとした場合は、どのように考えるべきでしょうか。

　この点、同一労働同一賃金ガイドラインにおいては、待遇の趣旨・目的が短時間労働者・有期雇用労働者にも妥当している場合には、正社員と同じ待遇を付与すべきと考えているように見受けられます。

　しかし、職務内容・職務内容や配置の変更の範囲・その他の事情において、正社員と短時間労働者・有期雇用労働者の間に一定の相違がある場合にまで、常に同じ待遇にしなければならないわけではないと思われます。そもそも旧労契法20条もパート有期法8条も、相違があること自体は肯定しています。最高裁判決❶❹❼⓱㊵も、手当や休暇が全く支給されていないことは不合理であると判断しているにとどまり、仮に有期雇用労働者に対して一定の手当や休暇が付与されていた場合についての判断はしていません。以上からすれば、趣旨・目的が妥当する場合でも、正社員と同じ待遇にする必要はなく、相違を設けたとしても、直ちに不合理と判断されるものではないと考えられます。

　では、どの程度の相違であれば、不合理ではないと判断されるのでしょうか。これについては、現段階で確たる基準が見出せるわけではありませんが、1つ重要な要素と考えられるのが、労使の協議です。労働条件は労使の協議により決定するのが本来であるところ、このように労使で協議したうえで、相違を設けるのであれば、当該相違も不合理ではないと判断される可能性は高まるものと考えられます。

（安倍嘉一）

⑤　パート有期法 9 条要件・効果論

Q52　パート有期法 9 条の対象となる労働者

> 　パート有期法 9 条の「通常の労働者と同視すべき短時間・有期雇用労働者」とはどのように判断するのですか。

　　通常の労働者と「職務の内容が同一」であるかどうか、さらに職務内容や配置の変更の範囲が同一であるかどうかを判断します。

1　「職務の内容」が同一であること

　「職務の内容」は、パート有期法 8 条本文において「業務の内容及び当該業務に伴う責任の程度」をいうものとされています。

　通達（平31・1・30）の第 1 の 4 によると、「職務の内容が同一」とは、短時間・有期雇用労働者と通常の労働者の個々の作業が完全に一致することまでが求められるものではなく、「実質的に同一」であることを意味するものとされています。そして、「職務内容が同一」か否かは、「業務の内容」が実質的同一かどうかを判断し、これが肯定されれば「責任の程度」が著しく異なっていないかを判断するという手法で判断されます。

　「業務の内容」および「責任の程度」の比較方法についてはQ35を参照してください。

2　職務内容および配置の変更の範囲が通常の労働者と同一であること

⑴　本要件の意義

　パート有期法 9 条の要件を満たすには、1 でみた職務の内容が同一であることに加え、職務の内容および配置の変更の範囲（人材活用の仕組み、運用等）が、ある一時点だけでなく当該事業主との雇用関係が終了するまでの全期間において通常の労働者と同一であることが必要です。

(2)　「当該事業主との雇用関係が終了するまでの全期間」について

「当該事業主との雇用関係が終了するまでの全期間」は、「短時間・有期雇用労働者が通常の労働者と職務の内容が同一となり、かつ、職務の内容及び配置の変更の範囲（人材活用の仕組み、運用等）が通常の労働者と同一となってから雇用関係が終了するまでの間」をいい（通達（平31・1・30）第3の4）、短時間・有期雇用労働者と通常の労働者の職務内容や人材活用の仕組み等が同一となってから将来に向かっての期間を指します。

(3)　「職務内容及び配置の変更の範囲」の比較方法

短時間・有期雇用労働者と通常の労働者の「職務内容及び配置の変更の範囲」の比較方法は、Q36を参照してください。「職務内容及び配置の変更の範囲」の同一性の判断においては、範囲が完全に一致することまでは求められず、「実質的に同一」と考えられるかどうかという観点で判断されます。

(4)　「見込まれる」について

職務内容等の変更については、将来の見込みが問題となります。この「見込み」は事業主の主観によらず客観的な事情によって判断されるものであり、変更の「可能性」についての実態を考慮して具体的な見込みがあるかどうかが判断されます（通達（平31・1・30）第1の4）。

また、有期雇用労働者については、更新の有無が未定であっても、更新した場合にはどのような扱いがされるかということも含めて判断されます（通達（平31・1・30）第3の4）。したがって、有期雇用であるというだけで要件の充足が否定されるというものではないことにも注意が必要です。

(5)　「当該事業所における慣行その他の事情」

変更範囲の同一性は、「当該事業所における慣行その他の事情」から判断されます。この「当該事業所における慣行」とは、その事業所において繰り返し行われることによって定着している人事異動等の態様をいいます。そして、「その他の事情」は、人事規程等により明文化されたものや、当該企業における他の事業所における慣行など、職務の内容および配置の変更の範囲を判断するにあたり、当該事業所における「慣行」と同じと考えられるべきものを指します（通達（平31・1・30）第3の4）。

（吉永大樹）

Q53　短時間・有期雇用であることを理由とする差別的取扱いとは

> 　短時間・有期雇用労働者であることを理由とする差別的取扱いと判断されるのはどのような場合でしょうか。この差別的取り扱いと判断された場合にはどのような効果が生じるのでしょうか。

A　パート有期法9条が禁じる差別的取扱いは、短時間・有期雇用労働者であることのみを理由とする処遇の相違であり、処遇の相違が短時間・有期雇用労働者であること以外の理由によるものであれば同法9条に違反するものではないと解されます。また、短時間・有期雇用であることに伴う合理的な差異も同法9条に違反するものではありません。

　パート有期法9条違反と認定された場合、その取扱いが無効になるなどの私法上の効果や、行政指導の対象となるといった効果が生じます。

1　「理由とする」の意義

　パート有期法9条は、短時間・有期雇用労働者であることを理由とする一切の処遇差を禁じるという強い効果をもつ条文ですから、その要件は厳格に判断されるべきであると考えられます。通常の労働者と短時間・有期雇用労働者の間の処遇差が短時間・有期雇用労働者であることを「理由とする」ものであるか否かについても厳格に判断するべきであり、短時間・有期雇用労働者であることのみを理由とする処遇差がパート有期法9条に違反する差別的取扱いにあたると解されます。

　通達（平31・1・30）第3の4にも、パート有期法9条に違反する差別的取扱いにつき、「経営上の理由により解雇等の対象者の選定をする際は、通常の労働者と同視すべき短時間・有期雇用労働者については、労働時間が短いことのみをもって通常の労働者より先に短時間労働者の解雇等をすることや、労働契約に期間の定めのあることのみをもって通常の労働者よりも先に有期雇用労働者の解雇等をすることは、解雇等の対象者の選定基準において差別的取扱いがなされていることとなり、法第9条違反となるものである」（圏

点は筆者）と記載されています。このように、通達も、短時間であることや労働契約に期間の定めがあること「のみをもって」解雇等をすることをパート有期法9条違反としています。

　したがって、職務内容等が同一の短時間・有期雇用労働者と通常の労働者との間の処遇の相違に短時間・有期雇用労働者であること以外の正当化理由があれば、パート有期法9条の違反にはならないと考えられます。この正当化理由について、菅野和夫教授は、「均衡待遇（不合理な待遇の禁止）規定における『その他の事情』に相当するような、当該取扱いを正当化する様々な事情が主張されうることとなる」と述べています（菅野和夫『労働法〔第12版〕』367頁）。

　例えば、客観的かつ公正に行った査定や業績評価を理由にして処遇に差を設けることは、短時間・有期雇用労働者であることを理由とする処遇差ではなくパート有期法9条に違反しないものと解されます。また、当然ですが、短時間労働者について同じ査定の通常の労働者よりも賃金を時間比例分少なくするといったような、短時間・有期雇用であることに伴う処遇の差も、合理的な差異としてパート有期法9条に違反するものではありません（通達（平31・1・30）第3の4）。

2　「差別的取扱い」の意義

(1)　差別的取扱いとなり得る「待遇」の範囲

　パート有期法9条が差別的取扱いを禁じる「待遇」には、基本的に、賃金、教育訓練、福利厚生施設、休憩、休日、休暇、安全衛生、災害補償、解雇等のすべての待遇が含まれますが、短時間・有期雇用労働者を定義づけるものである労働時間および労働契約の期間については含まれません（通達（平31・1・30）第3の3）。これらの待遇について、短時間・有期雇用であることのみを理由とする不利益取扱いが「差別的取扱い」となります。厳密にいえば、短時間・有期雇用労働者が通常の労働者と比べて有利に扱われている場合も「差別的取扱い」といえますが、パート有期法の目的が短時間・有期雇用労働者の待遇を改善することにあることからすると、短時間・有期雇用労働者を通常の労働者よりも有利に取り扱う場合は同法9条に違反するもの

ではないと考えられます。

(2)　有期雇用労働者の雇止め

　有期雇用労働者を定義づけるものである労働時間および労働契約の期間はパート有期法上の「待遇」には含まれませんから、有期雇用労働者を期間満了により雇止めすることは、直ちにパート有期法9条に違反するものではないと解されます。

　ただし、人員削減の必要性により整理解雇等をする場合に「通常の労働者と同視すべき短時間・有期雇用労働者」を通常の労働者よりも優先的に削減対象とすることは、パート有期法9条に違反すると評価されるおそれがあります。1で述べたとおり、通達（平31・1・30）第3の4では、整理解雇の対象選定について、「通常の労働者と同視すべき短時間・有期雇用労働者については、労働時間が短いことのみをもって通常の労働者より先に短時間労働者の解雇等をすることや、労働契約に期間の定めのあることのみをもって通常の労働者よりも先に有期雇用労働者の解雇等をすることは、解雇等の対象者の選定基準において差別的取扱いがなされていることとなり、法第9条違反となる」と記載されています。「解雇」ではなく「解雇等」とされていることから、「雇止め」も念頭におかれている記載であり、「通常の労働者と同視すべき短時間・有期雇用労働者」を短時間・有期雇用であることのみをもって優先的に削減対象とすることはパート有期法9条に違反するものと考えられます。

3　パート有期法9条違反の効果

(1)　私法上の効果

　短時間・有期雇用労働者の労働条件がパート有期法9条に違反する差別的取扱いと判断された場合、その労働条件は私法上無効となると考えられます。その労働条件は当然に比較対象とされた「通常の労働者」と同一の労働条件となるのか、すなわちパート有期法9条に補充的効力があるかという問題がありますが、補充的効力は、労使の合意で定めるのが原則である労働条件を法により強制的に修正するという重大な効果をもたらすものであり、労基法13条のような明文規定がなければ認められないと解するべきです。パート有

期法9条には補充的効力を認める明文規定はないので、同条には補充的効力はないと解すべきですから、同条に違反する労働条件の帰趨は、契約や就業規則などの合理的解釈に委ねられると解されます。

　また、パート有期法9条違反が認められた場合、その処遇をしていたことに故意・過失が認められるなどの要件が満たされると判断されれば、民法上の不法行為にあたるとして損害賠償が命じられるおそれがあります。

(2)　行政指導等

　厚生労働大臣は、短時間・有期雇用労働者の雇用管理の改善等を図るため必要があると認めるときは、短時間・有期雇用労働者を雇用する事業主に対し、報告を求め、または助言、指導もしくは勧告をすることができます（パート有期法18条1項）。パート有期法9条に違反する差別的取扱いをしたと認定された場合、これらの報告徴収、助言、指導もしくは勧告の対象となります。この勧告を受けた事業主が勧告に従わなかったときは、その旨を公表できるものとされています（同法18条3項）。

　さらに、パート有期法18条1項の報告を求められた事業主が報告をしない場合や虚偽の報告をした場合、20万円以下の過料の対象となります（同法30条）。

（吉永大樹）

Q54　均等待遇について問題となった裁判例

均等待遇について問題となった裁判例はありますか。

A　旧パート労働法の下で均等待遇違反が認定された裁判例として、ニヤクコーポレーション事件(51)、京都市立浴場運営財団ほか事件(50)があります。

1　9条の要件が厳格であること

パート有期法9条の適用対象である「通常の労働者と同視すべき短時間・有期雇用労働者」であると認められる要件は厳しく、肯定されるケースはそう多くないものと思われます。

パート有期法の前身であるパート労働法（以下、「旧パート労働法」といいます）においても、同法の要件を満たす「通常の労働者と同視すべき短時間労働者」について通常の労働者と均等な待遇をすることを求めていましたが、均等待遇違反が認定された事件は多くはなく、ニヤクコーポレーション事件(51)および京都市立浴場運営財団ほか事件(50)があるのみです。以下、各裁判例のうち均等待遇にかかわる部分を概観します。

2　ニヤクコーポレーション事件(51)

⑴　事案の概要

本件は、貨物自動車運送事業等を営む被告会社に雇用されていた原告が、雇止めの有効性を争うとともに、正社員との待遇差が差別的取扱いであるとして、正社員と同一の雇用契約上の権利を有することの確認および不法行為に基づく損害賠償を求めた事案です。

⑵　均等待遇に関する判断

(A)　「通常の労働者と同視すべき短時間労働者」への該当性

原告の職務の内容が正社員の職務と同じであったことについて当事者間に争いはありませんでしたが、被告会社は、転勤や出向の有無、役職への任命の有無、緊急対処が必要な業務や対外交渉が必要な業務への従事の有無、そ

して事務職への職系転換の有無の点において違いがあり、人材活用の仕組み、運用等が同一とはいえないと主張しました。

　判決は、①転勤・出向の有無に違いはあるものの正社員の転勤自体が少なかったこと、②平成20年3月31日までは正社員と準社員の間に役職への任命について差がなく、同日以後は準社員の役職者は減少したものの平成24年3月の時点でまだ存在していたこと、③緊急対処が必要な業務や対外交渉が必要な業務は事務職の職責に属するものであり、正社員ドライバーでもそのような職務につくものは少ないこと、④事務職への職系転換は正社員の中でも例外的な扱いであることなどの事情を指摘し、正社員と準社員の人材活用の仕組み、運用等が大きく異なっているとはいえないと評価しました。そして、判決は、労働契約の実情からすれば原告は「通常の労働者と同視すべき短時間労働者」にあたると認め、結論として賞与額、週休日数、退職金の支給の相違は旧パート労働法8条1項が禁じる差別的取扱いにあたるものと認定しました。

(B)　均等待遇違反の効果

　判決は、正社員と同一の待遇を受ける地位の確認請求については、旧パート労働法8条1項に基づいてかかる地位の確認を求めることはできないとして棄却しましたが、同法8条1項違反の差別的取扱いは不法行為を構成するとして、賞与の差額や休日割増分の差額等を損害として認容しました。

3　京都市立浴場運営財団ほか事件❺

(1)　事案の概要

　本件は、京都市の市立浴場の管理・運営を目的として設立された被告財団に雇用されていた正規職員ないし嘱託職員である原告らが、被告財団の解散にともない解雇されたため、被告財団並びに京都市に対して退職金の支払い等を求めた事案です。その中で、原告らは、被告財団が嘱託職員の退職金規程を定めていなかったことが、差別的取扱いであると主張しました。

(2)　均等待遇に関する判断

(A)　差別的取扱いの有無

　まず、判決は、原告嘱託職員らが「通常の労働者と同視すべき短時間労働

者」にあたるかについて、①正規職員の勤務時間が7時間45分、出勤日が週5日であったのに対し、原告嘱託社員らの勤務時間は7時間15分、出勤日は週4日であったこと、②嘱託社員らの労働契約は、少ない者でも5回、多い者で13回更新されていたこと、③更新の際に契約内容についての交渉もなく、被告財団が用意した文書に嘱託職員らが押印して提出すると、更新通知書が被告財団から送られてくるというものであったこと、④正規職員と嘱託職員の業務内容および責任の程度は全く同じであり、嘱託職員であっても主任になる者もいたこと、⑤被告財団は、経費削減のために正規職員を減らし、嘱託職員やアルバイトにより労働を補填する経営方針をとっていたことなどの事情に照らし、嘱託職員らは、「通常の労働者と同視すべき短時間労働者」に該当すると認定しました。

そして、原告嘱託職員らに退職金を支給しないことは、旧パート労働法8条1項に違反する差別的取扱いであり違法であると判断しました。

(B)　均等待遇違反の効果

原告嘱託職員らは、正規職員らに関する退職金規程が原告嘱託職員にも適用されると主張しましたが、判決は、旧パート労働法には労基法13条のような補充的効果を定めた条文が見あたらないことから原告の主張を排斥しました。もっとも、判決は、原告らに対する差別的取扱いは不法行為を構成するものとして、退職金相当額を損害として認容しました。

（吉永大樹）

⑥ 定年後再雇用の特殊性

Q55　定年後再雇用と均等・均衡待遇

> 　定年後に短時間ないし有期雇用で再雇用した労働者に対してもパート有期法は適用されるのでしょうか。定年後再雇用であることは、パート有期法違反の判断にあたり考慮されますか。

A　定年後再雇用で短時間・有期雇用となった労働者にもパート有期法は適用されます。パート有期法違反の判断にあたっては、定年後再雇用であることは相当程度考慮されるものと考えられます。

1　定年後再雇用者へのパート有期法の適用の有無

　パート有期法は定年後再雇用者を対象から除外しておらず、定年後再雇用で短時間・有期雇用となった労働者にもパート有期法が適用されます。短時間・有期雇用となった定年後再雇用者は定年前に比べて労働条件が引き下げられることが多いものと思われますが、パート有期法上の均等・均衡待遇の規制への違反の有無が問題となります。

2　定年後再雇用と均衡待遇（パート有期法 8 条）

　定年後に再雇用された労働者の労働条件が旧労契法20条に違反する不合理なものか否かが争われた長澤運輸事件判決❹では、定年後再雇用を同条における考慮要素の 1 つである「その他の事情」として考慮しました。パート有期法 8 条の下でも、定年後再雇用であることは同条が考慮要素として掲げる「その他の事情」として考慮されると考えられます。パート有期法に関して厚生労働省が発した同一労働同一賃金ガイドラインでも、「有期雇用労働者が定年に達した後に継続雇用された者であることは、通常の労働者と当該有期雇用労働者との間の待遇の相違が不合理と認められるか否かを判断するに当たり、短時間・有期雇用労働法第 8 条のその他の事情として考慮される事情に当たりうる」と記載されています。

　ただし、定年後再雇用であるからといって待遇にどれだけ差を設けても不合理ではないと判断されるものでありません。同ガイドラインにおいても、「当該有期雇用労働者が定年に達した後に継続雇用された者であることのみをもって、直ちに通常の労働者と当該有期雇用労働者との間の待遇の相違が不合理ではないと認められるものではない」と記載されています。長澤運輸事件最高裁判決❹においても、正社員が欠勤せずに勤務した場合に支給される精勤手当について、嘱託乗務員と正社員との職務内容が同一である以上、皆勤を奨励する必要性にも相違がないというべきであるとして、嘱託乗務員に支給しないことは不合理であると判断されています。

　パート有期法 8 条では、待遇差の不合理性判断において考慮する事情について、「当該待遇の性質及び当該待遇を行う目的に照らして適切と認められるもの」という限定が付されています。待遇の性質・目的によっては、そもそも定年後再雇用であることを「その他の事情」として考慮すること自体が否定される場合もあると考えられます。

3　定年後再雇用と均等待遇（パート有期法 9 条）

　定年後に定年前と同じ業務に従事する場合でも、責任の程度や人材活用の仕組みが正社員とは異なっており、定年後再雇用者が「通常の労働者と同視すべき短時間・有期雇用労働者」には該当しないと評価されることが通常であると考えられます。仮に定年後再雇用者が「通常の労働者と同視すべき短時間・有期雇用労働者」にあたると評価される場合には、短時間・有期雇用であることを理由として通常の労働者との待遇差を設けることはパート有期法 9 条に違反する差別的取扱いとして禁じられます。

　しかし、パート有期法 9 条が禁じているのは、短時間・有期雇用労働者であることを理由とする差別的取扱いです。この「理由とする」の意義については、施行通達の文言などから、短時間・有期雇用であることのみをもって待遇差を設けることと解されます（詳しくは Q53 参照）。待遇差について短時間・有期雇用労働者であること以外の正当化理由がある場合には、「短時間・有期雇用労働者であることを理由とする」待遇差に該当せず、パート有期法 9 条違反とはなりません。この正当化理由には、パート有期法 8 条の考

慮要素である「その他の事情」に相当するさまざまな事情が該当し、定年後
再雇用であることも正当化理由となり得ると考えられます。

　したがって、定年後再雇用した労働者と通常の労働者の間に待遇差がある
としても、それが短時間・有期雇用であることを理由とするものでなく、定
年後再雇用であることを理由とするものであれば、パート有期法9条に違反
するものではないと考えられます。

　ただし、企業が、ある処遇差について定年後再雇用であることを理由とす
る処遇差であると主張しても、実態によっては、短時間・有期雇用労働者で
あることを理由とするものであると評価される場合もあると思われます。例
えば、ある手当を通常の労働者には支給しているが定年後に有期で再雇用し
た労働者には支給していないというケースの場合、当該手当が定年後再雇用
でない有期契約社員に対しては支給されているというのであれば、当該手当
の不支給は定年後再雇用であることを理由とする処遇差であるといえると考
えられます。しかし、定年後再雇用でない有期契約社員に対しても当該手当
を支給していないという場合には、結局のところ当該手当の不支給は定年後
再雇用を理由とするものではなく、有期雇用であることを理由とするもので
あり、定年後再雇用労働者に当該手当を支給しないことはパート有期法9条
に違反すると評価されるおそれがあるでしょう。

（吉永大樹）

Q56　定年前後の賃金差の許容範囲

> 　定年前後では賃金が減額されるのが一般的ですが、どの程度の減額で
> あるとパート有期法8条違反の不合理な相違となるのでしょうか。

A　　定年前後の賃金減額がどの程度であれば不合理となるのかを一概
にいい切ることは困難ですが、少なくとも定年後の労働者の生活保
障に配慮した処遇とすることが必要と考えられます。

1　定年後の待遇差が争われた過去の裁判例

(1)　長澤運輸事件❹

　本件は、自動車運送事業を営む企業にドライバーとして勤務し、定年後に
嘱託乗務員として有期雇用された労働者らが、定年前後の賃金の相違が旧労
契法20条に違反するものと主張した事案です。本件では、嘱託乗務員と正社
員の職務内容や人材活用の仕組み等に違いがないことを前提に個々の賃金項
目ごとに不合理性が判断されました。

　まず、能率給・職務給の不支給について、判決は、嘱託乗務員には能率給
より高い係数が設定されている歩合給が支給されること、嘱託乗務員が一定
の要件を満たせば老齢厚生年金を受給できるうえ、老齢厚生年金の報酬比例
部分の支給開始までは2万円の調整給を支給することとされていたことなど
の事情を指摘し、不合理な相違とはいえないと判断しました。

　住宅手当・家族手当不支給についても、幅広い世代の労働者が存在し得る
正社員に住宅費および家族扶養のための生活費を補助することには相応の理
由があるといえること、嘱託乗務員は老齢厚生年金等を支給されることとな
っていることなどの事情を指摘して不合理性を否定しました。

　さらに、賞与の不支給についても、退職金や老齢厚生年金・調整給の支給
があること、嘱託乗務員の賃金が定年退職前の79％程度となることが想定さ
れているなどの事情を考慮して不合理とはいえないと判断しています。

　他方、労働者が欠勤せずに勤務した場合に支給される精勤手当については、
嘱託乗務員と正社員の職務内容が同一である以上、皆勤を奨励する必要性に

相違はないなどとして、不支給は不合理とされました。

(2)　学究社事件㊾

　本件は、進学塾を経営する株式会社に専任講師として勤務し、定年退職後に時間講師として再雇用された原告が、定年退職後の賃金を定年退職前の賃金の30%～40%前後を目安に定めていることが旧労契法20条に違反すると主張した事案です。

　判決は、定年前の専任講師が変形労働時間制の下で授業以外の生徒対応等が義務づけられていた一方で、定年後の時間講師では変形労働時間制の適用はなく、上司の指示がない限り授業のみを担当していたものであって業務内容や責任の程度に差があること、定年後の賃金を定年前より引き下げることは一般的に不合理ではないことを指摘し、相違が不合理とはいえないと判断しました。

(3)　五島育英会事件㊽

　本件は、被告法人に専任教諭として勤務し、65歳で定年退職した後に嘱託教諭として再雇用された原告が、定年後の賃金が定年前の賃金の約6割程度しかないことは旧労契法20条に違反すると主張した事案です。

　判決は、退職年度の専任教諭について職務の内容が一般の専任教諭よりも負担を軽減する方向で配慮されていたという事情を相違の不合理性を否定する方向で考慮すべき事情として指摘したうえ、年功的要素を含む賃金体系では就労開始から定年退職までの全期間を通じて賃金の均衡が図られていることとの関係で、定年退職後に新たに締結された労働契約における賃金が定年退職直前の賃金と比較して低額となること自体が不合理とはいえないこと、嘱託教諭の基本給等を退職前の約6割相当とする本件定年規程は組合と被告法人の合意により導入されたことなどの事情からすれば、労働条件の相違が不合理とはいえないと結論づけました。

(4)　日本ビューホテル事件㊼

　本件は、ホテル経営等を目的とする被告会社に正社員として勤務し、定年退職後に有期労働契約で再雇用された原告が、定年前後の賃金額の相違が旧労契法20条に違反するとして差額相当額の損害賠償を求めた事案です。

　判決は、定年前後で職務内容や配置転換の有無が異なるうえ、定年退職後

の年俸額が職務内容に比して高額に設定されていたこと、正社員の賃金制度は長期雇用を前提に設計されている一方で定年後は長期雇用を前提としていないことなどの事情からすれば、賃金差は不合理とはいえないと判断しました。

(5)　北日本放送事件❹

本件は、被告会社を定年退職後に有期で再雇用された原告が、正社員との基本給の相違（約27％）や賞与・住宅手当の不支給が不合理であるとして損害賠償を求めた事案です。

判決は、基本給については定年退職前の原告に相当する年齢・等級の正社員を比較対象とし、定年前後の職務内容、職務内容および配置の変更の範囲がいずれも異なること、原告の基本給の水準は被告と組合の十分な労使協議を経たものであること、再雇用時の月収は給付金および企業年金を加えると正社員時の基本給を上回ることなどの事情に照らせば、基本給の相違が不合理ということはできないと判示しました。

賞与および住宅手当については正社員一般を比較対象とし、まず賞与について、職務内容が異なること、定年退職時に退職金として2138万円あまりを支給されたことなどの事情を指摘して賞与の不支給は不合理とはいえないとしました。住宅手当についても、幅広い世代を含む正社員にのみ住宅費を補助することには相応な理由があり、正社員には転勤等が予定されていることなどからすれば住宅費の不支給も不合理とはいえないと判断しています。

2　具体的な割合を明示して減額の不合理性を認定した裁判例

(1)　事案の概要等

名古屋自動車学校事件❺は、定年後再雇用の労働者の処遇について、具体的な割合を明示して不合理性を認定しました。

本件は、自動車学校に教習指導員として勤務し、定年後に嘱託職員として再雇用された末に退職した原告2名が、正職員との間に旧労契法20条に違反する労働条件の相違があったと主張した事案です。本件では、職務の内容および職務内容・配置の変更範囲について嘱託職員と正職員の間に相違がなかったことが争いのない事実として認定されています。

⑵　**判　断**

　判決は、基本給について、正職員定年退職時と比較して50％以下に減額されており、勤続年数１年以上５年未満の若年正職員の基本給を下回っていること、そもそも定年時の賃金が同年代の賃金センサスを下回っていたうえに、嘱託職員として得た賃金総額が正職員定年退職時の労働条件で就労した場合の60％をやや上回るかそれ以下にとどまっていること、これらの事実は労使自治が反映された結果でないことといった事実を指摘しました。そして、毎月の賃金における基本給が占める割合が相当に大きく、賞与額にも基本給が影響するという被告会社における基本給の位置づけを踏まえれば、判決が指摘した事実は、正職員退職時と嘱託職員時の基本給の相違が不合理であることを基礎づけるものとしました。

　他方、判決は、不合理性を否定する事情としては、正職員の基本給が長期雇用を前提に年功的性格を含み、役職につくことを想定して定められている一方、嘱託職員については長期雇用が前提でなく、役職につくことも想定されていないという違いがあること、嘱託職員は定年退職時に退職金の支払いを受けていること、嘱託職員は要件を満たせば高年齢雇用継続基本給付金等を受給することを指摘しました。もっとも、これらの事実は定年後再雇用の労働者の多くにあてはまる事情であるとして、嘱託職員の基本給が若年正職員の基本給をも下回ることを正当化するには足りないとされています。

　そして、判決は、労働者の生活保障という観点を踏まえ、正職員定年退職時と嘱託職員時の基本給の相違は、嘱託職員の基本給が正職員定年退職時の基本給の60％を下回る限度で旧労契法20条にいう不合理と認められるものにあたると結論づけました。また、判決は、基本給のほかにも、皆精勤手当および敢闘賞（精励手当）の相違、嘱託職員に支給される一時金と正職員に支給される賞与の相違についても不合理を認めています。

⑶　**本判決の検討**

　本判決は、定年後再雇用の労働条件の不合理性判断について60％という具体的な数値を示した事案ですが、定年後も職務の内容および人材活用の仕組みの変更の範囲が同一であることを会社が争っていないことや、定年退職時の賃金が賃金センサスに比して低かったなどの特殊事情があるケースである

ことに留意すべきです。本判決については、嘱託職員が役職につくことが想定されていないことからすれば人材活用の仕組みに違いがあるといえるのではないか、判決からは60％という割合が何を根拠としているのか明らかでない等の疑問があります。

3　どの程度の相違であれば許容されるか

　定年後の労働条件が争われたこれまでの裁判例でみたとおり、定年後再雇用における労働条件が不合理であるか否かの判断は、職務内容や人材活用の仕組みはもちろんのこと、退職金支給の有無・金額や、年金の受給状況などさまざまな事情が関係します。さらに、賃金総額の比較ではなく、賃金項目ごとの比較となりますから、どの程度の減額であれば不合理となるかを一概に述べることは困難です。定年退職直前の賃金が高額である労働者については、定年退職後の賃金が定年前の5割を下回る低い割合となることも想定されますが、そのように低い割合となることをもって直ちに定年後の労働条件が不合理と評価されるものではありません。定年前後の職務内容や配置の変更範囲の相違などの事情を総合的に考慮して、待遇差が不合理といえるか否かが判断されます。上述した学究社事件❹においても、定年退職後の賃金が定年退職前の賃金の30～40％を目安に定められていましたが、定年前後の職務内容に相違があったことなどの事情に照らして待遇差が不合理とはいえないものと判断されています。

　名古屋自動車学校事件❺では、基本給について定年退職時の60％を下回る限度で不合理であるとされており、一応の参考にはなるとは思われますが、再雇用後も職務内容や人材活用の仕組みが同一だったケースであることに留意する必要があります。また、同判決は定年退職時の賃金が同年代の賃金センサスに比して低額であった事情も指摘していることからすれば、定年退職時の賃金が高額である場合には同判決の考え方は妥当しないものと思われます。

　少なくとも、定年後の処遇については、労働者の生活保障に配慮した処遇となるようにすることが必要であり、可能であれば、労使協議を行って定年後の処遇を決定することも重要でしょう。特に、定年後も職務内容等が同一

である場合、あまりに処遇が低下すると労働者の不満が生じ、紛争リスクも高まると思われますから、そのような場合にはより慎重に処遇を検討しなければなりません。

　また、定年後再雇用における労働条件の変更については、高年法の趣旨との関係にも留意する必要があります。高年法に基づく定年後再雇用においては、労働条件の設定には企業の裁量が認められ、企業が提示した労働条件に労働者の合意が得られなかったことにより再雇用に至らなかったとしても違法となるものではありません。しかし、あまりに低い労働条件を提示した場合には、「高年齢者の65歳までの安定雇用の確保」という高年法の趣旨に反し違法と評価されるおそれがあります。九州惣菜事件❹では、定年後再雇用の労働条件として定年前の約25％の月収となる労働条件の勤務を提示したことが高年法の趣旨に反し、裁量権を逸脱・濫用したもので違法であると評価されています。

（吉永大樹）

Q57　定年後再雇用における留意点

> 　定年退職した労働者を短時間ないし有期で再雇用するとき、どのような点に留意すべきですか。

A　まずは、定年前後で職務内容や人材活用等の仕組みをできるだけ変えることが第一です。待遇を変更する場合には、その理由を合理的に説明できるか検討することも重要です。そのほかに行うべきこととしては、規程類の整備や、労働者に対する待遇の説明、モチベーションの維持のための措置の検討などが考えられます。

1　職務内容や人材活用の仕組み等の変更

　裁判例をみると、定年後再雇用者についてパート有期法上の均衡・均等待遇が争われた場合、比較対象の「通常の労働者」は定年前の当該労働者とされる場合が多いものと考えられます。そこで、定年後再雇用者への処遇がパート有期法違反との評価を受けないようにするためには、定年前後でできるだけ職務内容や人材活用の仕組みに差を設けることが重要となります。

　定年前後の業務について、実務上は、企業としては定年まで培ったスキルを活かしてもらうために、また、労働者としても定年後に新たな業務につくことには負担が大きいことから、定年後も従前と同じ業務についてもらうことが多いのではないかと考えられます。このように業務内容が同じ場合であっても、権限の範囲やノルマの軽重などにできるだけ差を設け、定年前後で責任の程度に相違があるといえるようにしておくべきです。

　人材活用の仕組みについて、正社員については長期にわたる雇用の中で人材育成をしていくことを予定している一方で、定年後再雇用者については人材育成が予定されるものではありませんから、定年後再雇用者の人材活用の仕組みは正社員と違うといいやすいと考えられます。加えて、正社員には転勤や業務変更を行う一方で、定年後には転勤や業務変更を予定しないなどの相違を設けることも、正社員との待遇の相違をより強く理由づけるという観点からは重要でしょう。

2　待遇の相違の有無の確認・理由の検討

定年後再雇用者に対する待遇を定年前から変更する場合、その理由をパート有期法8条の考慮要素に沿って説明できるかを検討することが必要です。単に「定年後再雇用だから」という理由だけでは不合理とされるリスクが高いと考えられます。

旧労契法20条の下で定年後再雇用者の待遇が争われた裁判例においては、「その他の事情」として、正社員の賃金体系、定年退職時に支給された退職金の金額や、老齢厚生年金の支給、企業年金の設計などが考慮されていましたが、パート有期法8条では、待遇差の不合理性判断において考慮する事情について、「当該待遇の性質及び当該待遇を行う目的に照らして適切と認められるもの」という限定が付されていますから、待遇差の理由に関しては、この限定の下でも待遇差の理由として認められるかという観点で検討しなければなりません。この待遇差の理由の整理は、パート有期法において生じる待遇に関する説明義務との関係でも重要となります。

手当に関しては、職務に関連する手当で、定年前後で手当の趣旨の妥当性が変わらないものについては、定年後も同じ職務につく労働者に当該手当を支給しないことは不合理と評価されるリスクが強いものと考えられます。例えば、長澤運輸事件判決❹では、精勤手当について、定年前後で休日以外の出勤を奨励する必要性に相違はないとして不支給が不合理とされました。

他方、家族手当や住宅手当など、労働者の生活保障の趣旨で支給される手当については、多様な世代がいる正社員と、定年後再雇用者との間で差を設けるのが不合理とされにくいといえます。例えば、家族手当について正社員には支給し、一般的には子育てが終了している世代である定年後再雇用者には支給しないという制度設計には相応の理由があると考えられます。

通常の労働者と相違がある待遇差で、相違の理由を説明することが難しいものについては、相違の解消に向けた是正をするべきであると考えます。

3　規則等の確認・整備

定年後再雇用者に適用される就業規則を確認・整備しておくことも重要で

す。正社員や契約社員用の就業規則を一部修正して定年後再雇用者に適用する方法や、定年後再雇用者向けの就業規則を別建てで作成する方法が考えられますが、適用される規則を明確にするという観点からはなるべく定年後再雇用者用の規程を整備するほうが望ましいと考えられます。

　就業規則の内容に関する留意点としては、定年後再雇用者と通常の労働者との間にある職務内容や人材活用の仕組みの相違を就業規則の中に盛り込むことがあげられます。例えば、定年後再雇用者には転勤や業務内容の変更は命じない旨を規則内に明記することで、人材活用の仕組みが異なるということを説明しやすくなります。

4　労働者に対する待遇の説明

　定年が近くなった労働者で、定年後も引き続き就労することを希望する労働者に対しては、再雇用後の待遇を十分に説明し、納得を得たうえで再雇用にのぞんでもらうべきです。その場合には、待遇差の理由もできる限り説明を行うことが望ましいでしょう。

　定年後に再雇用した後に相違があることを知った場合、労働者が不満をもち紛争化するリスクが高まることが予想されます。

5　定年後再雇用者のモチベーション維持

　昨今では、労働力人口の減少により人材確保がますます困難となる状況にあり、このような状況においては、定年後再雇用者にも重要な戦力として意欲的に働いてもらうことが企業経営の観点からも重要となってくるものと考えられます。しかし、定年前後で待遇が低下すると、定年後再雇用者のモチベーションもどうしても低下してしまう見込みが大きいといえますから、定年後再雇用者のモチベーションを維持するために何らかの措置を講じることも検討すべきでしょう。

　その方法としては、定年後再雇用者にも評価制度を設けて評価を待遇に反映させるという方法がまずあげられます。

　また、定年後にどのような働き方を望むかは労働者によってさまざまであると考えられますから、定年後再雇用に働き方や待遇にバリエーションをも

たせた複数のコースを設け、労働者に働き方を自ら選択させるということも検討に値すると思われます。具体的には、意欲のある労働者のために、定年後もそれまでと同様の密度で働いてもらい、その分待遇もそれほど下げないというコースをつくり、そうでない労働者には軽い働き方で相応の待遇のコースをつくるというものです。この方式では、自らの選択により働き方を決めるということでモチベーション維持の効果が見込めるものと思われます。

（吉永大樹）

⑦　パートタイム労働者の特殊性

Q58　パートタイム労働者の特性と許容される待遇差

> 　短時間労働者としては、どのような雇用形態が考えられますか。また、短時間労働者の均衡待遇（パート有期法8条）、均等待遇（同法9条）を考える際に留意すべき点がありますか。

A　短時間労働者とは、1週間の所定労働時間が通常の労働者より短い労働者のことをいいます。通常の労働者に比して、所定労働時間が短い、所定労働日数が少ない、就業時間帯・就業日が限定されているなどの特徴を有するため、それに応じた取扱いの相違は、許容されると考えられます。

1　短時間労働者とは

　短時間労働者とは、1週間の所定労働時間が同一の事業主に雇用される通常の労働者の1週間の所定労働時間より短い労働者のことをいいます（パート有期法2条1項）。「通常の労働者」とは正規型の労働者と無期雇用フルタイム労働者のことをいいますが、短時間労働者にあたるか否かは、次のようにして判断します。まず、①同一の事業主における業務の種類が1つの場合は、当該事業主における1週間の所定労働時間が最長である通常の労働者と比較して1週間の所定労働時間が短い通常の労働者以外の者が短時間労働者にあたります。②同一の事業主における業務の種類が2以上ある場合は、ⓐ同種の業務に従事する通常の労働者がいる場合と、ⓑ同種の業務に従事する通常の労働者がいない場合に分かれます。ⓐの場合には、原則として、同種の業務に従事する1週間の所定労働時間が最長の通常の労働者と比較して1週間の所定労働時間が短い通常の労働者以外の者が短時間労働者にあたります。ただし、同種の業務に従事する通常の労働者以外の者が当該業務に従事する通常の労働者に比べて著しく多い場合（当該業務に従事する通常の労働者の1週間の所定労働時間が他の業務に従事する通常の労働者の1週間の所定労働

221

時間のいずれよりも長い場合を除きます）には、当該事業主における１週間の所定労働時間が最長である通常の労働者と比較して１週間の所定労働時間が短い当該業務に従事する者が短時間労働者にあたります。ⓑの場合には、当該事業主における１週間の所定労働時間が最長である通常の労働者と比較して１週間の所定労働時間が短い通常の労働者以外の者が短時間労働者にあたります（パート有期法２条１項、パート有期則１条、通達（平31・1・30）第１の２）。このように、１週間の所定労働時間が通常の労働者より短ければ短時間労働者にあたり、契約期間が有期か無期かは問いません。すなわち、短時間労働者には、有期と無期の労働者が含まれることとなります。

2　均等待遇

(1)　均等待遇とは

　短時間労働者のうち、①職務の内容が通常の労働者と同一であり、②職務の内容および配置の変更の範囲（人材活用の仕組み、運用など）（以下、「配置変更の範囲」といいます）が、当該事業主と雇用関係が終了するまでの全期間において、通常の労働者の配置変更の範囲と同一の範囲で変更されることが見込まれるもの、すなわち、「通常の労働者と同視すべき短時間労働者」の待遇については、当該労働者が短時間労働者であることを理由として、差別的に取り扱うことは禁止され、通常の労働者と、同じ取扱いとすることが求められています（パート有期法９条）。このように短時間労働者であることを理由とした通常の労働者とは異なる取扱いが禁止されるため、例えば、労働者の意欲・能力・経験・成果等を踏まえた査定の結果、賃金水準が異なるなど、通常の労働者間であっても生じ得る相違については、差別的取扱いとはなりません。また労働時間が短いことに比例した取扱いの差異も許容されます（通達（平31・1・30））。

(2)　整理解雇

　それでは、整理解雇を行う際に、通常の労働者より先に短時間労働者を解雇することは、上記の差別的取扱いにあたるのでしょうか。この点、通達（平31・1・30）によれば、差別的取扱いが禁止される「待遇」には解雇も含まれ、通常の労働者と同視すべき短時間労働者を、労働時間が短いことのみ

をもって通常の労働者より先に解雇することは、差別的取扱いにあたるとしています。この問題は、整理解雇を行う際の被解雇者選定基準の相当性に関連するものですが、例えば、勤務態度・勤務成績・貢献度・労働者側の事情（経済的打撃の低さなど）など、通常の労働者においても妥当する基準により、短時間労働者が解雇対象者となることは、当然、許容されます。

3　均衡待遇

(1)　均衡待遇とは

また、通常の労働者と同視すべき短時間労働者にあたらない短時間労働者の待遇についても、当該待遇に対応する通常の労働者との待遇との間において、職務の内容、配置変更の範囲、その他の事情のうち、当該待遇の性質および目的に照らして適切と認められるものを考慮して、不合理と認められる相違を設けてはなりません（パート有期法8条）。

(2)　許容される待遇差

短時間労働者は、通常の労働者より1週間の所定労働時間が短い労働者であるため、通常の労働者と比べ、1週間の所定労働時間が短い、所定労働日数が少ない、就業時間帯や就業日が限定されているなどの違いがあることが想定されます。こうした短時間労働者の勤務形態の違いを理由とする待遇の相違は、不合理とはいえないことが多いと思います。同一労働同一賃金ガイドラインにおいても、問題とならない例として、例えば、役職手当について所定労働時間に比例した額を支払う（所定労働時間に比例した相違）、通勤手当について、通常の労働者には月額定期券の額に相当する額を支給しているのに対し、所定労働日数が少ない（例えば、週3日以下）短時間労働者には、日額の交通費に相当する額を支払う（所定労働日数の違いによる相違）、労働時間の途中に昼食のための休憩時間がない短時間労働者には、食事手当を支給しない（就業時間帯や就業日の違いによる相違）といったものが例示されています。

また短時間労働者は、単に所定労働時間が短いだけではなく、通常の労働者とは、職務の内容や責任の程度、配置の変更の範囲などが異なる場合も少なくないと思います。このように所定労働時間の長短という勤務形態の違い

にとどまらず、職務の内容や責任の程度、配置の変更の範囲などが異なる場合には、こうした相違も踏まえ、待遇の相違の不合理性が判断されることになります。学校法人 X 事件❷は、大学の専任教員が夜間授業（午後 6 時25分〜午後 9 時40分）を担当した場合に支払われる大学夜間手当を嘱託講師に支払わなかったことの当否が問題となった事案ですが、専任教員は、授業以外に学生の指導、研究活動および大学行政というより広い職務への関与が求められ、その結果、日中および夜間の時間の多くを事実上多く拘束され、かつ、授業に関しても時間割で示した内容の授業を学生に提供することについて重い責任を担う点において、割り当てられた授業を担当するのみでそれ以外の職務への関与を求められることのない嘱託講師とは、職務の内容に大きな相違があること、大学夜間手当は専任教員が日中に広範で責任の重い職務を担当しながら、さらに夜間授業を担当することの時間的拘束や負担を考慮した趣旨および性質の手当であると認められることなどを踏まえ、不合理でないとしました（Q50参照）。学校法人中央学院事件❷は、大学の非常勤講師は、労働契約上、定められた担当科目およびコマ数の授業を行っていたにとどまっていたのに対し、専任教員は、定められた担当科目およびコマ数の授業を含む専攻分野についての教育活動や研究活動・教授会での審議・大学役職上の役職・各種委員会等の委嘱事項・学生の修学指導や課外活動の指導など大学運営に関する幅広い業務を行っており、非常勤講師と専任教員とでは、担当職務や責任の程度に大きな相違があること、団体交渉における労働組合との合意により非常勤講師の年俸額は随時増額されてきた経緯があること、非常勤講師と専任教員とでは補助金支給額の算定方法が異なること、専任教員は、兼職が禁止されており、収入を大学からの賃金に依存していたことなどから、本棒額の相違（3 倍差）や賞与・家族手当・住宅手当の支給の有無の相違について、不合理とは認められないと判示しました。

（緒方彰人）

Q59　パートタイム労働者の待遇差が許容される場合

> 　当社は、運送事業を行う会社ですが、運送業務には、無期契約社員で
> ある正社員と正社員より所定労働時間の短い準正社員が従事しています。
> 両社員とも、チーフ・グループ長・運行管理者・運行補助者に任命され
> る点は、同じなのですが、正社員については、就業規則上は、転勤・出
> 向の規定があるほか、正社員のなかには、運送業務のほかに、事故トラ
> ブルの対応など緊急の対処が必要な業務や対外的な交渉が必要な業務に
> 従事する者もいます。そのため、当社では、正社員と準正社員との間で
> は、職務の内容や配置変更の範囲が異なるものとして待遇に差を設けて
> いるのですが、問題はありますか。

A　準正社員が、通常の労働者と同視すべき短時間労働者にあたる場合には、正社員との待遇との間に相違を設けることは原則として許されません。また準正社員が通常の労働者と同視すべき短時間労働者にあたらない場合でも、正社員との待遇との間で、不合理な相違を設けることは許されません。

1　通常の労働者と同視すべき短時間労働者にあたる場合

(1)　パート有期法9条

　パート有期法は、短時間労働者のうち、①職務の内容が通常の労働者と同一であり（以下、「職務の内容の同一性」といいます）、②職務の内容および配置の変更の範囲（人材活用の仕組み、運用など）（以下、「配置変更の範囲」といいます）が、当該事業主と雇用関係が終了するまでの全期間において、通常の労働者の配置変更の範囲と同一の範囲で変更されることが見込まれる者（以下、「配置変更の範囲の同一性」といいます）、すなわち、「通常の労働者と同視すべき短時間労働者」の待遇について、当該労働者が短時間労働者であることを理由として、差別的に取り扱うことを禁止し、通常の労働者の待遇と同じ取扱いとすることを求めています（パート有期法9条）。

　ここで、「職務の内容」とは、「業務の内容」と「当該業務に伴う責任の程

度」のことをいいますが、「職務の内容の同一性」は、「業務の内容」が実質的に同一かどうかを判断し、これが肯定されれば「責任の程度」が著しく異なっていないかを判断するという手順により判断します（詳細はQ35参照）。

　また、「配置変更の範囲の同一性」は、短時間労働者の雇用関係が終了するまでの全期間において、当該短時間労働者の職務の内容および配置の変更が見込まれる範囲（経験する職務の内容または配置の広がり）が、通常の労働者の配置変更の範囲と実質的に同一といえるか否かにより判断します。また、「変更が見込まれる」か否かは、当該事業所における慣行その他の事情（例えば、人事規程など）をもとに判断します（詳細はQ36参照）。

(2)　本問について

　本問では、正社員と準正社員はともに、運送業務に従事するという点では同じですが、正社員の中には、事故トラブルの対応など緊急の対処が必要な業務や対外的な交渉が必要な業務に従事する者もいるということです。

　そこで、「職務の内容の同一性」は認められないようにも思われますが、例えば、事故トラブルの対応などに要する時間的割合や頻度が少ない場合には、正社員の中核的業務は、運送業務であるとして、正社員と準正社員の業務は実質的に同一と判断されることもあると考えられます。

　また、本問では、正社員・準正社員とも、チーフ・グループ長・運行管理者・運行補助者に任命される点は、同じですが、就業規則上は、正社員については、転勤・出向する旨の規定があります。しかし、「配置変更の範囲の同一性」は、当該事業所の慣行その他の事情をもとに判断しますので、例えば、就業規則上は、正社員についての転勤・出向の規定があっても、実際に転勤・出向することがほとんどないという場合には、就業規則において、転勤・出向についての規定があることのみをもって、配置変更の範囲が異なるとはいえないこともあると考えられます。

　こうして準正社員が、通常の労働者と同視すべき短時間労働者にあたる場合には、正社員との待遇との間に相違を設けることは原則として許されません。

(3)　参考判例

　なお、ニヤクコーポレーション事件❺は、運送業務に従事する正社員と準

正社員（短時間労働者）との待遇格差が問題となった事案ですが、同事件は、正社員のなかに事故トラブルの対応などを行う者がいても一部にとどまっていたり、就業規則上は、転勤・出向についての規定があるものの、実際に転勤・出向した正社員が少ないなどという事情においては、正社員と準正社員との間で職務の内容と配置変更の範囲の同一性が認められると判断したものです。

2　通常の労働者と同視すべき短時間労働者にあたらない場合

　また、パート有期法は、通常の労働者と同視すべき短時間労働者にあたらない短時間労働者の待遇についても、当該待遇に対応する通常の労働者との待遇との間において、職務の内容、配置変更の範囲、その他の事情のうち、当該待遇の性質および目的に照らして適切と認められるものを考慮して、不合理と認められる相違を設けてはならないものとしています（パート有期法8条）。したがって、本問の準正社員が、通常の労働者と同視すべき短時間労働者にあたらない場合であっても、パート有期法8条の観点から、正社員との待遇差が不合理なものにはあたらないかを検証する必要があります。

（緒方彰人）

8　説明義務等

Q60　短時間・有期雇用労働者に対する説明義務

> パート有期法により使用者の説明義務が強化されたということですが、具体的に使用者としてどのような説明義務が必要になったのでしょうか。
>
> また、対象者の理解を得るためにどのような体制整備が必要なのでしょうか。

A　事業主は、雇入れ時に、昇給の有無などの特定事項についての明示や雇用管理の改善等の措置の内容について説明すること、また、雇入れ後、短時間・有期雇用労働者からの求めがあったときには、通常の労働者との待遇の相違の内容や理由などを説明することが必要となりました。また対象者の相談に応じ、対応するための体制の整備をすることも必要となりました。

1　労働条件に関する文書の交付など

　まず、事業主は、短時間・有期雇用労働者を雇入れたときは、速やかに、短時間・有期雇用労働者に対し、労働条件のうち、①昇給の有無、②退職手当の有無、③賞与の有無、④短時間・有期雇用労働者の雇用管理の改善等に関する事項に係る相談窓口（以下、①～④のことを「特定事項」といいます）を文書の交付などにより明示しなければならないこととなりました（パート有期法6条1項、パート有期則2条）。

2　雇用管理の改善等の措置の内容等の説明

（1）　雇入れ時

　また、事業主は、短時間・有期雇用労働者を雇い入れたときは、速やかに、パート有期法（具体的には、8条から13条）に基づき措置を講ずべきとされている事項（ただし、労基法15条1項および特定事項を除く）に関し講ずることとしている措置の内容（以下、「雇用管理の改善等の措置の内容」といいます）

について説明しなければならないこととなりました（パート有期法14条1項）。

　この「雇用管理の改善等の措置の内容」の説明は、事業主が実施している各種制度などを説明することを内容とするものです。例えば、不合理な待遇の禁止（パート有期法8条）についていえば、雇い入れる短時間・有期雇用労働者の待遇について、通常の労働者の待遇との間で不合理な相違を設けていないことを説明することなどです（通達（平31・1・30）第3の10）。また、説明方法は、資料を活用し、口頭により行うことを基本としますが、説明すべき事項をすべて記載した短時間・有期雇用労働者が容易に理解できる内容の資料を用いる場合には、当該資料を交付するなどの方法によることもできます。さらに、雇い入れたときに、個々の短時間・有期雇用労働者ごとに説明を行うほか、雇入れ時の説明会等において複数の短時間・有期雇用労働者に同時に説明を行う等の方法によることもできますが、有期雇用労働者については、労働契約の更新をもって「雇い入れ」ることとなるため、その都度、説明が必要となります（通達（平31・1・30）第3の10）。

(2)　短時間・有期雇用労働者から求めがあったとき

　さらに、事業主は、雇入れ後、短時間・有期雇用労働者から求めがあったときは、①当該短時間・有期雇用労働者と通常の労働者との間の待遇の相違の内容や理由（以下、「待遇の相違の内容や理由」といいます）、②パート有期法（具体的には、6条から13条）により措置を講ずべきこととされている事項に関する決定をするにあたって考慮した事項（以下、「措置決定にあたって考慮した事項」といいます）を説明しなければならないこととなりました（パート有期法14条2項）。

　このうち、①の「待遇の相違の内容や理由」の説明は、職務の内容、配置の変更の範囲等が、説明を求める短時間・有期雇用労働者のものと最も近いと事業主が判断する通常の労働者（以下、「比較対象労働者」といいます。比較対象労働者の選定方法は、Q34を参照してください）を比較対象として行うこととなります。そして、「待遇の相違の内容」については、ⓐ比較対象労働者と短時間・有期雇用労働者との間の待遇に関する基準の相違の有無のほか、ⓑ比較対象労働者および短時間・有期雇用労働者の待遇の個別具体的な内容または待遇に関する基準を説明すること、「待遇の相違の理由」については、

①比較対象労働者および短時間・有期労働者の職務の内容、配置の変更の範囲その他の事情のうち、待遇の性質および待遇を行う目的に照らして適切と認められるものに基づき、その理由を説明すること（パート有期指針第 3 の 2）、また、それとともに、ⅱ比較対象労働者の内容とその選定理由についても、説明する必要があります（通達（平31・1・30）第 3 の10）。

　また、②の「措置決定にあたって考慮した事項」の説明は、事業主が実施している各種制度等がなぜそのような制度であるのか、または事業主が実施している各種制度等について説明を求めた短時間・有期雇用労働者にどのような理由で適用され、もしくは適用されていないかを説明する必要があります（通達（平31・1・30）第 3 の10）。

　事業主は、①②の説明を、資料を活用し、口頭により行うことを基本としますが、説明事項をすべて記載した短時間・有期雇用労働者が容易に理解できる内容の資料を用いる場合には、当該資料を交付するなどの方法によることもできます（パート有期指針第 3 の 2）。

　なお、こうした説明を行った結果、短時間・有期雇用労働者が納得することまでは求められていません（通達（平31・1・30）第 3 の10）。また、事業主が、短時間・有期雇用労働者が待遇の相違の内容や理由などの説明を求めたことを理由に、解雇その他の不利益取扱いを行うことは禁じられています（パート有期法14条 3 項）。

3　相談のための体制の整備

　事業主は、雇用管理の改善等に関する事項に関し、短時間・有期雇用労働者からの相談に応じ、適切に対応するために必要な体制を整備しなければならないこととなりました（パート有期法16条）。上記 2 の事業主による説明を契機とする不合理な待遇の相違の是正や、説明による納得性の向上の実効性を確保するためです。具体的には、短時間・有期雇用労働者からの苦情を含めた相談に応じる窓口などの体制を整備することが求められます（通達（平31・1・30）第 3 の12）。

（緒方彰人）

Q61　事業主の説明義務の程度

> 　事業主の説明義務については、どの程度まで説明すれば義務を尽くしたことになりますか。

A　　事業主は、法定事項を説明する必要がありますが、その結果、労働者から了承や合意を得ることは必要ありません。もっとも、事業主の説明が十分でなかったことが、「その他の事情」として考慮されることもありますので、留意が必要です。

1　パート有期法に基づく説明義務

⑴　雇入れ時の説明

　事業主は、雇入れ時に、短時間・有期雇用労働者に対し、パート有期法（具体的には、8条から13条）に基づき措置を講ずべきこととされている事項（ただし、労基法15条1項およびパート有期法6条の特定事項を除く）に関し講ずることとしている措置の内容を説明する必要があります（パート有期法14

〔表1〕　パート有期法に基づく雇入れ時の説明内容

条文番号	説明内容（措置の内容）
8条（不合理な待遇の禁止）	短時間・有期雇用労働者の待遇について、通常の労働者の待遇との間で不合理な相違を設けていないこと
9条（差別的取扱いの禁止）	短時間・有期雇用労働者の待遇について、通常の労働者との差別的な取扱いをしないこと
10条（賃金の決定）	職務の内容、職務の成果等のうちどの要素を勘案した賃金制度となっているか
11条（教育訓練）	実施している教育訓練の内容
12条（福利厚生施設）	利用できる福利厚生施設の内容
13条（転換措置）	実施している通常の労働者への転換推進措置の内容

条1項)。具体的には、〔表1〕のとおり、パート有期法に基づき実施している各種制度などを説明することとなります(通達(平31・1・30)第3の10)。

(2) 雇入れ後の説明

　また、事業主は、雇入れ後、短時間・有期雇用労働者から求めがあったときは、①当該短時間・有期雇用労働者と通常の労働者との間の待遇の相違の内容や理由、②パート有期法(具体的には、6条から第13条)により措置を講

〔表2〕　比較対象労働者の選定順序

a	「職務の内容」、「配置の変更の範囲」のいずれも同一
b	「職務の内容」は同一であるが、「配置の変更の範囲」が同一でない
c	「職務の内容」のうち、「業務の内容」または「責任の程度」が同一
d	「配置の変更の範囲」が同一
e	「職務の内容」、「配置の変更の範囲」のいずれも同一でない

〔表3〕　雇入れ後の待遇の相違の内容および理由の説明

説明事項	説明内容
待遇の相違の内容	・比較対象労働者の内容とその選定理由 ・比較対象労働者と短時間・有期労働者との間の待遇に関する基準の相違の有無 ・比較対象労働者および短時間・有期労働者の待遇の個別具体的な内容(賃金の金額、平均額、上限・下限額など)、または待遇に関する基準(賃金規程や等級表等の支給基準)
待遇の相違の理由	・比較対象労働者と短時間・有期雇用労働者との間で待遇に関する基準が同一である場合には、同一の基準の下で違いが生じている理由(成果、能力、経験の違いなど) ・比較対象労働者と短時間・有期雇用労働者との間で待遇に関する基準が異なる場合には、待遇の性質・目的を踏まえ、待遇に関する基準に違いを設けている理由(職務の内容、配置の変更の範囲の違い、労使交渉の経緯など)、およびそれぞれの基準を通常の労働者および短時間・有期雇用労働者にどのように適用しているか

ずべきこととされている事項に関する決定をするにあたって考慮した事項を
説明する必要があります（パート有期法14条2項）。

　①については、まず、比較対象となる通常の労働者（職務の内容、配置の
変更の範囲等が短時間・有期雇用労働者のものと最も近いと判断される通常の労
働者。以下、「比較対象労働者」といいます）を選定する必要があります。具体
的には、〔表2〕の順により選定します（通達（平31・1・30）第3の10）。

　そのうえで、事業主は、比較対象労働者と当該短時間有期・雇用労働者と
の間の待遇に関し、〔表3〕の内容を説明する必要があります（パート有期指
針第3の2、通達（平31・1・30）第3の10）。

　また、②については、パート有期法各条の観点から、事業主が実施してい
る各種制度等がなぜそのような制度であるのか、または事業主が実施してい
る各種制度等について説明を求めた短時間・有期雇用労働者にどのような理
由で適用されまたは適用されないかを説明する必要があります（通達（平
31・1・30）第3の10）。

2　説明義務の程度や法律効果

　このように、事業主は、雇入れ時、また雇入れ後において、短時間・有期
雇用労働者に対し、法に基づく措置の内容や待遇に関する事項などを説明し
なければなりませんが、その結果、短時間・有期労働者から承認や合意を得
ることは必要ありません。

　もっとも、事業主による説明は、待遇に関する労使交渉の前提になり得る
ものであるため、事業主が十分な説明をしなかった場合、その後の労使交渉
においても、十分な話合いがなされないこともあると考えられます。そうし
た場合、事業主が十分に説明をしなかったことも「その他の事情」（パート
有期法8条）として考慮され得るため、留意が必要です（通達（平31・1・30）
第3の3）。

（緒方彰人）

⑨　事業者の対応

Q62　紛争化した場合のリスクと防止・予防

> 　均衡・均等待遇に関して紛争化した場合のリスクにはどのようなもの
> が考えられますか。また、どのような企業が紛争化のリスクが高いと考
> えられますか。これらのリスクに備え、企業としてどのような点に留意
> すべきですか。

A　紛争化した場合のリスクとしては、風評による企業のイメージダウンや結果の予測可能性が低いうえに敗訴時の影響が大きいことが考えられます。正規・非正規の労働者の職務内容や人材活用の仕組みに相違を設けにくい企業や、正社員に複数のコースを設けている企業、手当の種類が多い企業では紛争下のリスクが大きいと考えられます。企業としては、紛争化に備え、正規・非正規労働者の間にある職務内容等の相違の明確化や「その他の事情」の整理、待遇の見直しを検討するべきです。

1　均衡・均等待遇に関して紛争化した時のリスク

(1)　紛争発生による風評リスク

　昨今は、働き方改革の一環として非正規雇用労働者の待遇改善が図られている状況にあります。かかる状況の下では、非正規社員が正社員との待遇差が不合理であると主張して裁判を起こすと、そのことが社名付きで報道されやすいものといえます。このような同一労働同一賃金に関する裁判の報道では、得てして労働者側に立った報道がされ、企業側の主張は十分に報道されない傾向がありますから、報道を目にした人に「非正規雇用に対して不合理な待遇をしている企業」というイメージをもたれてしまうおそれもあります。

　さらに、一部でも敗訴した場合には、敗訴部分のみが大きく報道されてしまうことにより、さらなる企業のイメージダウンが引き起こされるおそれも否定できません。

⑵　結果の予測可能性の低さ

均衡待遇に関する紛争では、裁判結果の予測が非常に困難です。

不合理性判断の考慮要素についてみると、旧労契法20条では、①職務の内容、②人材活用の仕組み、運用等、③その他の事情があげられていました。判例では、③その他の事情につき、①②に関連する事情に限定されないと判断されており、不合理性の判断では、さまざまな事情が広く考慮されることになると考えられます。今般の法改正により、上記の①〜③のうち「当該待遇の性質及び当該待遇を行う目的に照らして適切とみとめられるもの」という限定が加えられましたが（パート有期法8条）、やはり考慮要素としてさまざまな事情が考慮されることにはあまり変わりがないと予想されます。裁判では、労働者側が待遇の不合理性を基礎づける事情を、企業側が不合理性を否定する事情をそれぞれ主張立証することになりますが、裁判所がどの事情をどれほど考慮するかの予測も難しいでしょう。

このように、比較対象や考慮要素における予測が困難であることに加え、結論として待遇差が不合理であるかどうかは程度の問題になるといわざるを得ません。結局のところ、判決の帰趨は裁判所の評価次第となるところが大きく、判決結果の予測は非常に困難です。

⑶　敗訴時のリスク

敗訴時には、⑴で述べたとおり、報道による風評リスクがあるほか、不法行為に基づく損害賠償責任が生じます。さらに、不合理とされた待遇を是正するために対応を講じることが必要となりますが、場合によっては待遇の変更により企業全体への影響が生じ、経営にも支障が出かねません。

2　紛争発生等のリスクが高いと考えられる企業

⑴　職務内容や人材活用の仕組みに相違を設けにくい企業

企業の業種や規模によっては、非正規社員と正社員の職務内容や人材活用の仕組みに差異を設けにくい場合があります。例えば、運送事業は、正社員のドライバーと非正規社員のドライバーで業務が同じであるとの評価を受けやすい業種であるといえます。パートタイマーに対する差別的取扱いの禁止違反が初めて認められたニヤクコーポレーション事件❺、旧労契法20条につ

235

いて最高裁が判断した長澤運輸事件❹・ハマキョウレックス事件⓱はいずれも運送業者にドライバーとして勤務する非正規社員が提訴した事案であり、職務内容が同一であると判断されています。また、事業所が1つしかない小規模の企業では、転勤の有無により差異を設けることができず、人材活用の仕組みが同じであるとされる危険性が高いといえます。

　このように職務内容や人材活用の仕組みに差異を設けにくい企業では、非正規社員が正社員との労働条件の相違に不満をもつことによって紛争が発生するリスクや、紛争時に労働条件の相違の理由づけが困難であるために法違反と評価されるリスクが高くなると思われます。

(2)　正社員に複数のコースを設けている企業

　正社員に職務内容や異動範囲などに差異がある複数のコースを設けている企業も、紛争リスクが高い場合があると考えられます。

　日本郵便（非正規格差）事件高裁判決❺では、新人事制度導入の前後における旧労契法20条違反が争われましたが、新人事制度においては、正社員に「新総合職」、「地域基幹職」および「新一般職」という各コースが設けられ、新一般職は標準的な業務に従事することが予定されていたうえ、人事異動等は転居を伴わない範囲に限定されるなどの特徴がありました。判決は、新人事制度導入後の比較対象者について、契約社員と労働条件を比較すべき正社員は担当業務や異動等の範囲が限定されている点で類似する新一般職とするのが相当であるとしたうえ、転居を伴わない異動しか予定されていない新一般職に住居手当を支給し、契約社員には支給しないことは不合理であると判断しました。

　このように、正社員の複数のコースのうち、非正規社員との差異が小さいコースがある場合には、そのコースの正社員が比較対象とされ、結果として待遇差が不合理であると判断されやすくなるおそれがあると考えられます。

(3)　正社員にさまざまな手当を支給している企業

　基本給をもとに賞与や退職金を算出している企業などでは、正社員の基本給を低額に抑えたうえで、さまざまな手当を支給して賃金総額が低額とならないようにしている場合があります。正社員と非正規社員の待遇の相違が不合理であるか否かは待遇ごとに判断されますから、手当については手当ごとに相違が不合理かどうか審査されます。正社員にさまざまな手当を支給して

いる一方で、非正規社員にはそれらの手当を支給していないという企業では、相違が不合理か否かを審査される手当の数も多くなりますから、不合理性が肯定されるリスクも高まるものと考えられます。

3　紛争防止あるいは紛争に備えるための留意点

⑴　職務内容や人材活用の仕組みの相違の明確化

まずは、正社員と非正規社員の職務内容や人材活用の仕組みに相違を設けることが肝要です。業務内容に差を設けにくい業種でも、部下の有無やトラブル発生時の対応などの点に相違をつけるなどして、責任の程度に相違を設けることが必要です。人材活用の仕組みの相違としては、転勤や昇進の有無・範囲に差を設けるほか、正社員用・非正規社員用の評価制度を区別して設けることも考えられるでしょう。

また、実際にそれらの相違があるしても、そのことが非正規社員にとって明確でなければ、非正規社員が待遇差に不公平感をもってしまい、紛争化するリスクが高まると思われます。そこで、職務内容・人材活用の仕組みが異なることを明確に意識させるための措置を講じることも重要です。具体的には、就業規則や雇用契約書に明記するほか、パート有期法14条各項に基づく説明を適切に行うことが考えられます。正社員にも、非正規社員との相違を十分に認識させ、正社員が行うべき仕事を非正規社員にさせたりすることがないようにすることも必要でしょう。

⑵　「その他の事情」の整理

待遇差を理由づける事情として、職務の内容や人材活用の仕組みのほかに、「その他の事情」としてどのような事情を援用できるかも整理しておくべきです。通達（平31・1・30）第3の3においては、「その他の事情」の具体例として、職務の成果、能力、経験、合理的な労使の慣行および労使交渉の経緯などの事情があげられています。さらに、同一労働同一賃金ガイドラインでは、非正規社員が定年後再雇用であることも「その他の事情」として考慮され得る事情としてあげられています。

このほかに、正社員登用制度が整備されており、待遇差が固定されておらず格差解消の途が用意されていることも、「その他の事情」として考慮され

得ると考えられます。日本郵便（時給制契約社員ら）事件判決❶や日本郵便（非正規格差）事件判決❹、メトロコマース事件判決⓭でも、正社員登用制度が「その他の事情」として考慮され得ることが述べられています。正社員登用制度の対象者の設定や登用試験の内容といった制度設計には企業の裁量が認められると考えられますが、日本郵便（時給制契約社員ら）事件❶では、登用実績が少ないことや登用制度が実施されなかった年度があることなどを指摘して正社員登用制度を重視することは相当ではないと述べられました。この判決には疑問もありますが、登用制度の実施状況によっては不合理性を否定する事情として重視されないおそれがあることには留意が必要でしょう。

　また、通達（平31・1・30）の第3の3では、パート有期法14条2項に基づく説明が不十分であることは、待遇差の不合理性を基礎づける方向の「その他の事情」として考慮され得るとされていることにも留意すべきです。

　さらに、メトロコマース事件や大阪医科薬科大学事件において、労働者は、比較対象として、他の正社員と職務内容や変更の範囲を異にする一部の正社員群を選択していました。最高裁判決は、労働者が比較対象とした正社員群が他の正社員と職務内容等を異にするに至った理由には、メトロコマース事件⓭においては「会社の組織再編等に起因する事情」、大阪医科薬科大学事件❿においては「教室事務員の業務の内容や第1審被告が行ってきた人員配置の見直し等に起因する事情」があったと述べたうえ、これらの事情の存在も「その他の事情」として考慮すべきとしました。

(3)　待遇の見直し

　紛争の発生に備えた方策として、正社員と非正規社員の待遇差の有無を確認し、待遇差がある場合はその理由を整理したうえ、待遇の趣旨や目的に照らして相違が不合理でないか否かを検討する必要があります。

　正社員にのみ多種の手当を支給している企業においては、各種手当の趣旨・目的を整理したうえ、必要に応じて手当の統廃合や支給要件の変更などの措置を講じるべきです。手当の支給対象を非正規社員にも拡大する方向で見直すにあたっては、当該手当が割増賃金の基礎となることなどにより、当該手当以外の労働条件に影響を及ぼす場合があることに留意することが必要であると考えられます。　　　　　　　　　　　　　　　　　（吉永大樹）

Q63　短時間・有期雇用労働者との待遇差が不合理とは解されない場合でも留意すべき点

> 　短時間・有期雇用労働者と通常の労働者との待遇差が、パート有期法で定める均衡待遇（パート有期法8条）あるいは均等待遇（同法9条）に違反していないと解される場合でも労務管理上留意すべき点がありますか。

A　パート有期法8条、9条に反しないよう、短時間・有期雇用労働者、そして通常の労働者（典型は正社員）の各類型の社員の賃金等の待遇内容、相違の理由を確認したうえで、法に違反し、是正が必要となるものかを検証し、その結果、両者間の待遇の相違が法に違反しないと解される場合、法に違反しないと考えられる理由に即した労務管理を今後も適正に行っていく必要があります。

1　短時間・有期雇用労働者との待遇が不合理とは解されない場合

　短時間・有期雇用労働者、そして通常の労働者（典型は正社員）の各類型の社員の賃金等の待遇内容、相違の理由を確認したうえで、パート有期法8条、9条に違反し、是正が必要となるかを検証した結果、両者間の待遇の相違が法に違反しないと解される場合、そのことだけで安心してはいけません。爾後も、法に違反しないと考えられる理由に即した労務管理を適正に行っていく必要があります。

2　通常の労働者と同視すべき短時間・有期雇用労働者──パート有期法9条

　パート有期法9条により、「短時間・有期雇用労働者であることを理由」とする差別的取扱いが禁止されますが、当該待遇の相違が短時間・有期雇用労働者であることを理由とするものでない場合、例えば、個々の労働者の意欲、能力、経験、成果などを理由とする相違であれば、同法上違法とならな

いことはQ53で述べたとおりです。今後の労務管理上においても、両者間において待遇差を維持していくのであれば、上記の待遇差の相違の理由に基づく運用を適正に行っていく必要があります。

3　それ以外の短時間・有期雇用労働者──パート有期法8条

「それ以外の短時間・有期雇用労働者」については、パート有期法8条により、待遇の性質・目的に照らして、①職務の内容、②配置変更の範囲、③その他の事情を考慮して、通常の労働者の待遇との相違が不合理なものでないかを検証することとなり、上記の①ないし③に照らして両者間の待遇差が不合理でないと考えられる場合、その理由となる①ないし③の不合理性の判断要素について、今後の運用等において従前と取扱いが変わる等によって、不合理性の判断に影響を及ぼすことがないような適正な労務管理が求められます。

例えば、①の職務内容について、これまで通常の労働者と短時間・有期労働者の職務内容（業務内容、責任の程度）が明確に区分され、相違が認められていたにもかかわらず、その後、短時間・有期労働者の中には通常の労働者の職務内容と同じ職務内容を付与される者が生じてきた、ということになると、両者間の待遇差について不合理性の判断が揺らぎ、不合理と判断されることにもなりかねません。

同様に、②の配置変更の範囲（職務内容および配置の変更の範囲、いわゆる人材活用の仕組み）についても、これまで通常の労働者においては、職務内容、勤務場所（転居を伴うものも含む）の変更が予定されており、他方、短時間・有期雇用労働者においては、上記の変更は予定されていなかったという相違があり、両者間で、例えば、住宅手当などの待遇の相違について、この②の相違をもとに不合理性が否定されていた場合において、その後、短時間・有期雇用労働者においても職務内容、勤務場所（転居を伴うものを含む）の変更を行うようになった場合、その運用実態からこの②に相違が認められず、ひいては両者間の住宅手当などの待遇差について不合理性の判断が揺らぎ、不合理と判断されることにもなりかねません。

待遇の相違について、ある待遇が他の待遇の有無および内容を踏まえて判

断される場合もあり、このような事情は③その他の事情として不合理性の判断要素になると考えられますが（長澤運輸事件最高裁❹）、この場合、他の待遇の有無および内容が今後変わる場合には上記の不合理性の判断に影響を与えることは十分に考えられます。

　以上のとおり、両者間の待遇の相違が不合理ではないと判断される①ないし③の判断要素について、今後の労務管理においても、誤った運用実態となっていないか等、事情に変化が生じていないか、それにより不合理性の判断に影響を与えないか、適宜検証、必要に応じた是正を行う必要がありましょう。

（三上安雄）

Q64　短時間・有期雇用労働者との待遇が不合理と解される場合の是正策

> パート有期法で定める均衡待遇（パート有期法 8 条）あるいは均等待遇（同法 9 条）に違反すると解される場合に、通常の労働者との待遇差をどのように是正したらよいですか。

A　パート有期法 8 条、9 条に反しないよう、短時間・有期雇用労働者、そして通常の労働者（典型は正社員）の各類型の社員の賃金等の待遇内容、相違の理由を確認したうえで、法に違反し、是正が必要となるものかを検証し、その結果、是正が必要と判断した場合、その是正の方法としては、①短時間・有期雇用労働者の職務内容や活用方法などを変更する方法、②短時間・有期雇用労働者の待遇を是正する（個別の賃金項目・手当を見直す）方法③通常の労働者と短時間・有期雇用労働者の処遇体系、つまり賃金制度を全体的に見直す、という 3 つの方法が考えられます。

1　待遇差是正の方法

　短時間・有期雇用労働者と、通常の労働者との待遇差がパート有期法 8 条、9 条に違反し是正する必要があると解される場合に、その方法として、①短時間・有期雇用労働者の職務内容や活用方法などを変更する方法、②短時間・有期雇用労働者の待遇を是正する（個別の賃金項目・手当を見直す）方法③通常の労働者と短時間・有期雇用労働者の処遇体系、つまり賃金制度を全体的に見直す、という 3 つの方法が考えられます。以下、それぞれについて説明します。

2　短時間・有期雇用労働者の職務内容や活用方法などを変更する方法（①）

　本来であれば、通常の労働者と短時間・有期雇用労働者の当該待遇差について、その職務内容の違いが理由であるにもかかわらず、従前において、通常の労働者と短時間・有期雇用労働者において、その職務内容（業務内容、

責任の程度）の差異が明確でないような運用がなされていた場合（例えば、短時間・有期雇用労働者に対し、通常の労働者と同等の業務を担当させたり、責任をゆだねていた、というような場合）、まずは、職務内容において本来両者間にあるべき差異を明確にし、両者の業務範囲、責任範囲を峻別し、両者間の待遇差の理由を説明できるようにすることが必要です。

　同様に、通常の労働者と短時間・有期雇用労働者の当該待遇差について、その配置変更の範囲（職務内容および配置の変更の範囲、いわゆる人材活用の仕組み）が理由であるにもかかわらず、従前において、通常の労働者と短時間・有期雇用労働者において、その配置変更の範囲の差異が明確でないような運用がなされていた場合（例えば、通常の労働者には、出向・転籍の規定はあるが、実際にはそのような実績がなく、短時間・有期雇用労働者との間で配置変更の範囲が明確でない場合）、運用においても、配置変更の範囲に関する本来あるべき両者間の差異を明確にし、両者間の待遇差の理由を説明できるようにすることが必要です。

3　短時間・有期雇用労働者の待遇を是正する（個別の賃金項目・手当を見直す）方法（②）

　通常の労働者に支給されている個別の賃金項目ないし手当について、短時間・有期雇用労働者に支給していない、あるいは支給している内容がいずれも不合理と解され、是正が必要と判断した場合において、②短時間・有期雇用労働者の待遇を是正するというのが最もシンプルな方法ではありますが、他方において、給与総額が増えることとなりますので、その給与原資をどのように調達するかが問題となります。

　ⓐその給与原資を調達するために、増額分の一部を通常の労働者の給与額等労働条件を不利益に変更し、対応するという方法が考えられます。また、ⓑ短時間・有期雇用労働者の待遇を是正するという方法ではなく、むしろ通常の労働者の賃金項目・手当を廃止、ないし減額することで短時間・有期雇用労働者との均衡を図ることも考えられます。このような、通常の労働者の賃金等の労働条件を不利益に変更することは認められるのか、問題となります。

　この点に関し、同一労働同一賃金ガイドラインの第2において、「事業主が、通常の労働者と短時間・有期雇用労働者及び派遣労働者との間の不合理と認められる待遇の相違の解消等に対応するため、就業規則を変更することにより、その雇用する労働者の労働条件を不利益に変更する場合、労働契約法（平成19年法律第128号）第9条の規定に基づき、原則として、労働者と合意する必要がある。また、労働者と合意することなく、就業規則の変更により労働条件を労働者の不利益に変更する場合、当該変更は、同法第10条の規定に基づき、当該変更に係る事情に照らして合理的なものである必要がある。ただし、短時間・有期雇用労働法及び労働者派遣法に基づく通常の労働者と短時間・有期雇用労働者及び派遣労働者との間の不合理と認められる待遇の相違の解消等の目的に鑑みれば、事業主が通常の労働者と短時間・有期雇用労働者及び派遣労働者との間の不合理と認められる待遇の相違の解消等を行うに当たっては、基本的に労使で合意することなく通常の労働者の待遇を引き下げることは、望ましい対応とはいえないことに留意すべきである」（注：下線は筆者）とされています。もっとも、このガイドラインは、均衡を図るために通常の労働者の待遇を不利益に変更することで対応することは望ましいとはいえないとするものの、労契法10条により、その変更が、①労働者の受ける不利益程度、②労働条件の変更の必要性、③変更後の就業規則の内容の相当性、④労働組合等との交渉の状況その他の就業規則の変更に係る事情に照らして合理的なものである場合における労働条件の不利益変更を禁止するものではありません。

　この点に関し、近時の裁判例（九水運輸商事事件高裁判決**❸❷**）において、有期契約社員であるパート社員に対して支給される通勤手当の金額が正社員の半額（正社員1万円に対してパート社員5000円）であった点が不合理な相違とされた事案で、請求期間の途中から、会社による労働条件の変更により正社員の通勤手当が1万円から5000円に減額されたことにより、その時点以降については旧労契法20条違反の状態が解消されたと判断されています。福岡高裁は、正社員の通勤手当を減額することによりパート社員との相違を解消した点について、「労働契約法20条は、労働条件の相違が不合理と評価されるか否かを問題とするものであり、その解消のために無期契約労働者の通勤手

当が減額されたとしても、そのことが同条に違反すると解することもできない」との判断を示しています。なお、本事案では、単に正社員の通勤手当を減額するだけではなく、正社員の他の手当（職能給）を1万円増額しており、不利益変更の問題を回避している（通勤手当だけに着目すると不利益変更と解されても、他の代償措置により合理性が認められる可能性が高い）点は、変更手法として参考になります。

4　通常の労働者と短時間・有期雇用労働者の処遇体系を全体的に見直す方法（③）

　次に、給与原資そのものをできる限り維持しながら、③通常の労働者と短時間・有期雇用労働者の処遇体系を全体的に見直す方法、具体的には、雇用契約期間の有無や労働時間という雇用形態の違いを問わず、全体を、働きや貢献に見合った処遇体系に組みかえるという方法も考えられます。この場合、それまで働きや貢献が少ないにもかかわらずそれ以上の給与が支給されていた労働者（例えば、通常の労働者で実際の働きや貢献以上の給与を支払われている場合などが考えられます）については、働きや貢献に見合った処遇体系に移行した場合、給与額そのものが減額となる不利益変更の問題が生じます。このような不利益変更の問題については、すでに論じたとおりであり、労契法10条で求められる変更の合理性をめぐっては、その不利益の程度（給与の減額幅）や変更後の就業規則の内容の相当性（例えば、給与減額に関する経過措置や代償措置の有無、内容）等が特に問題になると思われます。変更の合理性が認められるよう配慮が必要になると解されます。

（三上安雄）

Q65　短時間・有期雇用労働者の今後の活用

> 今後の短時間・有期雇用労働者について制度の改定を検討しています
> が、どのような点に留意すればよいでしょうか。

A　低賃金・雇用の調整弁といった従前の短時間・有期雇用労働者に
対するメリットは失われつつあります。正社員を含め、人事制度全
体をどのように変えていくのかという視点が必要です。

1　労契法による有期契約労働者の保護

　これまで、正社員については、原則として終身雇用制が適用され、長期間
の雇用が保証されるとともに、高い待遇が約束されていたのに対し、短時
間・有期雇用労働者に対しては、待遇が低く、しかも雇用の調整弁として使
われやすい側面もありました（正社員に先立って臨時的な社員の削減を図るの
は合理的であるとした裁判例として、日立メディコ事件・最高裁昭和61年12月4
日判決・判時1221号134頁）。これらの問題のうち、低い待遇にメスを入れる
のが、本書でも取り上げている同一労働同一賃金の問題ですが、雇用調整と
いう点においても、以下のとおり労契法によって、さまざまな保護がなされ
ています。

(1)　雇止めに対する制限の明文化

　有期契約労働者は、契約期間の定めがありますので、雇用契約の期間が満
了すれば、契約が終了して退職するのが原則です。しかし、前述したとおり、
実際には、契約期間が満了しても直ちに退職せず、契約の更新を繰り返して
長期間勤務するケースが多くみられます。このように更新を繰り返したり、
あるいは契約書の取り交わしすらしておらず、実質的に正社員と同じように
長期間勤務しているのに、ある時、突然契約期間の満了を理由に雇止めが通
知されるのは不当であると考えられたことから、正社員と同視できるような
場合や、更新が繰り返されて更新に対する合理的な期待が生じているような
場合には、単に契約期間の満了という理由だけでは足りず、正社員の解雇権
濫用法理を類推適用するという裁判実務が確立されていました。平成24年の

労契法の改正では、この解雇権濫用法理の類推適用を明文化しました（労契法19条。なお、有期労働契約の期間途中の解雇については、これまで民法において、「やむを得ない事由」が必要と規定されていましたが（民法628条）、同じ改正で、労契法に規定が新設され、この規定が強行規定であること、および使用者に「やむを得ない事由」の立証責任を負わせることを明確化しています）。

　これによって、更新に対する合理的な期待等を保護するためには、正社員に対する解雇（労契法16条）と同様に、客観的に合理的な理由と社会通念上の相当性が必要となりました。

(2)　無期転換権の発生

　労働者の有期雇用による雇用の不安定を解消するために、平成25年の労契法改正によって、有期契約労働者に対する、無期雇用労働者へ転換する権利が付与されることになりました（労契法18条）。

　詳細については触れませんが、この規定が新設されたことによって、有期契約労働者が無期契約労働者に転換することができるようになります。無期契約労働者については、正社員に対する解雇と同様、労契法16条の解雇権濫用法理が直接適用されることになります。

2　今後の短時間・有期雇用労働者に予想される変化

　以上のとおり、労契法やパート有期法によって、これまで短時間・有期雇用労働者の活用のメリットとされてきた、低賃金や調整のしやすさについては、制限がかけられてきています。さらに、現在の少子化傾向の中では、人材の獲得競争が激しくなってきており、短時間・有期雇用労働者として採用を募集すること自体、減っていくかもしれません。

　これらを踏まえると、今後は、短時間・有期雇用労働者は、働く時間等を限定したい一部の労働者（扶養者扱いから外れたくない主婦層など）を除いては、長期に更新することは想定されず、せいぜい2～3年、更新回数を1回か2回程度にとどまり、従事する業務内容等についても、正社員とは明らかに異なる、限定的な業務にとどまっていかざるを得なくなるのではないかと思われます。そうなると、今度は、無期雇用労働者の中で、いくつかのコースが生じ、総合職的な正社員と、いわゆる限定正社員という区分けがなされ

ていくのではないかと考えられます。

(1)　限定正社員の増加

　パート有期法8条においても、比較の考慮要素として、業務の内容および責任（職務の内容）並びに職務の内容および配置の変更の範囲があげられている以上、非正規労働者との比較のうえで、正社員についても、業務内容や業務に対する責任、配置の変更の範囲等については、より明確にしていかざるを得ないように思います。その結果、正社員という名称はついていても、実際には、あちこちに転勤したり、管理職として重い責任を負う総合職的な正社員もいれば、1つの職場から異動したことがない正社員、同じ業務だけに従事している正社員もいるという場合のように、地域限定正社員や職種限定正社員のような立場として、業務内容やその変更の範囲については限定的となる代わり、待遇は総合職的な正社員よりも低くなるというケースが出てくることが予想されます。

(2)　配置転換の制限と労働市場の流動化

　また、上記のように、限定正社員として業務内容や勤務地を限定されている場合、企業が配置転換をするには労働者本人の同意が必要になります。また、限定正社員という制度がない場合でも、業務内容に応じて賃金が決定される傾向が強まれば、配置転換に対して抵抗を示す労働者も増えてくることが予想されます。その結果、望まない配置転換を打診されたら、自分のやりたいことをするために、同じような仕事をする他の企業に移るということも行われやすくなると思われます。特に最近では、人手不足の現状から、労働者も、同じような仕事をしている他企業から、より良い労働条件が提示されれば、さしたる心理的抵抗もなく転職してしまうということも増えてきています。このように、配置転換が限定されるということは、より労働市場の流動性が高まることにつながるように思います。

　また、企業の側からしても、当該職種がなくなったり当該地域での仕事がなくなったりすれば、本人の同意を得て、よそに配置転換したいところですが、本人の同意が得られなければ、そのまま解雇せざるを得ません。ある事業部門が閉鎖されたり、ある事業場が閉鎖された場合、通常の整理解雇の考え方からすれば、他の部署や他の事業場での吸収の可能性について検討する

必要があるケースもありますが、職種限定や地域限定であれば、こうした検討をしなければならない必要性は下がると考えられます。

3　今後の人材活用

　以上のとおり、政府の働き方改革は、以前よりも労働者の待遇と職務内容等を強く結びつける雇用システムに転換していこうというねらいもあるように思われますし、一部ではそうした傾向も現れてきているように思います。

　今般、同一労働同一賃金に関する最高裁判決❶❹❼❿⓭が出たことを受け、短時間・有期雇用労働者の制度改定を検討する企業も多いと思われますが、検討の際には、単なる手当や休暇の付与の問題だけではなく、短時間・有期雇用労働者を今後どのような規模で雇用し、どのような業務に従事してもらうのか、さらには正社員についても、どのような仕事をどのような待遇でしてもらうのか、企業の人事制度全体を見直すという視点も必要ではないかと考えています。

（安倍嘉一）

資料編

- ・関係判例一覧
- ・同一労働同一賃金ガイドライン

関係判例一覧

※　裁判例には、同一労働同一賃金に係る請求以外にもあわせて請求している事案もあるが、ここでは同一労働同一賃金に係る請求に対する判断についてのみ掲載している。

◆　旧労契法20条違反（定年前事案）

【日本郵便（時給制契約社員ら）事件】

判例番号	裁判所／判決年月日／掲載誌	労働契約の種類	不合理性を認めた部分または棄却等
❶	上告審（最高裁）R 2・10・15 労判1229号58頁	契約社員	年末年始勤務手当、有給の病気休暇、夏期冬期休暇（損害について判断）
❷	控訴審（東京高裁）H30・12・13 労判1198号45頁	同上	年末年始勤務手当、住居手当（新人事制度において）、夏期冬期休暇、有給の病気休暇
❸	1審（東京地裁）H29・9・14 労判1164号5頁	同上	年末年始勤務手当（8割）、住居手当（6割）、夏期冬期休暇、有給の病気休暇

【日本郵便（非正規格差）事件】

❹	上告審（最高裁）R 2・10・15 労判1229号67頁	契約社員	年末年始勤務手当、年始期間の勤務に対する祝日給、扶養手当、夏期冬期休暇（損害について判断）
❺	控訴審（大阪高裁）H31・1・24 労判1197号5頁	同上	年末年始勤務手当（契約期間を通算した期間が5年を超えている場合）、年始期間の勤務に対する祝日給（契約期間を通算した期間が5年を超えている場合）、住居手当（新人事制度において）、夏期冬期休暇（契約期間を通算した期間が5年を超えている場合）、有給の病気休暇（契約期間を通算した期間が5年を超えている場合）
❻	1審（大阪地裁）H30・2・21 労判1180号26頁	同上	年末年始勤務手当、扶養手当、住居手当

【日本郵便（佐賀）事件】

判例番号	裁判所／判決年月日／掲載誌	労働契約の種類	不合理性を認めた部分または棄却等
❼	上告審（最高裁）R 2・10・15 労判1229号5頁	時給制契約社員	夏期冬期休暇
❽	控訴審（福岡高裁）H30・5・24 労経速2352号3頁	同上	夏期冬期休暇
❾	1審（佐賀地裁）H29・6・30 労経速2323号30頁	同上	請求棄却（基本給、通勤手当、外務業務手当、早出勤務等手当、祝日給、夏期年末手当、夏期冬期休暇、夜間勤務特別手当、郵便外務・内務業務精通手当、郵便物区分能率向上手当、郵便物配達能率向上手当、非番日の勤務）

【大阪医科薬科大学事件】

❿	上告審（最高裁）R 2・10・13 労判1229号77頁	アルバイト職員	請求棄却（賞与、私傷病欠勤中の賃金）
⓫	控訴審（大阪高裁）H31・2・15 労判1199号5頁	同上	賞与（支給基準60％を下回る部分）、夏期特別休暇、私傷病欠勤中の賃金
⓬	1審（大阪地裁）H30・1・24 労判1175号5頁	同上	請求棄却

【メトロコマース事件】

⓭	上告審（最高裁）R 2・10・13 労判1229号90頁	契約社員B	請求棄却（退職金）
⓮	控訴審（東京高裁）H31・2・20 労判1198号5頁	同上	早出残業手当、住宅手当、褒賞手当、退職金（4分の1を下回る部分）
⓯	1審（東京地裁）H29・3・23 労判1154号5頁	同上	早出残業手当

【ハマキョウレックス事件】

判例番号	裁判所／判決年月日／掲載誌	労働契約の種類	不合理性を認めた部分または棄却等
⑯	差戻審（東京高裁）H30・12・21 労判1198号32頁	契約社員	皆勤手当
⑰	上告審（最高裁）H30・6・1 労判1179号20頁	同上	皆勤手当（差戻）、無事故手当、作業手当、給食手当、通勤手当
⑱	控訴審（大阪高裁）H28・7・26 労判1143号5頁	同上	無事故手当、作業手当、給食手当、通勤手当
⑲	1審（大津地裁彦根支部）H27・9・16 労経速2292号26頁	同上	通勤手当

【学校法人中央学院事件】

判例番号	裁判所／判決年月日／掲載誌	労働契約の種類	不合理性を認めた部分または棄却等
⑳	控訴審（東京高裁）R2・6・24 労経速2429号17頁	非常勤講師	請求棄却（本俸、賞与、年度末手当、家族手当、住宅手当）
㉑	1審（東京地裁）R1・5・30 労判1211号59頁	同上	同上

【学校法人X事件】

判例番号	裁判所／判決年月日／掲載誌	労働契約の種類	不合理性を認めた部分または棄却等
㉒	控訴審（大阪高裁）R2・1・31 労経速2431号35頁	嘱託講師	請求棄却（大学夜間担当手当）
㉓	1審（京都地裁）H31・2・28 労経速2376号3頁	同上	同上

【井関松山ファクトリー事件】

判例番号	裁判所／判決年月日／掲載誌	労働契約の種類	不合理性を認めた部分または棄却等
㉔	控訴審（高松高裁）R1・7・8 労判1208号38頁	契約社員	物価手当
㉕	1審（松山地裁）H30・4・24 労判1182号5頁	同上	同上

【井関松山製造所事件】

判例番号	裁判所／判決年月日／掲載誌	労働契約の種類	不合理性を認めた部分または棄却等
㉖	控訴審（高松高裁）R1・7・8 労判1208号25頁	契約社員	家族手当、住居手当、精勤手当
㉗	1審（松山地裁）H30・4・24 労判1182号20頁	同上	同上

【産業医科大学事件】

判例番号	裁判所／判決年月日／掲載誌	労働契約の種類	不合理性を認めた部分または棄却等
㉘	控訴審（福岡高裁）H30・11・29 労判1198号63頁	臨時職員（契約社員）	基本給、賞与
㉙	1審（福岡地裁小倉支部）H29・10・30 労判1198号74頁	同上	請求棄却（基本給、賞与）

【日本郵便（休職）事件】

判例番号	裁判所／判決年月日／掲載誌	労働契約の種類	不合理性を認めた部分または棄却等
㉚	控訴審（東京高裁）H30・10・25 労経速2386号3頁	時給制契約社員	請求棄却（有給の病気休暇および休職制度の適用）
㉛	1審（東京地裁）H29・9・11 労経速2340号29頁	同上	請求棄却（休職制度）

【九水運輸商事事件】

判例番号	裁判所／判決年月日／掲載誌	労働契約の種類	不合理性を認めた部分または棄却等
㉜	控訴審（福岡高裁）H30・9・20 労経速2378号3頁	パート社員	通勤手当
㉝	1審（福岡地裁小倉支部）H30・2・1 労判1178号5頁	同上	同上

【医療法人A会事件】

㉞	控訴審（新潟地裁）H30・3・15 労経速2347号36頁	非正規職員（契約社員）	請求棄却（賞与）
㉟	1審（新潟簡裁）判決日不明	同上	賞与

【アートコーポレーション事件】

㊱	横浜地裁 R2・6・25 労判1230号36頁	アルバイト	通勤手当

【トーカロ事件】

㊲	東京地裁 R2・5・20 労経速2429号26頁	嘱託社員	請求棄却（基本給、賞与、地域手当）

【学校法人明泉学園事件】

㊳	東京地裁 R1・12・12 労経速2417号3頁	専任講師（常勤講師）	請求棄却（調整手当）

【ヤマト運輸事件】

㊴	仙台地裁 H29・3・30 労判1158号18頁	契約社員	請求棄却（賞与）

◆ 旧労契法20条違反（定年後再雇用事案）

【長澤運輸事件】

判例番号	裁判所／判決年月日／掲載誌	労働契約の種類	不合理性を認めた部分または棄却等
㊵	上告審（最高裁）H30・6・1 労判1179号34頁	嘱託乗務員（定年後再雇用としての有期雇用）	精勤手当、超過手当（精勤手当を算定基礎に含めていない）
㊶	控訴審（東京高裁）H28・11・2 労判1144号16頁	同上	請求棄却（賃金総額）
㊷	1審（東京地裁）H28・5・13 労判1135号11頁	同上	賃金総額

【九州惣菜事件】

㊸	控訴審（福岡高裁）H29・9・7 労判1167号49頁	定年後再雇用	請求棄却（賃金総額）
㊹	1審（福岡地裁）H28・10・27 労判1167号58頁	同上	請求棄却（賃金総額）

【名古屋自動車学校事件】

㊺	名古屋地裁 R2・10・28 労経速2434号3頁	定年後再雇用	基本給（定年退職時の基本給の60％を下回る限度）

【北日本放送事件】

㊻	富山地裁 H30・12・19 労経速2374号18頁	定年後再雇用	請求棄却（基本給、賞与、住宅手当、裁量手当、祝金）

【日本ビューホテル事件】

判例番号	裁判所／判決年月日／掲載誌	労働契約の種類	不合理性を認めた部分または棄却等
㊼	東京地裁 H30・11・21 労判1197号55頁	定年後再雇用（嘱託社員および臨時社員）	請求棄却（賃金総額）

【五島育英会事件】

㊽	東京地裁 H30・4・11 労経速2355号3頁	定年後再雇用	請求棄却（賃金総額）

【学究社事件】

㊾	東京地裁立川支部 H30・1・29 労判1176号5頁	定年後再雇用	請求棄却（賃金総額）

◆ 　均等待遇事案

【京都市立浴場運営財団ほか事件】

㊿	京都地裁 H29・9・20 労判1167号34頁	嘱託職員	退職金

【ニヤクコーポレーション事件】

51	大分地裁 H25・12・10 労判1090号44頁	準社員	賞与、週休日数、退職金（ただし損害なし）

短時間・有期雇用労働者及び派遣労働者に対する不合理な待遇の禁止等に関する指針 （厚生労働省告示第430号・平成30年12月28日）

第1　目的

　この指針は、短時間労働者及び有期雇用労働者の雇用管理の改善等に関する法律（平成5年法律第76号。以下「短時間・有期雇用労働法」という。）第8条及び第9条並びに労働者派遣事業の適正な運営の確保及び派遣労働者の保護等に関する法律（昭和60年法律第88号。以下「労働者派遣法」という。）第30条の3及び第30条の4に定める事項に関し、雇用形態又は就業形態に関わらない公正な待遇を確保し、我が国が目指す同一労働同一賃金の実現に向けて定めるものである。

　我が国が目指す同一労働同一賃金は、同一の事業主に雇用される通常の労働者と短時間・有期雇用労働者との間の不合理と認められる待遇の相違及び差別的取扱いの解消並びに派遣先に雇用される通常の労働者と派遣労働者との間の不合理と認められる待遇の相違及び差別的取扱いの解消（協定対象派遣労働者にあっては、当該協定対象派遣労働者の待遇が労働者派遣法第30条の4第1項の協定により決定された事項に沿った運用がなされていること）を目指すものである。

　もとより賃金等の待遇は労使の話合いによって決定されることが基本である。しかし、我が国においては、通常の労働者と短時間・有期雇用労働者及び派遣労働者との間には、欧州と比較して大きな待遇の相違がある。政府としては、この問題への対処に当たり、同一労働同一賃金の考え方が広く普及しているといわれる欧州の制度の実態も参考としながら政策の方向性等を検証した結果、それぞれの国の労働市場全体の構造に応じた政策とすることが重要であるとの示唆を得た。

　我が国においては、基本給をはじめ、賃金制度の決まり方には様々な要素が組み合わされている場合も多いため、まずは、各事業主において、職務の内容や職務に必要な能力等の内容を明確化するとともに、その職務の内容や職務に必要な能力等の内容と賃金等の待遇との関係を含めた待遇の体系全体を、短時間・有期雇用労働者及び派遣労働者を含む労使の話合いによって確認し、短時間・有期雇用労働者及び派遣労働者を含む労使で共有することが肝要である。また、派遣労働者については、雇用関係にある派遣元事業主と指揮命令関係にある派遣先とが存在するという特殊性があり、これらの関係者が不合理と認められる待遇の相違の解消等に向けて認識を共有することが求められる。

　今後、各事業主が職務の内容や職務に必要な能力等の内容の明確化及びその公正な評価を実施し、それに基づく待遇の体系を、労使の話合いにより、可能な限り速やかに、かつ、計画的に構築していくことが望ましい。

　通常の労働者と短時間・有期雇用労働者及び派遣労働者との間の不合理と認められる待遇の相違の解消等に向けては、賃金のみならず、福利厚生、キャリア形成、職業能力の開発及び向上等を含めた取組が必要であり、特に、職業能力の開発及び向上の機会の拡大は、短時間・有期雇用労働者及び派遣労働者の職業に必要な技能及び知識の蓄積により、それに対応した職務の高度化や通常の労働者への転換を見据えたキャリアパスの構築等と併せて、生産性の向上と短時間・有期雇用労働者及び派遣労働者の待遇の改善につながるため、重要であることに留意すべきである。

　このような通常の労働者と短時間・有期雇用労働者及び派遣労働者との間の不合理と認

められる待遇の相違の解消等の取組を通じて、労働者がどのような雇用形態及び就業形態を選択しても納得できる待遇を受けられ、多様な働き方を自由に選択できるようにし、我が国から「非正規」という言葉を一掃することを目指す。

第2　基本的な考え方

　この指針は、通常の労働者と短時間・有期雇用労働者及び派遣労働者との間に待遇の相違が存在する場合に、いかなる待遇の相違が不合理と認められるものであり、いかなる待遇の相違が不合理と認められるものでないのか等の原則となる考え方及び具体例を示したものである。事業主が、第3から第5までに記載された原則となる考え方等に反した場合、当該待遇の相違が不合理と認められる等の可能性がある。なお、この指針に原則となる考え方が示されていない退職手当、住宅手当、家族手当等の待遇や、具体例に該当しない場合についても、不合理と認められる待遇の相違の解消等が求められる。このため、各事業主において、労使により、個別具体の事情に応じて待遇の体系について議論していくことが望まれる。

　なお、短時間・有期雇用労働法第8条及び第9条並びに労働者派遣法第30条の3及び第30条の4の規定は、雇用管理区分が複数ある場合であっても、通常の労働者のそれぞれと短時間・有期雇用労働者及び派遣労働者との間の不合理と認められる待遇の相違の解消等を求めるものである。このため、事業主が、雇用管理区分を新たに設け、当該雇用管理区分に属する通常の労働者の待遇の水準を他の通常の労働者よりも低く設定したとしても、当該他の通常の労働者と短時間・有期雇用労働者及び派遣労働者との間でも不合理と認められる待遇の相違の解消等を行う必要がある。また、事業主は、通常の労働者と短時間・有期雇用労働者及び派遣労働者との間で職務の内容等を分離した場合であっても、当該通常の労働者と短時間・有期雇用労働者及び派遣労働者との間の不合理と認められる待遇の相違の解消等を行う必要がある。

　さらに、短時間・有期雇用労働法及び労働者派遣法に基づく通常の労働者と短時間・有期雇用労働者及び派遣労働者との間の不合理と認められる待遇の相違の解消等の目的は、短時間・有期雇用労働者及び派遣労働者の待遇の改善である。事業主が、通常の労働者と短時間・有期雇用労働者及び派遣労働者との間の不合理と認められる待遇の相違の解消等に対応するため、就業規則を変更することにより、その雇用する労働者の労働条件を不利益に変更する場合、労働契約法（平成19年法律第128号）第9条の規定に基づき、原則として、労働者と合意する必要がある。また、労働者と合意することなく、就業規則の変更により労働条件を労働者の不利益に変更する場合、当該変更は、同法第10条の規定に基づき、当該変更に係る事情に照らして合理的なものである必要がある。ただし、短時間・有期雇用労働法及び労働者派遣法に基づく通常の労働者と短時間・有期雇用労働者及び派遣労働者との間の不合理と認められる待遇の相違の解消等の目的に鑑みれば、事業主が通常の労働者と短時間・有期雇用労働者及び派遣労働者との間の不合理と認められる待遇の相違の解消等を行うに当たっては、基本的に、労使で合意することなく通常の労働者の待遇を引き下げることは、望ましい対応とはいえないことに留意すべきである。

　加えて、短時間・有期雇用労働法第8条及び第9条並びに労働者派遣法第30条の3及び第30条の4の規定は、通常の労働者と短時間・有期雇用労働者及び派遣労働者との間の不合理と認められる待遇の相違等を対象とするものであり、この指針は、当該通常の労働者と短時間・有期雇用労働者及び派遣労働者との間に実際に待遇の相違が存在する場合に参

照されることを目的としている。このため、そもそも客観的にみて待遇の相違が存在しない場合については、この指針の対象ではない。

第3　短時間・有期雇用労働者

　　短時間・有期雇用労働法第8条において、事業主は、短時間・有期雇用労働者の待遇のそれぞれについて、当該待遇に対応する通常の労働者の待遇との間において、業務の内容及び当該業務に伴う責任の程度（以下「職務の内容」という。）、当該職務の内容及び配置の変更の範囲その他の事情のうち、当該待遇の性質及び当該待遇を行う目的に照らして適切と認められるものを考慮して、不合理と認められる相違を設けてはならないこととされている。

　　また、短時間・有期雇用労働法第9条において、事業主は、職務の内容が通常の労働者と同一の短時間・有期雇用労働者であって、当該事業所における慣行その他の事情からみて、当該事業主との雇用関係が終了するまでの全期間において、その職務の内容及び配置が当該通常の労働者の職務の内容及び配置の変更の範囲と同一の範囲で変更されることが見込まれるものについては、短時間・有期雇用労働者であることを理由として、待遇のそれぞれについて、差別的取扱いをしてはならないこととされている。

　　短時間・有期雇用労働者の待遇に関して、原則となる考え方及び具体例は次のとおりである。

1　基本給

⑴　基本給であって、労働者の能力又は経験に応じて支給するもの

　　基本給であって、労働者の能力又は経験に応じて支給するものについて、通常の労働者と同一の能力又は経験を有する短時間・有期雇用労働者には、能力又は経験に応じた部分につき、通常の労働者と同一の基本給を支給しなければならない。また、能力又は経験に一定の相違がある場合においては、その相違に応じた基本給を支給しなければならない。

（問題とならない例）

イ　基本給について、労働者の能力又は経験に応じて支給しているＡ社において、ある能力の向上のための特殊なキャリアコースを設定している。通常の労働者であるＸは、このキャリアコースを選択し、その結果としてその能力を習得した。短時間労働者であるＹは、その能力を習得していない。Ａ社は、その能力に応じた基本給をＸには支給し、Ｙには支給していない。

ロ　Ａ社においては、定期的に職務の内容及び勤務地の変更がある通常の労働者の総合職であるＸは、管理職となるためのキャリアコースの一環として、新卒採用後の数年間、店舗等において、職務の内容及び配置に変更のない短時間労働者であるＹの助言を受けながら、Ｙと同様の定型的な業務に従事している。Ａ社はＸに対し、キャリアコースの一環として従事させている定型的な業務における能力又は経験に応じることなく、Ｙに比べ基本給を高く支給している。

ハ　Ａ社においては、同一の職場で同一の業務に従事している有期雇用労働者であるＸ

とYのうち、能力又は経験が一定の水準を満たしたYを定期的に職務の内容及び勤務地に変更がある通常の労働者として登用し、その後、職務の内容や勤務地に変更があることを理由に、Xに比べ基本給を高く支給している。

ニ　A社においては、同一の能力又は経験を有する通常の労働者であるXと短時間労働者であるYがいるが、XとYに共通して適用される基準を設定し、就業の時間帯や就業日が日曜日、土曜日又は国民の祝日に関する法律（昭和23年法律第178号）に規定する休日（以下「土日祝日」という。）か否か等の違いにより、時間当たりの基本給に差を設けている。

（問題となる例）

　　基本給について、労働者の能力又は経験に応じて支給しているA社において、通常の労働者であるXが有期雇用労働者であるYに比べて多くの経験を有することを理由として、Xに対し、Yよりも基本給を高く支給しているが、Xのこれまでの経験はXの現在の業務に関連性を持たない。

(2)　基本給であって、労働者の業績又は成果に応じて支給するもの

　　基本給であって、労働者の業績又は成果に応じて支給するものについて、通常の労働者と同一の業績又は成果を有する短時間・有期雇用労働者には、業績又は成果に応じた部分につき、通常の労働者と同一の基本給を支給しなければならない。また、業績又は成果に一定の相違がある場合においては、その相違に応じた基本給を支給しなければならない。

　　なお、基本給とは別に、労働者の業績又は成果に応じた手当を支給する場合も同様である。

（問題とならない例）

イ　基本給の一部について、労働者の業績又は成果に応じて支給しているA社において、所定労働時間が通常の労働者の半分の短時間労働者であるXに対し、その販売実績が通常の労働者に設定されている販売目標の半分の数値に達した場合には、通常の労働者が販売目標を達成した場合の半分を支給している。

ロ　A社においては、通常の労働者であるXは、短時間労働者であるYと同様の業務に従事しているが、Xは生産効率及び品質の目標値に対する責任を負っており、当該目標値を達成していない場合、待遇上の不利益を課されている。その一方で、Yは、生産効率及び品質の目標値に対する責任を負っておらず、当該目標値を達成していない場合にも、待遇上の不利益を課されていない。A社は、待遇上の不利益を課していることとの見合いに応じて、XにYに比べ基本給を高く支給している。

（問題となる例）

　　基本給の一部について、労働者の業績又は成果に応じて支給しているA社において、通常の労働者が販売目標を達成した場合に行っている支給を、短時間労働者であるXについて通常の労働者と同一の販売目標を設定し、それを達成しない場合には行ってい

ない。

(3) 基本給であって、労働者の勤続年数に応じて支給するもの

基本給であって、労働者の勤続年数に応じて支給するものについて、通常の労働者と同一の勤続年数である短時間・有期雇用労働者には、勤続年数に応じた部分につき、通常の労働者と同一の基本給を支給しなければならない。また、勤続年数に一定の相違がある場合においては、その相違に応じた基本給を支給しなければならない。

(問題とならない例)

基本給について、労働者の勤続年数に応じて支給しているＡ社において、期間の定めのある労働契約を更新している有期雇用労働者であるＸに対し、当初の労働契約の開始時から通算して勤続年数を評価した上で支給している。

(問題となる例)

基本給について、労働者の勤続年数に応じて支給しているＡ社において、期間の定めのある労働契約を更新している有期雇用労働者であるＸに対し、当初の労働契約の開始時から通算して勤続年数を評価せず、その時点の労働契約の期間のみにより勤続年数を評価した上で支給している。

(4) 昇給であって、労働者の勤続による能力の向上に応じて行うもの

昇給であって、労働者の勤続による能力の向上に応じて行うものについて、通常の労働者と同様に勤続により能力が向上した短時間・有期雇用労働者には、勤続による能力の向上に応じた部分につき、通常の労働者と同一の昇給を行わなければならない。また、勤続による能力の向上に一定の相違がある場合においては、その相違に応じた昇給を行わなければならない。

(注)

1　通常の労働者と短時間・有期雇用労働者との間に賃金の決定基準・ルールの相違がある場合の取扱い

通常の労働者と短時間・有期雇用労働者との間に基本給、賞与、各種手当等の賃金に相違がある場合において、その要因として通常の労働者と短時間・有期雇用労働者の賃金の決定基準・ルールの相違があるときは、「通常の労働者と短時間・有期雇用労働者との間で将来の役割期待が異なるため、賃金の決定基準・ルールが異なる」等の主観的又は抽象的な説明では足りず、賃金の決定基準・ルールの相違は、通常の労働者と短時間・有期雇用労働者の職務の内容、当該職務の内容及び配置の変更の範囲その他の事情のうち、当該待遇の性質及び当該待遇を行う目的に照らして適切と認められるものの客観的及び具体的な実態に照らして、不合理と認められるものであってはならない。

2　定年に達した後に継続雇用された有期雇用労働者の取扱い

定年に達した後に継続雇用された有期雇用労働者についても、短時間・有期雇用労働法の適用を受けるものである。このため、通常の労働者と定年に達した後に継続雇用された有期雇用労働者との間の賃金の相違については、実際に両者の間に職務の内容、職務の内

容及び配置の変更の範囲その他の事情の相違がある場合は、その相違に応じた賃金の相違は許容される。

　さらに、有期雇用労働者が定年に達した後に継続雇用された者であることは、通常の労働者と当該有期雇用労働者との間の待遇の相違が不合理と認められるか否かを判断するに当たり、短時間・有期雇用労働法第8条のその他の事情として考慮される事情に当たりうる。定年に達した後に有期雇用労働者として継続雇用する場合の待遇について、様々な事情が総合的に考慮されて、通常の労働者と当該有期雇用労働者との間の待遇の相違が不合理と認められるか否かが判断されるものと考えられる。したがって、当該有期雇用労働者が定年に達した後に継続雇用された者であることのみをもって、直ちに通常の労働者と当該有期雇用労働者との間の待遇の相違が不合理ではないと認められるものではない。

2　賞与

　賞与であって、会社の業績等への労働者の貢献に応じて支給するものについて、通常の労働者と同一の貢献である短時間・有期雇用労働者には、貢献に応じた部分につき、通常の労働者と同一の賞与を支給しなければならない。また、貢献に一定の相違がある場合においては、その相違に応じた賞与を支給しなければならない。

（問題とならない例）

イ　賞与について、会社の業績等への労働者の貢献に応じて支給しているA社において、通常の労働者であるXと同一の会社の業績等への貢献がある有期雇用労働者であるYに対し、Xと同一の賞与を支給している。

ロ　A社においては、通常の労働者であるXは、生産効率及び品質の目標値に対する責任を負っており、当該目標値を達成していない場合、待遇上の不利益を課されている。その一方で、通常の労働者であるYや、有期雇用労働者であるZは、生産効率及び品質の目標値に対する責任を負っておらず、当該目標値を達成していない場合にも、待遇上の不利益を課されていない。A社は、Xに対しては、賞与を支給しているが、YやZに対しては、待遇上の不利益を課していないこととの見合いの範囲内で、賞与を支給していない。

（問題となる例）

イ　賞与について、会社の業績等への労働者の貢献に応じて支給しているA社において、通常の労働者であるXと同一の会社の業績等への貢献がある有期雇用労働者であるYに対し、Xと同一の賞与を支給していない。

ロ　賞与について、会社の業績等への労働者の貢献に応じて支給しているA社においては、通常の労働者には職務の内容や会社の業績等への貢献等にかかわらず全員に何らかの賞与を支給しているが、短時間・有期雇用労働者には支給していない。

3　手当

(1)　役職手当であって、役職の内容に対して支給するもの

　役職手当であって、役職の内容に対して支給するものについて、通常の労働者と同一

の内容の役職に就く短時間・有期雇用労働者には、通常の労働者と同一の役職手当を支給しなければならない。また、役職の内容に一定の相違がある場合においては、その相違に応じた役職手当を支給しなければならない。

（問題とならない例）

イ　役職手当について、役職の内容に対して支給しているＡ社において、通常の労働者であるＸの役職と同一の役職名（例えば、店長）であって同一の内容（例えば、営業時間中の店舗の適切な運営）の役職に就く有期雇用労働者であるＹに対し、同一の役職手当を支給している。

ロ　役職手当について、役職の内容に対して支給しているＡ社において、通常の労働者であるＸの役職と同一の役職名であって同一の内容の役職に就く短時間労働者であるＹに、所定労働時間に比例した役職手当（例えば、所定労働時間が通常の労働者の半分の短時間労働者にあっては、通常の労働者の半分の役職手当）を支給している。

（問題となる例）

　　役職手当について、役職の内容に対して支給しているＡ社において、通常の労働者であるＸの役職と同一の役職名であって同一の内容の役職に就く有期雇用労働者であるＹに、Ｘに比べ役職手当を低く支給している。

⑵　業務の危険度又は作業環境に応じて支給される特殊作業手当

　　通常の労働者と同一の危険度又は作業環境の業務に従事する短時間・有期雇用労働者には、通常の労働者と同一の特殊作業手当を支給しなければならない。

⑶　交替制勤務等の勤務形態に応じて支給される特殊勤務手当

　　通常の労働者と同一の勤務形態で業務に従事する短時間・有期雇用労働者には、通常の労働者と同一の特殊勤務手当を支給しなければならない。

（問題とならない例）

イ　Ａ社においては、通常の労働者か短時間・有期雇用労働者かの別を問わず、就業する時間帯又は曜日を特定して就業する労働者には労働者の採用が難しい早朝若しくは深夜又は土日祝日に就業する場合に時給に上乗せして特殊勤務手当を支給するが、それ以外の労働者には時給に上乗せして特殊勤務手当を支給していない。

ロ　Ａ社においては、通常の労働者であるＸについては、入社に当たり、交替制勤務に従事することは必ずしも確定しておらず、業務の繁閑等生産の都合に応じて通常勤務又は交替制勤務のいずれにも従事する可能性があり、交替制勤務に従事した場合に限り特殊勤務手当が支給されている。短時間労働者であるＹについては、採用に当たり、交替制勤務に従事することを明確にし、かつ、基本給に、通常の労働者に支給される特殊勤務手当と同一の交替制勤務の負荷分を盛り込み、通常勤務のみに従事する短時間労働者に比べ基本給を高く支給している。Ａ社はＸには特殊勤務手当を支給しているが、Ｙには支給していない。

(4) 精皆勤手当

　　通常の労働者と業務の内容が同一の短時間・有期雇用労働者には、通常の労働者と同一の精皆勤手当を支給しなければならない。

（問題とならない例）

　　Ａ社においては、考課上、欠勤についてマイナス査定を行い、かつ、そのことを待遇に反映する通常の労働者であるＸには、一定の日数以上出勤した場合に精皆勤手当を支給しているが、考課上、欠勤についてマイナス査定を行っていない有期雇用労働者であるＹには、マイナス査定を行っていないこととの見合いの範囲内で、精皆勤手当を支給していない。

(5) 時間外労働に対して支給される手当

　　通常の労働者の所定労働時間を超えて、通常の労働者と同一の時間外労働を行った短時間・有期雇用労働者には、通常の労働者の所定労働時間を超えた時間につき、通常の労働者と同一の割増率等で、時間外労働に対して支給される手当を支給しなければならない。

(6) 深夜労働又は休日労働に対して支給される手当

　　通常の労働者と同一の深夜労働又は休日労働を行った短時間・有期雇用労働者には、通常の労働者と同一の割増率等で、深夜労働又は休日労働に対して支給される手当を支給しなければならない。

（問題とならない例）

　　Ａ社においては、通常の労働者であるＸと時間数及び職務の内容が同一の深夜労働又は休日労働を行った短時間労働者であるＹに、同一の深夜労働又は休日労働に対して支給される手当を支給している。

（問題となる例）

　　Ａ社においては、通常の労働者であるＸと時間数及び職務の内容が同一の深夜労働又は休日労働を行った短時間労働者であるＹに、深夜労働又は休日労働以外の労働時間が短いことから、深夜労働又は休日労働に対して支給される手当の単価を通常の労働者より低く設定している。

(7) 通勤手当及び出張旅費

　　短時間・有期雇用労働者にも、通常の労働者と同一の通勤手当及び出張旅費を支給しなければならない。

（問題とならない例）

イ　Ａ社においては、本社の採用である労働者に対しては、交通費実費の全額に相当する通勤手当を支給しているが、それぞれの店舗の採用である労働者に対しては、当該店舗の近隣から通うことができる交通費に相当する額に通勤手当の上限を設定して当該上限の額の範囲内で通勤手当を支給しているところ、店舗採用の短時間労働者であるＸ

が、その後、本人の都合で通勤手当の上限の額では通うことができないところへ転居してなお通い続けている場合には、当該上限の額の範囲内で通勤手当を支給している。

ロ　A社においては、通勤手当について、所定労働日数が多い（例えば、週4日以上）通常の労働者及び短時間・有期雇用労働者には、月額の定期券の金額に相当する額を支給しているが、所定労働日数が少ない（例えば、週3日以下）又は出勤日数が変動する短時間・有期雇用労働者には、日額の交通費に相当する額を支給している。

(8)　労働時間の途中に食事のための休憩時間がある労働者に対する食費の負担補助として支給される食事手当
　　短時間・有期雇用労働者にも、通常の労働者と同一の食事手当を支給しなければならない。

（問題とならない例）
　　A社においては、その労働時間の途中に昼食のための休憩時間がある通常の労働者であるXに支給している食事手当を、その労働時間の途中に昼食のための休憩時間がない（例えば、午後2時から午後5時までの勤務）短時間労働者であるYには支給していない。

（問題となる例）
　　A社においては、通常の労働者であるXには、有期雇用労働者であるYに比べ、食事手当を高く支給している。

(9)　単身赴任手当
　　通常の労働者と同一の支給要件を満たす短時間・有期雇用労働者には、通常の労働者と同一の単身赴任手当を支給しなければならない。

(10)　特定の地域で働く労働者に対する補償として支給される地域手当
　　通常の労働者と同一の地域で働く短時間・有期雇用労働者には、通常の労働者と同一の地域手当を支給しなければならない。

（問題とならない例）
　　A社においては、通常の労働者であるXについては、全国一律の基本給の体系を適用し、転勤があることから、地域の物価等を勘案した地域手当を支給しているが、一方で、有期雇用労働者であるYと短時間労働者であるZについては、それぞれの地域で採用し、それぞれの地域で基本給を設定しており、その中で地域の物価が基本給に盛り込まれているため、地域手当を支給していない。

（問題となる例）
　　A社においては、通常の労働者であるXと有期雇用労働者であるYにはいずれも全国一律の基本給の体系を適用しており、かつ、いずれも転勤があるにもかかわらず、Yには地域手当を支給していない。

4 福利厚生

(1) 福利厚生施設（給食施設、休憩室及び更衣室をいう。以下この(1)において同じ。）

　　通常の労働者と同一の事業所で働く短時間・有期雇用労働者には、通常の労働者と同一の福利厚生施設の利用を認めなければならない。

(2) 転勤者用社宅

　　通常の労働者と同一の支給要件（例えば、転勤の有無、扶養家族の有無、住宅の賃貸又は収入の額）を満たす短時間・有期雇用労働者には、通常の労働者と同一の転勤者用社宅の利用を認めなければならない。

(3) 慶弔休暇並びに健康診断に伴う勤務免除及び当該健康診断を勤務時間中に受診する場合の当該受診時間に係る給与の保障（以下この(3)、第4の4(3)及び第5の2(3)において「有給の保障」という。）

　　短時間・有期雇用労働者にも、通常の労働者と同一の慶弔休暇の付与並びに健康診断に伴う勤務免除及び有給の保障を行わなければならない。

（問題とならない例）

　　Ａ社においては、通常の労働者であるＸと同様の出勤日が設定されている短時間労働者であるＹに対しては、通常の労働者と同様に慶弔休暇を付与しているが、週2日の勤務の短時間労働者であるＺに対しては、勤務日の振替での対応を基本としつつ、振替が困難な場合のみ慶弔休暇を付与している。

(4) 病気休職

　　短時間労働者（有期雇用労働者である場合を除く。）には、通常の労働者と同一の病気休職の取得を認めなければならない。また、有期雇用労働者にも、労働契約が終了するまでの期間を踏まえて、病気休職の取得を認めなければならない。

（問題とならない例）

　　Ａ社においては、労働契約の期間が1年である有期雇用労働者であるＸについて、病気休職の期間は労働契約の期間が終了する日までとしている。

(5) 法定外の有給の休暇その他の法定外の休暇（慶弔休暇を除く。）であって、勤続期間に応じて取得を認めているもの

　　法定外の有給の休暇その他の法定外の休暇（慶弔休暇を除く。）であって、勤続期間に応じて取得を認めているものについて、通常の労働者と同一の勤続期間である短時間・有期雇用労働者には、通常の労働者と同一の法定外の有給の休暇その他の法定外の休暇（慶弔休暇を除く。）を付与しなければならない。なお、期間の定めのある労働契約を更新している場合には、当初の労働契約の開始時から通算して勤続期間を評価することを要する。

（問題とならない例）

　　Ａ社においては、長期勤続者を対象とするリフレッシュ休暇について、業務に従事

した時間全体を通じた貢献に対する報償という趣旨で付与していることから、通常の労働者であるXに対しては、勤続10年で3日、20年で5日、30年で7日の休暇を付与しており、短時間労働者であるYに対しては、所定労働時間に比例した日数を付与している。

5　その他

(1)　教育訓練であって、現在の職務の遂行に必要な技能又は知識を習得するために実施するもの

　　教育訓練であって、現在の職務の遂行に必要な技能又は知識を習得するために実施するものについて、通常の労働者と職務の内容が同一である短時間・有期雇用労働者には、通常の労働者と同一の教育訓練を実施しなければならない。また、職務の内容に一定の相違がある場合においては、その相違に応じた教育訓練を実施しなければならない。

(2)　安全管理に関する措置及び給付

　　通常の労働者と同一の業務環境に置かれている短時間・有期雇用労働者には、通常の労働者と同一の安全管理に関する措置及び給付をしなければならない。

第4　派遣労働者

　　労働者派遣法第30条の3第1項において、派遣元事業主は、派遣労働者の待遇のそれぞれについて、当該待遇に対応する派遣先に雇用される通常の労働者の待遇との間において、職務の内容、当該職務の内容及び配置の変更の範囲その他の事情のうち、当該待遇の性質及び当該待遇を行う目的に照らして適切と認められるものを考慮して、不合理と認められる相違を設けてはならないこととされている。

　　また、同条第2項において、派遣元事業主は、職務の内容が派遣先に雇用される通常の労働者と同一の派遣労働者であって、当該労働者派遣契約及び当該派遣先における慣行その他の事情からみて、当該派遣先における派遣就業が終了するまでの全期間において、その職務の内容及び配置が当該派遣先との雇用関係が終了するまでの全期間における当該通常の労働者の職務の内容及び配置の変更の範囲と同一の範囲で変更されることが見込まれるものについては、正当な理由がなく、待遇のそれぞれについて、当該待遇に対応する当該通常の労働者の待遇に比して不利なものとしてはならないこととされている。

　　他方、労働者派遣法第30条の4第1項において、労働者の過半数で組織する労働組合等との協定により、同項各号に規定する事項を定めたときは、当該協定で定めた範囲に属する派遣労働者の待遇について、労働者派遣法第30条の3の規定は、一部の待遇を除き、適用しないこととされている。ただし、同項第2号、第4号若しくは第5号に掲げる事項であって当該協定で定めたものを遵守していない場合又は同項第3号に関する当該協定の定めによる公正な評価に取り組んでいない場合は、この限りでないこととされている。

　　派遣労働者（協定対象派遣労働者を除く。以下この第4において同じ。）の待遇に関して、原則となる考え方及び具体例は次のとおりである。

1　基本給

(1)　基本給であって、労働者の能力又は経験に応じて支給するもの

　　基本給であって、派遣先及び派遣元事業主が、労働者の能力又は経験に応じて支給す

資料編

るものについて、派遣元事業主は、派遣先に雇用される通常の労働者と同一の能力又は経験を有する派遣労働者には、能力又は経験に応じた部分につき、派遣先に雇用される通常の労働者と同一の基本給を支給しなければならない。また、能力又は経験に一定の相違がある場合においては、その相違に応じた基本給を支給しなければならない。

（問題とならない例）

イ　基本給について、労働者の能力又は経験に応じて支給している派遣先であるＡ社において、ある能力の向上のための特殊なキャリアコースを設定している。Ａ社の通常の労働者であるＸは、このキャリアコースを選択し、その結果としてその能力を習得したため、その能力に応じた基本給をＸに支給している。これに対し、派遣元事業主であるＢ社からＡ社に派遣されている派遣労働者であるＹは、その能力を習得していないため、Ｂ社はその能力に応じた基本給をＹには支給していない。

ロ　派遣先であるＡ社においては、定期的に職務の内容及び勤務地の変更がある通常の労働者の総合職であるＸは、管理職となるためのキャリアコースの一環として、新卒採用後の数年間、店舗等において、派遣元事業主であるＢ社からＡ社に派遣されている派遣労働者であってＡ社で就業する間は職務の内容及び配置に変更のないＹの助言を受けながら、Ｙと同様の定型的な業務に従事している。Ａ社がＸにキャリアコースの一環として当該定型的な業務に従事させていることを踏まえ、Ｂ社はＹに対し、当該定型的な業務における能力又は経験はＸを上回っているものの、Ｘほど基本給を高く支給していない。

ハ　派遣先であるＡ社においては、かつては有期雇用労働者であったが、能力又は経験が一定の水準を満たしたため定期的に職務の内容及び勤務地に変更がある通常の労働者として登用されたＸと、派遣元事業主であるＢ社からＡ社に派遣されている派遣労働者であるＹとが同一の職場で同一の業務に従事している。Ｂ社は、Ａ社で就業する間は職務の内容及び勤務地に変更がないことを理由に、Ｙに対して、Ｘほど基本給を高く支給していない。

ニ　派遣先であるＡ社に雇用される通常の労働者であるＸと、派遣元事業主であるＢ社からＡ社に派遣されている派遣労働者であるＹとが同一の能力又は経験を有しているところ、Ｂ社は、Ａ社がＸに適用するのと同じ基準をＹに適用し、就業の時間帯や就業日が土日祝日か否か等の違いにより、Ａ社がＸに支給する時間当たりの基本給との間に差を設けている。

（問題となる例）

　派遣先であるＡ社及び派遣元事業主であるＢ社においては、基本給について、労働者の能力又は経験に応じて支給しているところ、Ｂ社は、Ａ社に派遣されている派遣労働者であるＹに対し、Ａ社に雇用される通常の労働者であるＸに比べて経験が少ないことを理由として、Ａ社がＸに支給するほど基本給を高く支給していないが、Ｘのこれまでの経験はＸの現在の業務に関連性を持たない。

⑵ 基本給であって、労働者の業績又は成果に応じて支給するもの

　基本給であって、派遣先及び派遣元事業主が、労働者の業績又は成果に応じて支給するものについて、派遣元事業主は、派遣先に雇用される通常の労働者と同一の業績又は成果を有する派遣労働者には、業績又は成果に応じた部分につき、派遣先に雇用される通常の労働者と同一の基本給を支給しなければならない。また、業績又は成果に一定の相違がある場合においては、その相違に応じた基本給を支給しなければならない。

　なお、基本給とは別に、労働者の業績又は成果に応じた手当を支給する場合も同様である。

（問題とならない例）

イ　派遣先であるA社及び派遣元事業主であるB社においては、基本給の一部について、労働者の業績又は成果に応じて支給しているところ、B社は、A社に派遣されている派遣労働者であって、所定労働時間がA社に雇用される通常の労働者の半分であるYに対し、その販売実績がA社に雇用される通常の労働者に設定されている販売目標の半分の数値に達した場合には、A社に雇用される通常の労働者が販売目標を達成した場合の半分を支給している。

ロ　派遣先であるA社においては、通常の労働者であるXは、派遣元事業主であるB社からA社に派遣されている派遣労働者であるYと同様の業務に従事しているが、XはA社における生産効率及び品質の目標値に対する責任を負っており、当該目標値を達成していない場合、待遇上の不利益を課されている。その一方で、Yは、A社における生産効率及び品質の目標値に対する責任を負っておらず、当該目標値を達成していない場合にも、待遇上の不利益を課されていない。B社はYに対し、待遇上の不利益を課していないこととの見合いに応じて、A社がXに支給するほど基本給を高く支給していない。

（問題となる例）

　派遣先であるA社及び派遣元事業主であるB社においては、基本給の一部について、労働者の業績又は成果に応じて支給しているところ、B社は、A社に派遣されている派遣労働者であって、所定労働時間がA社に雇用される通常の労働者の半分であるYに対し、当該通常の労働者が販売目標を達成した場合にA社が行っている支給を、Yについて当該通常の労働者と同一の販売目標を設定し、それを達成しない場合には行っていない。

⑶ 基本給であって、労働者の勤続年数（派遣労働者にあっては、当該派遣先における就業期間。以下この⑶において同じ。）に応じて支給するもの

　基本給であって、派遣先及び派遣元事業主が、労働者の勤続年数に応じて支給するものについて、派遣元事業主は、派遣先に雇用される通常の労働者と同一の勤続年数である派遣労働者には、勤続年数に応じた部分につき、派遣先に雇用される通常の労働者と同一の基本給を支給しなければならない。また、勤続年数に一定の相違がある場合においては、その相違に応じた基本給を支給しなければならない。

（問題とならない例）

　　派遣先であるＡ社及び派遣元事業主であるＢ社は、基本給について、労働者の勤続年数に応じて支給しているところ、Ｂ社は、Ａ社に派遣している期間の定めのある労働者派遣契約を更新している派遣労働者であるＹに対し、Ａ社への労働者派遣の開始時から通算して就業期間を評価した上で基本給を支給している。

（問題となる例）

　　派遣先であるＡ社及び派遣元事業主であるＢ社は、基本給について、労働者の勤続年数に応じて支給しているところ、Ｂ社は、Ａ社に派遣している期間の定めのある労働者派遣契約を更新している派遣労働者であるＹに対し、ＹのＡ社への労働者派遣の開始時から通算して就業期間を評価せず、その時点の労働者派遣契約に基づく派遣就業の期間のみにより就業期間を評価した上で基本給を支給している。

(4)　昇給であって、労働者の勤続（派遣労働者にあっては、当該派遣先における派遣就業の継続。以下この(4)において同じ。）による能力の向上に応じて行うもの

　　昇給であって、派遣先及び派遣元事業主が、労働者の勤続による能力の向上に応じて行うものについて、派遣元事業主は、派遣先に雇用される通常の労働者と同様に勤続により能力が向上した派遣労働者には、勤続による能力の向上に応じた部分につき、派遣先に雇用される通常の労働者と同一の昇給を行わなければならない。また、勤続による能力の向上に一定の相違がある場合においては、その相違に応じた昇給を行わなければならない。

（注）派遣先に雇用される通常の労働者と派遣労働者との間に賃金の決定基準・ルールの相違がある場合の取扱い

　　派遣先に雇用される通常の労働者と派遣労働者の間に基本給、賞与、各種手当等の賃金に相違がある場合において、その要因として当該通常の労働者と派遣労働者の賃金の決定基準・ルールの相違があるときは、「派遣労働者に対する派遣元事業主の将来の役割期待は派遣先に雇用される通常の労働者に対する派遣先の将来の役割期待と異なるため、賃金の決定基準・ルールが異なる」等の主観的又は抽象的な説明では足りず、賃金の決定基準・ルールの相違は、当該通常の労働者と派遣労働者の職務の内容、当該職務の内容及び配置の変更の範囲その他の事情のうち、当該待遇の性質及び当該待遇を行う目的に照らして適切と認められるものの客観的及び具体的な実態に照らして、不合理と認められるものであってはならない。

２　賞与

　　賞与であって、派遣先及び派遣元事業主が、会社（派遣労働者にあっては、派遣先。以下この２において同じ。）の業績等への労働者の貢献に応じて支給するものについて、派遣元事業主は、派遣先に雇用される通常の労働者と同一の貢献である派遣労働者には、貢献に応じた部分につき、派遣先に雇用される通常の労働者と同一の賞与を支給しなければならない。また、貢献に一定の相違がある場合においては、その相違に応じた賞与を支給しなければならない。

（問題とならない例）
イ　派遣先であるA社及び派遣元事業主であるB社においては、賞与について、会社の
業績等への労働者の貢献に応じて支給しているところ、B社は、A社に派遣されている
派遣労働者であって、A社に雇用される通常の労働者であるXと同一のA社の業績等
への貢献があるYに対して、A社がXに支給するのと同一の賞与を支給している。

ロ　派遣先であるA社においては、通常の労働者であるXは、A社における生産効率及
び品質の目標値に対する責任を負っており、当該目標値を達成していない場合、待遇上
の不利益を課されている。その一方で、A社に雇用される通常の労働者であるZや、
派遣元事業主であるB社からA社に派遣されている派遣労働者であるYは、A社にお
ける生産効率及び品質の目標値に対する責任を負っておらず、当該目標値を達成してい
ない場合にも、待遇上の不利益を課されていない。A社はXに対して賞与を支給して
いるが、Zに対しては、待遇上の不利益を課していないこととの見合いの範囲内で賞与
を支給していないところ、B社はYに対して、待遇上の不利益を課していないことと
の見合いの範囲内で賞与を支給していない。

（問題となる例）
イ　派遣先であるA社及び派遣元事業主であるB社においては、賞与について、会社の
業績等への労働者の貢献に応じて支給しているところ、B社は、A社に派遣されている
派遣労働者であって、A社に雇用される通常の労働者であるXと同一のA社の業績等
への貢献があるYに対して、A社がXに支給するのと同一の賞与を支給していない。

ロ　賞与について、会社の業績等への労働者の貢献に応じて支給している派遣先である
A社においては、通常の労働者の全員に職務の内容や会社の業績等への貢献等にかか
わらず何らかの賞与を支給しているが、派遣元事業主であるB社においては、A社に
派遣されている派遣労働者であるYに賞与を支給していない。

3　手当
(1)　役職手当であって、役職の内容に対して支給するもの
　　役職手当であって、派遣先及び派遣元事業主が、役職の内容に対して支給するものに
ついて、派遣元事業主は、派遣先に雇用される通常の労働者と同一の内容の役職に就く
派遣労働者には、派遣先に雇用される通常の労働者と同一の役職手当を支給しなければ
ならない。また、役職の内容に一定の相違がある場合においては、その相違に応じた役
職手当を支給しなければならない。

（問題とならない例）
イ　派遣先であるA社及び派遣元事業主であるB社においては、役職手当について、役
職の内容に対して支給しているところ、B社は、A社に派遣されている派遣労働者であ
って、A社に雇用される通常の労働者であるXの役職と同一の役職名（例えば、店長）
であって同一の内容（例えば、営業時間中の店舗の適切な運営）の役職に就くYに対
し、A社がXに支給するのと同一の役職手当を支給している。

ロ　派遣先であるＡ社及び派遣元事業主であるＢ社においては、役職手当について、役職の内容に対して支給しているところ、Ｂ社は、Ａ社に派遣されている派遣労働者であって、Ａ社に雇用される通常の労働者であるＸの役職と同一の役職名であって同一の内容の役職に就くＹに、所定労働時間に比例した役職手当（例えば、所定労働時間がＡ社に雇用される通常の労働者の半分の派遣労働者にあっては、当該通常の労働者の半分の役職手当）を支給している。

（問題となる例）

　　派遣先であるＡ社及び派遣元事業主であるＢ社においては、役職手当について、役職の内容に対して支給しているところ、Ｂ社は、Ａ社に派遣されている派遣労働者であって、Ａ社に雇用される通常の労働者であるＸの役職と同一の役職名であって同一の内容の役職に就くＹに対し、Ａ社がＸに支給するのに比べ役職手当を低く支給している。

(2)　業務の危険度又は作業環境に応じて支給される特殊作業手当

　　派遣元事業主は、派遣先に雇用される通常の労働者と同一の危険度又は作業環境の業務に従事する派遣労働者には、派遣先に雇用される通常の労働者と同一の特殊作業手当を支給しなければならない。

(3)　交替制勤務等の勤務形態に応じて支給される特殊勤務手当

　　派遣元事業主は、派遣先に雇用される通常の労働者と同一の勤務形態で業務に従事する派遣労働者には、派遣先に雇用される通常の労働者と同一の特殊勤務手当を支給しなければならない。

（問題とならない例）

イ　派遣先であるＡ社においては、就業する時間帯又は曜日を特定して就業する通常の労働者には労働者の採用が難しい早朝若しくは深夜又は土日祝日に就業する場合に時給に上乗せして特殊勤務手当を支給するが、就業する時間帯及び曜日を特定していない通常の労働者には労働者の採用が難しい時間帯又は曜日に勤務する場合であっても時給に上乗せして特殊勤務手当を支給していない。派遣元事業主であるＢ社は、Ａ社に派遣されている派遣労働者であって、就業する時間帯及び曜日を特定して就業していないＹに対し、採用が難しい時間帯や曜日に勤務する場合であっても時給に上乗せして特殊勤務手当を支給していない。

ロ　派遣先であるＡ社においては、通常の労働者であるＸについては、入社に当たり、交替制勤務に従事することは必ずしも確定しておらず、業務の繁閑等生産の都合に応じて通常勤務又は交替制勤務のいずれにも従事する可能性があり、交替制勤務に従事した場合に限り特殊勤務手当が支給されている。派遣元事業主であるＢ社からＡ社に派遣されている派遣労働者であるＹについては、Ａ社への労働者派遣に当たり、派遣先で交替制勤務に従事することを明確にし、かつ、基本給にＡ社において通常の労働者に支給される特殊勤務手当と同一の交替制勤務の負荷分が盛り込まれている。Ａ社には、職務の内容がＹと同一であり通常勤務のみに従事することが予定され、実際に通常勤

務のみに従事する労働者であるＺがいるところ、Ｂ社はＹに対し、Ａ社がＺに対して支給するのに比べ基本給を高く支給している。Ａ社はＸに対して特殊勤務手当を支給しているが、Ｂ社はＹに対して特殊勤務手当を支給していない。

(4) 精皆勤手当

派遣元事業主は、派遣先に雇用される通常の労働者と業務の内容が同一の派遣労働者には、派遣先に雇用される通常の労働者と同一の精皆勤手当を支給しなければならない。

(問題とならない例)

派遣先であるＡ社においては、考課上、欠勤についてマイナス査定を行い、かつ、それが待遇に反映される通常の労働者であるＸには、一定の日数以上出勤した場合に精皆勤手当を支給しているが、派遣元事業主であるＢ社は、Ｂ社からＡ社に派遣されている派遣労働者であって、考課上、欠勤についてマイナス査定を行っていないＹには、マイナス査定を行っていないこととの見合いの範囲内で、精皆勤手当を支給していない。

(5) 時間外労働に対して支給される手当

派遣元事業主は、派遣先に雇用される通常の労働者の所定労働時間を超えて、当該通常の労働者と同一の時間外労働を行った派遣労働者には、当該通常の労働者の所定労働時間を超えた時間につき、派遣先に雇用される通常の労働者と同一の割増率等で、時間外労働に対して支給される手当を支給しなければならない。

(6) 深夜労働又は休日労働に対して支給される手当

派遣元事業主は、派遣先に雇用される通常の労働者と同一の深夜労働又は休日労働を行った派遣労働者には、派遣先に雇用される通常の労働者と同一の割増率等で、深夜労働又は休日労働に対して支給される手当を支給しなければならない。

(問題とならない例)

派遣元事業主であるＢ社においては、派遣先であるＡ社に派遣されている派遣労働者であって、Ａ社に雇用される通常の労働者であるＸと時間数及び職務の内容が同一の深夜労働又は休日労働を行ったＹに対し、Ａ社がＸに支給するのと同一の深夜労働又は休日労働に対して支給される手当を支給している。

(問題となる例)

派遣元事業主であるＢ社においては、派遣先であるＡ社に派遣されている派遣労働者であって、Ａ社に雇用される通常の労働者であるＸと時間数及び職務の内容が同一の深夜労働又は休日労働を行ったＹに対し、Ｙが派遣労働者であることから、深夜労働又は休日労働に対して支給される手当の単価を当該通常の労働者より低く設定している。

(7) 通勤手当及び出張旅費

派遣元事業主は、派遣労働者にも、派遣先に雇用される通常の労働者と同一の通勤手

当及び出張旅費を支給しなければならない。

（問題とならない例）

イ　派遣先であるＡ社においては、本社の採用である労働者に対し、交通費実費の全額に相当する通勤手当を支給しているが、派遣元事業主であるＢ社は、それぞれの店舗の採用である労働者については、当該店舗の近隣から通うことができる交通費に相当する額に通勤手当の上限を設定して当該上限の額の範囲内で通勤手当を支給しているところ、Ｂ社の店舗採用であってＡ社に派遣される派遣労働者であるＹが、Ａ社への労働者派遣の開始後、本人の都合で通勤手当の上限の額では通うことができないところへ転居してなお通い続けている場合には、当該上限の額の範囲内で通勤手当を支給している。

ロ　派遣先であるＡ社においては、通勤手当について、所定労働日数が多い（例えば、週４日以上）通常の労働者に、月額の定期券の金額に相当する額を支給しているが、派遣元事業主であるＢ社においては、Ａ社に派遣されている派遣労働者であって、所定労働日数が少ない（例えば、週３日以下）又は出勤日数が変動する派遣労働者に、日額の交通費に相当する額を支給している。

(8)　労働時間の途中に食事のための休憩時間がある労働者に対する食費の負担補助として支給される食事手当
　　派遣元事業主は、派遣労働者にも、派遣先に雇用される通常の労働者と同一の食事手当を支給しなければならない。

（問題とならない例）

　　派遣先であるＡ社においては、その労働時間の途中に昼食のための休憩時間がある通常の労働者であるＸに食事手当を支給している。その一方で、派遣元事業主であるＢ社においては、Ａ社に派遣されている派遣労働者であって、その労働時間の途中に昼食のための休憩時間がない（例えば、午後２時から午後５時までの勤務）派遣労働者であるＹに支給していない。

（問題となる例）

　　派遣先であるＡ社においては、通常の労働者であるＸに食事手当を支給している。派遣元事業主であるＢ社においては、Ａ社に派遣されている派遣労働者であるＹにＡ社がＸに支給するのに比べ食事手当を低く支給している。

(9)　単身赴任手当
　　派遣元事業主は、派遣先に雇用される通常の労働者と同一の支給要件を満たす派遣労働者には、派遣先に雇用される通常の労働者と同一の単身赴任手当を支給しなければならない。

(10)　特定の地域で働く労働者に対する補償として支給される地域手当
　　派遣元事業主は、派遣先に雇用される通常の労働者と同一の地域で働く派遣労働者には、派遣先に雇用される通常の労働者と同一の地域手当を支給しなければならない。

（問題とならない例）

　　派遣先であるＡ社においては、通常の労働者であるＸについて、全国一律の基本給の体系を適用し、転勤があることから、地域の物価等を勘案した地域手当を支給している。一方で、派遣元事業主であるＢ社においては、Ａ社に派遣されている派遣労働者であるＹについては、Ａ社に派遣されている間は勤務地の変更がなく、その派遣先の所在する地域で基本給を設定しており、その中で地域の物価が基本給に盛り込まれているため、地域手当を支給していない。

（問題となる例）

　　派遣先であるＡ社に雇用される通常の労働者であるＸは、その地域で採用され転勤はないにもかかわらず、Ａ社はＸに対し地域手当を支給している。一方、派遣元事業主であるＢ社からＡ社に派遣されている派遣労働者であるＹは、Ａ社に派遣されている間転勤はなく、Ｂ社はＹに対し地域手当を支給していない。

4　福利厚生

(1)　福利厚生施設（給食施設、休憩室及び更衣室をいう。以下この(1)において同じ。）

　　派遣先は、派遣先に雇用される通常の労働者と同一の事業所で働く派遣労働者には、派遣先に雇用される通常の労働者と同一の福利厚生施設の利用を認めなければならない。

　　なお、派遣元事業主についても、労働者派遣法第30条の3の規定に基づく義務を免れるものではない。

(2)　転勤者用社宅

　　派遣元事業主は、派遣先に雇用される通常の労働者と同一の支給要件（例えば、転勤の有無、扶養家族の有無、住宅の賃貸又は収入の額）を満たす派遣労働者には、派遣先に雇用される通常の労働者と同一の転勤者用社宅の利用を認めなければならない。

(3)　慶弔休暇並びに健康診断に伴う勤務免除及び有給の保障

　　派遣元事業主は、派遣労働者にも、派遣先に雇用される通常の労働者と同一の慶弔休暇の付与並びに健康診断に伴う勤務免除及び有給の保障を行わなければならない。

（問題とならない例）

　　派遣元事業主であるＢ社においては、派遣先であるＡ社に派遣されている派遣労働者であって、Ａ社に雇用される通常の労働者であるＸと同様の出勤日が設定されているＹに対しては、Ａ社がＸに付与するのと同様に慶弔休暇を付与しているが、Ａ社に派遣されている派遣労働者であって、週2日の勤務であるＷに対しては、勤務日の振替での対応を基本としつつ、振替が困難な場合のみ慶弔休暇を付与している。

(4)　病気休職

　　派遣元事業主は、派遣労働者（期間の定めのある労働者派遣に係る派遣労働者である場合を除く。）には、派遣先に雇用される通常の労働者と同一の病気休職の取得を認めなければならない。また、期間の定めのある労働者派遣に係る派遣労働者にも、当該派遣先における派遣就業が終了するまでの期間を踏まえて、病気休職の取得を認めなけれ

ばならない。

（問題とならない例）
　派遣元事業主であるＢ社においては、当該派遣先における派遣就業期間が１年である派遣労働者であるＹについて、病気休職の期間は当該派遣就業の期間が終了する日までとしている。

(5)　法定外の有給の休暇その他の法定外の休暇（慶弔休暇を除く。）であって、勤続期間（派遣労働者にあっては、当該派遣先における就業期間。以下この(5)において同じ。）に応じて取得を認めているもの
　法定外の有給の休暇その他の法定外の休暇（慶弔休暇を除く。）であって、派遣先及び派遣元事業主が、勤続期間に応じて取得を認めているものについて、派遣元事業主は、当該派遣先に雇用される通常の労働者と同一の勤続期間である派遣労働者には、派遣先に雇用される通常の労働者と同一の法定外の有給の休暇その他の法定外の休暇（慶弔休暇を除く。）を付与しなければならない。なお、当該派遣先において期間の定めのある労働者派遣契約を更新している場合には、当初の派遣就業の開始時から通算して就業期間を評価することを要する。

（問題とならない例）
　派遣先であるＡ社においては、長期勤続者を対象とするリフレッシュ休暇について、業務に従事した時間全体を通じた貢献に対する報償という趣旨で付与していることから、通常の労働者であるＸに対し、勤続10年で３日、20年で５日、30年で７日の休暇を付与している。派遣元事業主であるＢ社は、Ａ社に派遣されている派遣労働者であるＹに対し、所定労働時間に比例した日数を付与している。

5　その他
(1)　教育訓練であって、現在の職務の遂行に必要な技能又は知識を習得するために実施するもの
　教育訓練であって、派遣先が、現在の業務の遂行に必要な能力を付与するために実施するものについて、派遣先は、派遣元事業主からの求めに応じ、その雇用する通常の労働者と業務の内容が同一である派遣労働者には、派遣先に雇用される通常の労働者と同一の教育訓練を実施する等必要な措置を講じなければならない。なお、派遣元事業主についても、労働者派遣法第30条の３の規定に基づく義務を免れるものではない。
　また、派遣労働者と派遣先に雇用される通常の労働者との間で業務の内容に一定の相違がある場合においては、派遣元事業主は、派遣労働者と派遣先に雇用される通常の労働者との間の職務の内容、職務の内容及び配置の変更の範囲その他の事情の相違に応じた教育訓練を実施しなければならない。
　なお、労働者派遣法第30条の２第１項の規定に基づき、派遣元事業主は、派遣労働者に対し、段階的かつ体系的な教育訓練を実施しなければならない。

(2)　安全管理に関する措置又は給付
　派遣元事業主は、派遣先に雇用される通常の労働者と同一の業務環境に置かれている

派遣労働者には、派遣先に雇用される通常の労働者と同一の安全管理に関する措置及び給付をしなければならない。

なお、派遣先及び派遣元事業主は、労働者派遣法第45条等の規定に基づき、派遣労働者の安全と健康を確保するための義務を履行しなければならない。

第5　協定対象派遣労働者

協定対象派遣労働者の待遇に関して、原則となる考え方及び具体例は次のとおりである。

1　賃金

労働者派遣法第30条の4第1項第2号イにおいて、協定対象派遣労働者の賃金の決定の方法については、同種の業務に従事する一般の労働者の平均的な賃金の額として厚生労働省令で定めるものと同等以上の賃金の額となるものでなければならないこととされている。

また、同号ロにおいて、その賃金の決定の方法は、協定対象派遣労働者の職務の内容、職務の成果、意欲、能力又は経験その他の就業の実態に関する事項の向上があった場合に賃金が改善されるものでなければならないこととされている。

さらに、同項第3号において、派遣元事業主は、この方法により賃金を決定するに当たっては、協定対象派遣労働者の職務の内容、職務の成果、意欲、能力又は経験その他の就業の実態に関する事項を公正に評価し、その賃金を決定しなければならないこととされている。

2　福利厚生

(1)　福利厚生施設（給食施設、休憩室及び更衣室をいう。以下この(1)において同じ。）

派遣先は、派遣先に雇用される通常の労働者と同一の事業所で働く協定対象派遣労働者には、派遣先に雇用される通常の労働者と同一の福利厚生施設の利用を認めなければならない。

なお、派遣元事業主についても、労働者派遣法第30条の3の規定に基づく義務を免れるものではない。

(2)　転勤者用社宅

派遣元事業主は、派遣元事業主の雇用する通常の労働者と同一の支給要件（例えば、転勤の有無、扶養家族の有無、住宅の賃貸又は収入の額）を満たす協定対象派遣労働者には、派遣元事業主の雇用する通常の労働者と同一の転勤者用社宅の利用を認めなければならない。

(3)　慶弔休暇並びに健康診断に伴う勤務免除及び有給の保障

派遣元事業主は、協定対象派遣労働者にも、派遣元事業主の雇用する通常の労働者と同一の慶弔休暇の付与並びに健康診断に伴う勤務免除及び有給の保障を行わなければならない。

（問題とならない例）

派遣元事業主であるB社においては、慶弔休暇について、B社の雇用する通常の労働者であるXと同様の出勤日が設定されている協定対象派遣労働者であるYに対して

は、通常の労働者と同様に慶弔休暇を付与しているが、週2日の勤務の協定対象派遣労働者であるWに対しては、勤務日の振替での対応を基本としつつ、振替が困難な場合のみ慶弔休暇を付与している。

(4) 病気休職

　派遣元事業主は、協定対象派遣労働者（有期雇用労働者である場合を除く。）には、派遣元事業主の雇用する通常の労働者と同一の病気休職の取得を認めなければならない。また、有期雇用労働者である協定対象派遣労働者にも、労働契約が終了するまでの期間を踏まえて、病気休職の取得を認めなければならない。

（問題とならない例）

　派遣元事業主であるB社においては、労働契約の期間が1年である有期雇用労働者であり、かつ、協定対象派遣労働者であるYについて、病気休職の期間は労働契約の期間が終了する日までとしている。

(5) 法定外の有給の休暇その他の法定外の休暇（慶弔休暇を除く。）であって、勤続期間に応じて取得を認めているもの

　法定外の有給の休暇その他の法定外の休暇（慶弔休暇を除く。）であって、勤続期間に応じて取得を認めているものについて、派遣元事業主は、派遣元事業主の雇用する通常の労働者と同一の勤続期間である協定対象派遣労働者には、派遣元事業主の雇用する通常の労働者と同一の法定外の有給の休暇その他の法定外の休暇（慶弔休暇を除く。）を付与しなければならない。なお、期間の定めのある労働契約を更新している場合には、当初の労働契約の開始時から通算して勤続期間を評価することを要する。

（問題とならない例）

　派遣元事業主であるB社においては、長期勤続者を対象とするリフレッシュ休暇について、業務に従事した時間全体を通じた貢献に対する報償という趣旨で付与していることから、B社に雇用される通常の労働者であるXに対し、勤続10年で3日、20年で5日、30年で7日の休暇を付与しており、協定対象派遣労働者であるYに対し、所定労働時間に比例した日数を付与している。

3　その他

(1) 教育訓練であって、現在の職務の遂行に必要な技能又は知識を習得するために実施するもの

　教育訓練であって、派遣先が、現在の業務の遂行に必要な能力を付与するために実施するものについて、派遣先は、派遣元事業主からの求めに応じ、派遣先に雇用される通常の労働者と業務の内容が同一である協定対象派遣労働者には、派遣先に雇用される通常の労働者と同一の教育訓練を実施する等必要な措置を講じなければならない。なお、派遣元事業主についても、労働者派遣法第30条の3の規定に基づく義務を免れるものではない。

　また、協定対象派遣労働者と派遣元事業主が雇用する通常の労働者との間で業務の内容に一定の相違がある場合においては、派遣元事業主は、協定対象派遣労働者と派遣元

事業主の雇用する通常の労働者との間の職務の内容、職務の内容及び配置の変更の範囲その他の事情の相違に応じた教育訓練を実施しなければならない。

なお、労働者派遣法第30条の２第１項の規定に基づき、派遣元事業主は、協定対象派遣労働者に対し、段階的かつ体系的な教育訓練を実施しなければならない。

(2)　安全管理に関する措置及び給付

派遣元事業主は、派遣元事業主の雇用する通常の労働者と同一の業務環境に置かれている協定対象派遣労働者には、派遣元事業主の雇用する通常の労働者と同一の安全管理に関する措置及び給付をしなければならない。

なお、派遣先及び派遣元事業主は、労働者派遣法第45条等の規定に基づき、協定対象派遣労働者の安全と健康を確保するための義務を履行しなければならない。

■　著者一覧　■

三上　安雄（みかみ　やすお）

ひかり協同法律事務所

〒105-0001

東京都港区虎ノ門５丁目11番２号　オランダヒルズ森タワー16階

TEL　03-5733-2800　FAX　03-3433-2818

http://www.hikarikyodo.jp/

〔主な著書・論文等〕

『最高裁労働判例─その問題点と解説』第Ⅱ期第３巻、第４巻、第５巻（共
　　著、日本経団連出版）

『これで安心！　地域ユニオン（合同労組）への対処法─団交準備・交渉・
　　妥結・団交外活動への対応』（共著、民事法研究会）

『論点体系　判例労働法２─賃金・労働時間・休暇』（共著、第一法規）

『めざせ！　最強の管理職─弁護士が教える賢い労務管理・トラブル対応』
　　（編著、民事法研究会）

『懲戒処分の実務必携Q&A─トラブルを防ぐ有効・適切な処分指針─』（共
　　著、民事法研究会）

緒方　彰人（おがた　あきひと）

加茂法律事務所

〒104-0028

東京都中央区八重洲２丁目８番７号　福岡ビル７階

TEL　03-3275-3031　FAX　03-3275-3591

https://www.kamolaw.gr.jp

〔主な著書・論文等〕

『Q&A　建設業トラブル解決の手引』（共著、新日本法規出版）

『現代労務管理要覧』（共著、新日本法規出版）

『最高裁労働判例─その問題点と解説』第Ⅱ期、第５巻（共著、日本経団連出
　　版）

『賃金・賞与・退職金の実務Q&A』（共著、三協法規出版）

『経営側弁護士による　精選　労働判例集第1集〜第10集』（共著、労働新聞社）

増田　陳彦（ますだ　のぶひこ）

ひかり協同法律事務所

〒105-0001

東京都港区虎ノ門5丁目11番2号　オランダヒルズ森タワー16階

TEL　03-5733-2800　FAX　03-3433-2818

http://www.hikarikyodo.jp/

〔主な著書・論文等〕

『Q&A　解雇・退職トラブル対応の実務と書式』（共著、新日本法規出版）

『Q&A　人事労務規程変更マニュアル』（共著、新日本法規出版）

『定額残業制と労働時間法制の実務—裁判例の分析と運用上の留意点』（共著、労働調査会）

『懲戒処分の実務必携Q&A—トラブルを防ぐ有効・適切な処分指針—』（共著、民事法研究会）

『詳解　働き方改革関連法』（共著、労働開発研究会）

安倍　嘉一（あべ　よしかず）

森・濱田松本法律事務所

〒100-8222

東京都千代田区丸の内2丁目6番1号　丸の内パークビルディング

TEL　03-6266-8528　FAX　03-6266-8428

https://www.mhmjapan.com/ja/

〔主な著書・論文等〕

『ケースで学ぶ労務トラブル解決交渉術—弁護士・企業の実践ノウハウ』（民事法研究会）

『企業情報管理実務マニュアル—漏えい・事故リスク対応の実務と書式』（共著、民事法研究会）

『企業訴訟実務問題シリーズ　労働訴訟—解雇・残業代請求』（共著、中央経
　　済社）

『従業員の不祥事対応実務マニュアル—リスク管理の具体策と関連書式』（民
　　事法研究会）

『企業訴訟実務問題シリーズ　過重労働・ハラスメント訴訟』（共著、中央経
　　済社）

吉永　大樹（よしなが　だいき）

牛嶋・和田・藤津法律事務所

〒102-0082

東京都千代田区一番町 5 番地 3　アトラスビル 5 階

TEL　03-5226-6221　FAX　03-5226-6231

https://www.uwf-law.jp/

〔主な著書・論文等〕

『定額残業制と労働時間法制の実務—裁判例の分析と運用上の留意点』（共著、
　　労働調査会）

『企業労働法実務入門—はじめての人事労務担当者からエキスパートへ〔改
　　訂版〕』（共著、日本リーダーズ協会）

『今日からはじめる無期転換ルールの実務対応—多様な社員の活かし方』（共
　　著、第一法規）

『懲戒処分の実務必携 Q&A —トラブルを防ぐ有効・適切な処分指針—』（共
　　著、民事法研究会）

『詳解　働き方改革関連法』（共著、労働開発研究会）

多様な働き方の実務必携 Q&A

令和 3 年 4 月20日　第 1 刷発行

定価　本体3,200円＋税

著　　者　三上安雄・緒方彰人・増田陳彦・安倍嘉一・吉永大樹
発　　行　株式会社　民事法研究会
印　　刷　株式会社太平印刷社

発行所　株式会社　民事法研究会

〒150-0013　東京都渋谷区恵比寿 3-7-16
〔営業〕TEL 03(5798)7257　FAX 03(5798)7258
〔編集〕TEL 03(5798)7277　FAX 03(5798)7278
http://www.minjiho.com/　info@minjiho.com

落丁・乱丁はおとりかえします。　ISBN978-4-86556-435-8　C2032　¥3200E
カバーデザイン：袴田峯男

新型コロナウイルス感染症対応のリスクマネジメントを具体例で詳解！

新型コロナ対応
人事・労務の実務Q&A
―災害・感染症から日常のリスクマネジメントまで―

ロア・ユナイテッド法律事務所　編
編集代表　岩出　誠

A5判・739頁・定価6,600円（税込）

▶新型コロナウイルスが引き起こし、顕在化させた様々な相談事例等に即して、その対応と今後の紛争予防、損害拡大防止に向けた各施策についてQ＆A形式でわかりやすく解説！

▶コロナショックを乗り越えていくための人材確保と労務管理のために、内定取消し、休業と年休、テレワーク、育児休業、非正規雇用、メンタルヘルス、カスタマーハラスメント、給付金等々の問題に具体的な質問形式でわかりやすく回答！

▶地震・台風等の災害時のBCP（事業継続計画）から労災・従業員の犯罪、個人情報管理など通常活動時の緊急対応まで網羅！

本書の主要内容

発行　民事法研究会

〒150-0013　東京都渋谷区恵比寿 3-7-16
（営業）TEL. 03-5798-7257　FAX. 03-5798-7258
http://www.minjiho.com/　info@minjiho.com

■事例ごとの適正な懲戒処分が一目でわかる！

懲戒処分の実務必携Q&A
―トラブルを防ぐ有効・適正な処分指針―

三上安雄・増田陳彦・内田靖人・荒川正嗣・吉永大樹　著

A5判・359頁・定価4,180円（税込）

▷▷▷▷▷▷▷▷▷▷▷▷▷▷▷▷▷▷▷ **本書の特色と狙い** ◁◁◁◁◁◁◁◁◁◁◁◁◁◁◁◁◁◁◁

▶懲戒処分を行うにあたり、そもそも懲戒処分を行うことができるのか、また懲戒処分を行えるにしても、どの程度の処分が適正かつ妥当なのか、処分の際にはどのような点に注意しなければならないのか、といった疑問に対して、企業側の労働問題に精通した弁護士が豊富な経験と判例・実務の動向を踏まえてわかりやすく解説／

▶「弁護士からのアドバイス」では、懲戒処分でトラブルに発展しないための具体的なノウハウを開示／

▶巻末には関連書式・事例別判例一覧を掲載／

▶企業の人事・総務担当者はもちろん、企業顧問の弁護士や社会保険労務士にも必携となる1冊／

❖❖❖❖❖❖❖❖❖❖❖❖❖❖❖❖❖❖ **本書の主要内容** ❖❖❖❖❖❖❖❖❖❖❖❖❖❖❖❖❖❖

第1部　企業秩序維持と懲戒
　第1章　懲戒処分の意義
　第2章　懲戒処分の根拠
　第3章　懲戒処分の種類
　第4章　懲戒処分の有効性
　第5章　懲戒処分の留意事項
第2部　事例からみる懲戒処分
　第1章　職場内で起こりうる非違行為
　第2章　職場外で起こりうる非違行為
　　Ⅰ　刑事事犯（刑事全般）
　　Ⅱ　破産・消費者ローン
　　Ⅲ　兼業・競業

　第3章　不服申立てへの対応
第3部　関連書式・懲戒処分判例一覧
　【書式例1】厳重注意書・警告書
　【書式例2】呼出し状
　【書式例3】自宅待機命令書
　【書式例4】懲戒処分通知書
　【書式例5】予備的普通解雇通知書
　【書式例6】解雇予告除外認定申請書
　【書式例7】懲戒処分公表文
　【懲戒処分判例一覧】

発行 🄫 **民事法研究会**

〒150-0013　東京都渋谷区恵比寿3-7-16
（営業）TEL. 03-5798-7257　FAX. 03-5798-7258
http://www.minjiho.com/　info@minjiho.com

■人事・労務部門や管理職のための必携の1冊！

Q&A 現代型問題社員対策の手引〔第5版〕

関連書式付き

―職場の悩ましい問題への対応指針を明示―

高井・岡芹法律事務所　編

A5判・366頁・定価 4,400円（税込）

▷▷▷▷▷▷▷▷▷▷▷▷▷▷▷▷▷▷▷▷▷▷▷ **本書の特色と狙い** ◁◁◁◁◁◁◁◁◁◁◁◁◁◁◁◁◁◁◁◁◁

▶第5版では、より利用しやすくするために全体構成を見直すとともに、IT（SNS）関係など情報化社会特有の最新の労働問題やハラスメント関係、有期雇用者関係、安全配慮関係など、法改正や技術の進歩により新規の労働問題が生じている分野の事例を追録・充実させ大幅な改訂を施した最新版！

▶97の具体的な設問からみえてくる問題社員対策を、解説文に関わってくる関連書式を収録したことでさらに充実！

▶日々、社員の問題行動対策に悩まされている人事労務担当者、現場の管理職だけでなく、企業法務に携わる法律実務家にとっても必備となる1冊！

◆◇◆◇◆◇◆◇◆◇◆◇◆◇◆◇◆◇◆◇ **本書の主要内容** ◆◇◆◇◆◇◆◇◆◇◆◇◆◇◆◇◆◇◆

第1章　募集・採用時の問題（5問）

第2章　雇入れ後の問題

Ⅰ　労働時間・賃金をめぐる対応（7問）

Ⅱ　業務命令違反・勤務態度不良をめぐる対応（5問）

Ⅲ　不正行為をめぐる対応（7問）

Ⅳ　職場外・私生活上の問題への対応（6問）

Ⅴ　人事・懲戒をめぐる対応（7問）

Ⅵ　配置転換・出向・転籍をめぐる対応（7問）

Ⅶ　有期雇用契約をめぐる対応（4問）

Ⅷ　安全・衛生をめぐる対応（3問）

Ⅸ　その他の問題への対応（8問）

第3章　雇用契約終了時・終了後の問題（12問）

第4章　近年特に注目されている問題

Ⅰ　定年後再雇用をめぐる対応（2問）

Ⅱ　メンタルヘルスをめぐる対応（7問）

Ⅲ　ハラスメントをめぐる対応（9問）

Ⅳ　ITをめぐる対応（8問）

第5章　関連書式（36例）

発行 民事法研究会

〒150-0013　東京都渋谷区恵比寿3-7-16
（営業）TEL. 03-5798-7257　FAX. 03-5798-7258
http://www.minjiho.com/　info@minjiho.com

■対応のノウハウをQ&A形式でわかりやすく解説！■

これで安心！
地域ユニオン（合同労組）
への対処法

―団交準備・交渉・妥結・団交外活動への対応―

廣上精一・三上安雄・大山圭介・根本義尚　著

A5判・234頁・定価2,420円（税込）

▷▷▷▷▷▷▷▷▷▷▷▷▷ **本書の特色と狙い** ◁◁◁◁◁◁◁◁◁◁◁◁◁◁◁◁

▶ 労使の対立が先鋭化しがちな地域ユニオン（合同労組）との交渉を企業側代理人としての経験豊富な弁護士が、あるべき対応のノウハウをQ&A形式でわかりやすく解説！

▶ 団体交渉を申し入れられた場合の対処法、団体交渉の準備・注意点、団体交渉以外の活動への対処法を実践的に解説！

▶ 「大きな声に驚かない」、「繰り返しや沈黙を恐れない」、「議事録への署名をユニオンから求められた場合どうするか？」などの実践的アドバイスを掲載しているため、はじめての団体交渉にも安心して臨むことができる！

❖❖❖❖❖❖❖❖❖❖❖❖❖ **本書の主要内容** ❖❖❖❖❖❖❖❖❖❖❖❖❖❖❖

第1部　総　論

Ⅰ　地域ユニオン（合同労組）とは何か

Ⅱ　地域ユニオンの問題点

Ⅲ　地域ユニオンから団体交渉を申し入れられた場合の対処法

Ⅳ　地域ユニオンとの団体交渉での注意点

Ⅴ　地域ユニオンとの団体交渉を終えるときの注意点

Ⅵ　地域ユニオンの団体交渉以外の活動に対する対応

第2部　各　論　（Q&A）

会社と労働組合／労働組合か否か不明の場合／地域ユニオンの介入を予防する方法／ユニオン・ショップ協定と地域ユニオン／派遣社員が加入した場合／団体交渉を拒否するとどうなるか／退職後、長期間経過した後の団体交渉申入れ／開催日時・開催場所等／団体交渉の出席人数／地域ユニオンの要求や主張が不明の場合／他の社員の配転要求／整理解雇／懲戒解雇／普通解雇／雇止め／未払い残業代の請求／団体交渉における注意点／団体交渉での写真撮影／団体交渉の録音／団体交渉の打切り／地域ユニオンとの協定書の効力／地域ユニオンからの大量のFAX／ビラ配布／取引先への組合活動 ほか

発行 🈯 **民事法研究会**

〒150-0013　東京都渋谷区恵比寿3-7-16
（営業）TEL. 03-5798-7257　FAX. 03-5798-7258
http://www.minjiho.com/　info@minjiho.com

「同一労働同一賃金」制度、新型コロナウイルス対策等、最新実務を網羅！

Q&A労働者派遣の実務
〔第3版〕
—派遣元・先企業の実務留意点—

弁護士　五三智仁　著

A5判・449頁・定価4,730円（税込）

▶令和2年施行改正法で導入された「同一労働同一賃金」制度、新型コロナウイルス対策等の最新実務に対応するとともに、パワハラ防止法施行に伴う、パワハラ、セクハラ、マタハラ等のハラスメントへの対応も網羅！

▶派遣先企業の担当者をはじめ、派遣労働者とかかわる方の実務や制度のしくみを明解に解説。実務に即役立つ！

▶弁護士、社労士、派遣先企業の担当者、監督責任者、派遣窓口担当者に必携となる1冊！

本書の主要内容

第1部　総　論—労働者派遣制度の現状・課題
- Ⅰ　わが国において、労働者派遣制度が確立されるまでの経緯
- Ⅱ　請負と労働者派遣と偽装請負
- Ⅲ　現在の労働者派遣制度の概要
- Ⅳ　労働者派遣の現状

第2部　各　論—事例研究〜実務のためのQ&A
- ・労働者派遣と請負の違い（偽装請負問題）
- ・どのような場合に偽装出向と判断されてしまうのか
- ・派遣先による特定目的行為の禁止
- ・派遣可能期間制限への対応
- ・派遣元事業主の行うキャリアアップ措置（教育訓練、キャリア・コンサルティング）と派遣先の協力
- ・派遣先の行うキャリアアップ支援（雇入れ努力義務と募集情報提供義務）
- ・派遣労働者の同一労働同一賃金
- ・派遣労働者の労働・社会保険の適用促進
- ・派遣先責任者
- ・派遣先が作成すべき書面—労働者派遣契約書・派遣先管理台帳・就業規則
- ・派遣先が派遣労働者の昇給を決定することの可否
- ・派遣労働者の労働時間管理
- ・派遣先の個人情報保護法への対応
- ・派遣先の労働安全衛生法への対応
- ・派遣労働者の労災事故に対する対応
- ・派遣労働者からセクハラ被害の申告を受けた場合の対応
- ・派遣労働者からパワハラ被害の申告を受けた場合の対応
- ・女性派遣労働者の産前産後休業
- ・派遣労働者の育児・介護休業
- ・派遣労働者の社員登用（派遣先での直接雇用）
- ・紹介予定派遣とはどのようなものか
- ・日雇派遣の原則禁止

- ・離職した労働者についての労働者派遣規制
- ・派遣労働者が加入した労働組合への対応
- ・労働者派遣契約の解消
- ・派遣労働者の非違行為
- ・労働契約申込みみなし制度
- ・ウイルス感染拡大時の労働者派遣への対応
- ・労働者派遣制度は今後どのように変わっていくか
  ほか（全40問）

第3部　資料編
- 資料1　派遣先・派遣元間の労働者派遣契約書のモデル
- 資料2　派遣元が派遣労働者に交付する就業条件明示書のモデル
- 資料3　派遣元から派遣先に交付する通知書のモデル
- 資料4　派遣先管理台帳のモデル
- 資料5　派遣元と派遣先との責任分担
- 資料6　派遣労働者の同一労働同一賃金流れ図
- 資料7　情報提供の記載例
- 資料8　労使協定イメージ
- 資料9　同一労働同一賃金ガイドライン

発行　民事法研究会

〒150-0013　東京都渋谷区恵比寿3-7-16
（営業）TEL. 03-5798-7257　FAX. 03-5798-7258
http://www.minjiho.com/　info@minjiho.com